바람과 함께 사라지다
1부

바람과 함께 사라지다

초판 1쇄 발행 2023년 07월 07일

지은이 Khans Kim
펴낸이 장현수
펴낸곳 메이킹북스
출판등록 제 2019-000010호

디자인 최미영
편집 최미영, 박단비
교정 안지은
마케팅 장윤정

주소 서울특별시 구로구 경인로 661, 핀포인트타워 912-914호
전화 02-2135-5086
팩스 02-2135-5087
이메일 making_books@naver.com
홈페이지 www.makingbooks.co.kr

ISBN 979-11-6791-394-4(03740)
값 28,000원

ⓒ Khans Kim 2023 Printed in Korea

잘못된 책은 구입하신 곳에서 바꾸어 드립니다.
이 책의 전부 또는 일부 내용을 재사용하려면 사전에 저작권자와 펴낸곳의 동의를 받아야 합니다.

홈페이지 바로가기

메이킹북스는 저자님의 소중한 투고 원고를 기다립니다.
출간에 대한 관심이 있으신 분은 making_books@naver.com로 보내 주세요.

Khans Kim 지음

바람과 함께 사라지다
1부

메이킹북스

K리딩

특허 제10-2038283호
다수의 상이한 표시객체로 표시하는 영어문장 의미파악 훈련 제어방법
Method for controlling training to understanding mean of English sentence
to display by many different display object

영어 문장은 품사로 구성 되어 있습니다
K리딩은 영어학습자들이 영어문장을 보다 쉽게 파악할 수 있도록
문장을 구성하는 품사들을 알아보기 쉽게 시각적으로 밑줄, 괄호, 색깔로 표시합니다

동사는 밑줄 긋고 빨간색, (명사)는 괄호치고 녹색, (형용사)는 파란색, (부사)는 보라색

영어=동사+(한)(두)마디

영어문장 속의 모든 동사는 연결되는 (단어/구/절)이 없거나, 1개 또는 2개 뿐
(연결된 특수구문, 절 속의 동사에도 똑같이 적용)
동사에는 조동사, 부정형, 시제, 태 까지 포함해서 밑줄 쫙 (중간에 끼는 부사는 Skip)

동사가 없는 문장은 명사+(형용사구(절))

QR코드를 스캔하면 YouTube 해설 동영상 시청

동사에 연결되는 (단어/구/절)이 없음

I get so bored
  동사 (연결마디) 없음 : 동사 단독
  동사변화 : get + 과거분사 bored ; (be동사보다 역동적) 수동태

You know.
  동사 (연결마디) 없음 : 동사 단독

동사에 연결되는 (단어/구/절)이 1개

It can't be (true).
  동사 (연결마디) 1개 : 동사 + (형용사)
  동사변화 : 조동사 can(능력, 추측, 허가) + 부사 not + 동사원형 be ; 부정문

One Southerner can lick (20 Yankees).
  동사 (연결마디) 1개 : 동사 + (명사구)
  동사변화 : 조동사 can(능력, 추측, 허가) + 동사원형 lick

He just refused (to take advantage of you).
  동사 (연결마디) 1개 : 동사 + (to부정사구 : 명사적용법)
  동사변화 : refuse 과거형 refused ; 과거지사
  (to부정사구) to take (advantage) (of you)
           동사 (연결마디) 2개 : 동사 + (명사) + (형용사성분 : 전치사구)

I suppose (you weren't meant for sick men, Scarlett.)
  동사 (연결마디) 1개 : 동사 + (명사절)
  (명사절) you weren't meant (for sick men), Scarlett
        동사 (연결마디) 1개 : 동사 + (명사성분 : 전치사구)
        동사변화 : was/were + 부사 not + 과거분사 meant ; 과거수동태부정

동사에 연결되는 (단어/구/절)이 2개

I'm (a Confederate) (like everybody else),
  동사 (연결마디) 2개 : 동사 + (명사) + (형용사구)

Let (me) (see that handkerchief).
  동사 (연결마디) 2개 : 동사 + (대명사) + (원형부정사구 : 형용사적용법)
  (원형부정사구) see (that handkerchief)
           동사 (연결마디) 1개 : 동사 + (명사구)

My money wasn't (good enough) (for them), either.
  동사 (연결마디) 2개 : 동사 + (형용사구) + (부사성분 : 전치사구)
  동사변화 : be동사 was/were + 부사 not ; be동사 과거 부정문

I know (a gentleman) (who says you're a human being).
  동사 (연결마디) 2개 : 동사 + (명사) + (형용사성분 : who-절)
  (who-절) who says (you're a human being)
           동사 (연결마디) 1개 : 동사 + (명사절)
           동사변화 : say 3인칭단수현재 says
           (명사절) you're (a human being)
                   동사 (연결마디) 1개 : 동사 + (명사구)

동사가 없는 문장 : 명사+(형용사구(절))

Nothing (to even ease their pain)!
  명사 nothing + (to부정사구 : 형용사적 용법)
  (to부정사구) to even ease (their pain)
           동사 (연결마디) 1개 : 동사 + (명사구)
           수식어구[부사성분] : even

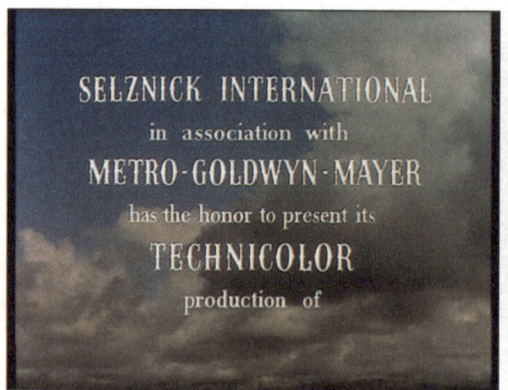

줄거리 [1부]

남북 전쟁 전, 남부는 새로운 문명과는 단절된 채 옛 관습과 전통에 묻혀 살아가는 아름다운 땅이었다. 북부가 노예 제도를 폐지하자 남부는 연방을 탈퇴, 전쟁에 휘말리게 된다.
조지아 주 타라 농장의 장녀 스칼렛 오하라는 빼어난 미모와 당찬 성격으로 뭇 청년들의 선망의 대상이 된다. 그러나 스칼렛이 사랑하는 남자는 애슐리 윌크스였다
어느 날 그녀 앞에 찰스턴 출신으로 행실이 좋지 않다고 소문났지만 사나이다운 레트 버틀러가 나타나고 거만한 스칼렛은 그를 미워하면서도 한편으로는 자신도 모르게 이끌린다.
하지만 애슐리 가 그녀의 착한 사촌 멜라니와 결혼하자 스칼렛은 홧김에 애슐리의 여동생 인디아와 결혼하기로 되어있던 멜라니의 남동생 찰스와 결혼해 버린다.
그러나 찰스의 전사로 미망인이 된 스칼렛은 여전히 애슐리에 대한 미련을 버리지 못 한다
전세는 점차 남부에 불리해 져 애틀랜타 까지 북군이 밀려와 모두들 피난을 가지만 스칼렛은 멜라니의 출산이 임박하여 애틀랜타 에 더 머물게 된다.
스칼렛은 멜라니가 아이를 낳고 전쟁이 심해지자 레트의 마차로 고향으로 피난하게 되는데, 피난 도중 레트는 갑자기 마음을 바꿔 전쟁에 참여하러 간다. 기진맥진하여 겨우 도착한 타라에는 어머니의 죽음과 실성한 아버지, 그리고 혹독한 가난이 기다리고 있었다. 하지만 스칼렛은 이 모든 난관들을 극복해 나갈 것임을 하늘에 맹세한다

YouTube  해설 동영상

What do we care
　　의문사 What + 일반동사 의문문
　　일반동사 의문문(조동사 Do/Does 사용) : We care → Do we care
걱정할 게 뭐 있어

if we were expelled (from college)?
　　접속사 : if (if조건절)
　　동사 (연결마디) 1개 : 동사 + (형용사성분 : 전치사구)
　　동사변화 : be동사과거 was/were + 과거분사 expelled ; 과거수동태
대학에서 쫓겨난 데도

The war is going (to start any day).
　　동사 (연결마디) 1개 : 동사 + (to부정사구 : 명사적용법)
　　동사변화 : be동사 am/are/is + 현재분사 going ; 현재진행
　　(to부정사구) to start (any day)
　　　　　　동사 (연결마디) 1개 : 동사 + (부사구)
전쟁은 언젠가 시작될 거구

We would've left (college) anyhow.
　　동사 (연결마디) 1개 : 동사 + (명사)
　　동사변화 : 조동사 would(과거시점미래, 습관, 의지) + have + 과거분사 left ; 현재완료
　　수식어구[부사성분] : anyhow
어차피 학교를 떠나게 될 테니까

War! Isn't it exciting, Scarlett?
　　be동사 부정의문문(주어, 동사 위치변경) : It is not exciting. → Is not it exciting?
전쟁이라니! 흥분되지 않아요, 스칼렛?

Do you know (those Yankees actually want a war)?
　　일반동사 의문문(조동사 Do/Does 사용) : You know → Do you know
　　동사 (연결마디) 1개 : 동사 + (명사절)
　　(명사절) those Yankees actually want (a war)
　　　　　동사 (연결마디) 1개 : 동사 + (명사)
　　　　　수식어구[부사성분] : actually
양키들이 진짜 전쟁을 원하는 걸 알아요?

We'll show (them).
　　동사 (연결마디) 1개 : 동사 + (대명사)
　　동사변화 : 조동사 will(의지, 습성, 요청) + 동사원형 show
그들을 지켜봐 야지

Fiddle-dee-dee! War, war, war!
지겨워! 전쟁! 전쟁! 전쟁!

YouTube  해설 동영상

This war talk's spoiling (all the fun) (at every party) this spring.
    동사 (연결마디) 2개 : 동사 + (명사구) + (형용사성분 : 전치사구)
    동사변화 : be동사 am/are/is + 현재분사 spoiling ; 현재진행
    수식어구[부사성분] : this spring
올 봄 파티들을 이 전쟁 얘기가 다 망쳐요

I get so bored
    동사 (연결마디) 없음 : 동사 단독
    동사변화 : get + 과거분사 bored ; (be동사보다 역동적) 수동태
    수식어구[부사성분] : so
따분한데

I could (scream)!
    동사 (연결마디) 1개 : 동사 + (명사)
소리 지를 수 있어!

Besides, there isn't going (to be any war).
    동사 (연결마디) 1개 : 동사 + (to부정사구 : 명사적용법)
    동사변화 : am/are/is + 부사 not + 현재분사 going ; 현재진행부정
    (to부정사구) to be (any war)
            동사 (연결마디) 1개 : 동사 + (명사구)
게다가 전쟁은 안 일어나요

Not going (to be any war)?
    동사 (연결마디) 1개 : 동사 + (to부정사구 : 명사적용법)
    동사변화 : 부사 not + 현재분사 going ; 현재진행부정
    (to부정사구) to be (any war)
            동사 (연결마디) 1개 : 동사 + (명사구)
안 일어난다 구요?

Why, honey, of course there's going (to be a war)!
    동사 (연결마디) 1개 : 동사 + (to부정사구 : 명사적용법)
    동사변화 : be동사 am/are/is + 현재분사 going ; 현재진행
    (to부정사구) to be (a war)
            동사 (연결마디) 1개 : 동사 + (명사)
아니, 허니, 물론 전쟁은 일어나요

If either of you says ("war") just once again,
    접속사 : if (if조건절)
    동사 (연결마디) 1개 : 동사 + (명사)
    동사변화 : say 3인칭단수현재 says
    수식어구[부사성분] : just, once again
둘 중에 누구라도 한번만 더 전쟁 얘기를 하면

I'll go (in the house)
    동사 (연결마디) 1개 : 동사 + (명사성분 : 전치사구)
    동사변화 : 조동사 will(의지, 습성, 요청) + 동사원형 go
집으로 가서

and slam (the door).
    동사 (연결마디) 1개 : 동사 + (명사)
문을 쾅 닫을 거야

YouTube  해설 동영상

But, Scarlett, honey---
스칼렛! 하지만...

Don't you want (us) (to have a war)?
    조동사 부정의문문(주어, 조동사 위치변경) : You don't → Don't you
    동사 (연결마디) 2개 : 동사 + (대명사) + (to부정사구 : 형용사적 용법)
    (to부정사구) to have (a war)
                동사 (연결마디) 1개 : 동사 + (명사)
우리가 전쟁에 나가는 걸 원하지 않는 거예요?

Well...
좋아요

but remember...
    접속사 : but
    동사 (연결마디) 없음 : 동사 단독
그러나 기억해요

I warned (you).
    동사 (연결마디) 1개 : 동사 + (대명사)
    동사변화 : warn 과거형 warned ; 과거지사
경고했어요

I've got (an idea).
    동사 (연결마디) 1개 : 동사 + (명사)
    동사변화 : have/has + 과거분사 got ; 일반동사 현재완료
생각났다

YouTube  해설 동영상

We'll talk (about the Wilkes' barbecue) (at Twelve Oaks) tomorrow.
　　동사 (연결마디) 2개 : 동사 + (명사성분 : 전치사구) + (형용사성분 : 전치사구)
　　동사변화 : 조동사 will(의지, 습성, 요청) + 동사원형 talk
　　수식어구[부사성분] : tomorrow
내일 열두 참나무에서 있을 바비큐 파티 얘기나 해요

That's (a good idea).
　　동사 (연결마디) 1개 : 동사 + (명사구)
좋은 생각이야

Aren't you eating (barbecue) (with us)? -Scarlett
　　be동사 부정의문문(주어, 동사 위치변경) : You aren't → Aren't you...?
　　동사 (연결마디) 2개 : 동사 + (명사) + (형용사성분 : 전치사구)
　　동사변화 : am/are/is + 부사 not + 현재분사 eating ; 현재진행부정
우리와 같이 바비큐 먹으러 갈 거죠? 스칼렛

I hadn't thought (about that) yet.
　　동사 (연결마디) 1개 : 동사 + (명사성분 : 전치사구)
　　동사변화 : had + 부사 not + 과거분사 thought ; 일반동사 과거완료부정
　　수식어구[부사성분] : yet
아직 그건 생각 안 했는데

I'll think (about that) tomorrow.
　　동사 (연결마디) 1개 : 동사 + (명사성분 : 전치사구)
　　동사변화 : 조동사 will(의지, 습성, 요청) + 동사원형 think
　　수식어구[부사성분] : tomorrow
그건 내일 생각해 볼 게요

We want (all your waltzes).
　　동사 (연결마디) 1개 : 동사 + (명사구)
우린 당신의 춤을 원해요

First Brent, then me, then Brent, then me again and so on.
브렌트와 추고 다음은 나...

YouTube  해설 동영상

Promise?
    동사 (연결마디) 없음 : 동사 단독
약속하죠?

I'd just love (to).
    동사 (연결마디) 1개 : 동사 + (명사성분 : 전치사구)
    동사변화 : 조동사 would(과거시점미래, 습관, 의지) + 동사원형 love
    수식어구[부사성분] : just
좋아요

If only I didn't have (every one of them) (taken already).
    접속사구 : if only
    동사 (연결마디) 2개 : 동사 + (명사구) + (과거분사구 : 형용사적 용법)
    동사변화 : 조동사과거 did + 부사 not + 동사원형 have ; 과거부정
    (과거분사구) taken (already)
            동사 (연결마디) 1개 : 동사 + (부사)
이미 선약된 사람들이 없었으면 좋을 텐데

Why, honey, you can't do (that) (to us).
    동사 (연결마디) 2개 : 동사 + (대명사) + (형용사성분 : 전치사구)
    동사변화 : 조동사 can(능력, 추측, 허가) + 부사 not + 동사원형 do ; 부정문
아니, 허니, 우리 한테 그러면 안되요

How about If we tell (you) (a secret)?
    의문사구 How about + if조건문
    접속사 : if (if조건절)
    동사 (연결마디) 2개 : 동사 + (대명사) + (명사)
우리가 당신에게 비밀을 말해 주어도요?

A secret?
비밀?

Who about?
누구에 관한 건데요?

YouTube  해설 동영상

Do you know (Miss Melanie Hamilton) (from Atlanta)?
    일반동사 의문문(조동사 Do/Does 사용) : You know → Do you know
    동사 (연결마디) 2개 : 동사 + (명사구) + (형용사성분 : 전치사구)
애틀랜타의 멜라니 해밀턴 알죠?

Ashley Wilkes' cousin.
애슐리 윌크스의 사촌 말 예요

She's visiting (the Wilkes' Twelve Oaks).
    동사 (연결마디) 1개 : 동사 + (명사구)
    동사변화 : be동사 am/are/is + 현재분사 visiting ; 현재진행
윌크스 네 열 두 참나무에 올 거래요

Melanie Hamilton! That goody-goody! Who wants (to know a secret about her)?
    동사 (연결마디) 1개 : 동사 + (to부정사구 : 명사적용법)
    동사변화 : want 3인칭단수현재 wants
    (to부정사구) to know (a secret) (about her)
              동사 (연결마디) 2개 : 동사 + (명사) + (형용사성분 : 전치사구)
멜라니 해밀턴! 그 착한 척! 누가 그녀 비밀을 알려 할까!

Anyway, we heard,
    동사 (연결마디) 없음 : 동사 단독
    동사변화 : hear 과거형 heard ; 과거지사
어쨌든 우리도 들은 얘긴 데.

that is,
    동사 (연결마디) 없음 : 동사 단독
그게

they say—
    동사 (연결마디) 없음 : 동사 단독
그들이 말하길

Ashley Wilkes is going (to marry her).
    동사 (연결마디) 1개 : 동사 + (to부정사구 : 명사적용법)
    동사변화 : be동사 am/are/is + 현재분사 going ; 현재진행
    (to부정사구) to marry (her)
              동사 (연결마디) 1개 : 동사 + (대명사)
애슐리 랑 결혼할 거래요

YouTube  해설 동영상

You know.
   동사 (연결마디) 없음 : 동사 단독
알지

The Wilkeses always marry (their cousins).
   동사 (연결마디) 1개 : 동사 + (명사구)
     수식어구[부사성분] : always
그 집안은 늘 자기 사촌하고 결혼하지

Now do we get (those waltzes)?
   접속사 : Now
   일반동사 의문문(조동사 Do/Does 사용) : We get → Do we get
   동사 (연결마디) 1개 : 동사 + (명사구)
이제 우리 랑 춤춰줄 거죠?

Of course.
물론

I'll bet (the other boys will be hopping mad).
   동사 (연결마디) 1개 : 동사 + (명사절)
   동사변화 : 조동사 will(의지, 습성, 요청) + 동사원형 bet
   (명사절) the other boys will be hopping (mad)
        동사 (연결마디) 1개 : 동사 + (형용사)
        동사변화 : 조동사 will(의지, 습성, 요청) + be + 현재분사 hopping ; 진행예정
다들 미쳐서 펄펄 뛴 다는데 내기 걸겠 어

Let (them) (be mad).
   동사 (연결마디) 2개 : 동사 + (대명사) + (원형부정사구 : 형용사적용법)
   (원형부정사구) be (mad)
        동사 (연결마디) 1개 : 동사 + (형용사)
미치라고 해

We two can handle (them)!
   동사 (연결마디) 1개 : 동사 + (대명사)
   동사변화 : 조동사 can(능력, 추측, 허가) + 동사원형 handle
우리 둘이 감당할 수 있어

YouTube  해설 동영상

It can't be (true).
　　동사 (연결마디) 1개 : 동사 + (형용사)
　　동사변화 : 조동사 can(능력, 추측, 허가) + 부사 not + 동사원형 be ; 부정문
사실일리 없어

Ashley loves (me)!
　　동사 (연결마디) 1개 : 동사 + (대명사)
　　동사변화 : love 3인칭단수현재 loves
애슐리는 날 사랑하는데

Scarlett!
스칼렛!

What is supposed has gotten (into her)?
　[동사 앞 주어] What is supposed
　　　　　　동사 (연결마디) 없음 : 동사 단독
　　　　　　동사변화 : be동사 am/are/is + 과거분사 supposed ; 수동태
　　동사 (연결마디) 1개 : 동사 + (명사성분 : 전치사구)
　　동사변화 : have/has + 과거분사 gotten ; 일반동사 현재완료
갑자기 왜 저러지?

Do you suppose (we made her mad)?
　　일반동사 의문문(조동사 Do/Does 사용) : You suppose → Do you suppose
　　동사 (연결마디) 1개 : 동사 + (명사절)
　　(명사절) we made (her) (mad)
　　　　　　동사 (연결마디) 2개 : 동사 + (대명사) + (형용사)
우리가 그녀를 화나게 했다고 생각해?

Miss Scarlett! Where're you going (without your shawl),
　　의문사 Where + be동사 의문문
　　be동사 의문문(주어, 동사 위치변경) : You are... → Are you...?
　　동사 (연결마디) 1개 : 동사 + (형용사성분 : 전치사구)
　　동사변화 : be동사 am/are/is + 현재분사 going ; 현재진행
스칼렛 아가씨! 숄도 안 두르고 어디 가세요?

and the night air fixing (to set in)?
　　접속사 : and
　　동사 (연결마디) 1개 : 동사 + (to부정사구 : 명사적용법)
　　동사변화 : fix 현재분사 fixing ; 진행형
　　(to부정사구) to set (in)
　　　　　　동사 (연결마디) 1개 : 동사 + (부사 : 관용 동사구)
그러면 밤 공기를 들여 마셔요

YouTube  해설 동영상

How come you <u>didn't ask</u> (them gentlemen) (to stay for supper)?
　　의문사구 how come + 평서문
　　동사 (연결마디) 2개 : <u>동사</u> + (명사구) + (to부정사구 : 형용사적 용법)
　　동사변화 : 조동사과거 did + 부사 not + 동사원형 ask ; 과거부정
　　(to부정사구) to <u>stay</u> (for supper)
　　　　　　　동사 (연결마디) 1개 : <u>동사</u> + (명사성분 : 전치사구)
어째서 손님들 저녁 드실 지 물어보지 않죠

You <u>ain't got</u> (no more manners) (than a field hand) ...
　　동사 (연결마디) 2개 : <u>동사</u> + (명사구) + (형용사구)
　　동사변화 : am/are/is + 부사 not + 과거분사 got ; 수동태부정
밭 일군보다 나을 게 없어요

...after me and Miss Ellen <u>done</u> (labored) (with you).
　　접속사 : after
　　동사 (연결마디) 2개 : <u>동사</u> + (형용사) + (부사성분 : 전치사구)
　　동사변화 : do 과거형 done ; 과거지사
엘렌 마님과 내가 애써 키워 놨더니

Miss Scarlett, <u>come</u> (on) (in the house)!
　　동사 (연결마디) 2개 : <u>동사</u> + (부사 : 관용 동사구) + (명사성분 : 전치사구)
아가씨, 집으로 들어오세요!

<u>Come</u> (on) (in before you catch your death of dampness).
　　동사 (연결마디) 2개 : <u>동사</u> + (부사 : 관용 동사구) + (명사성분 : 전치사구)
　　(전치사구) in + before + (명사절)
　　　　　(명사절) you <u>catch</u> (your death of dampness)
　　　　　　　　동사 (연결마디) 1개 : <u>동사</u> + (명사)
감기 걸리기 전에 어서 와요

No! <u>I'm going</u> (to wait for Pa to come home from the Wilkes').
　　동사 (연결마디) 1개 : <u>동사</u> + (to부정사구 : 형용사적 용법)
　　동사변화 : be동사 am/are/is + 현재분사 going ; 현재진행
　　(to부정사구) to <u>wait</u> (for Pa) (to come home from the Wilkes)
　　　　　　　동사 (연결마디) 2개 : <u>동사</u> + (명사성분 : 전치사구) + (to부정사구 : 형용사적 용법)
　　　　　　　(to부정사구) to <u>come</u> (home) (from the Wilkes)
　　　　　　　　　　　동사 (연결마디) 2개 : <u>동사</u> + (명사) + (형용사성분 : 전치사구)
싫어! 윌키스 댁에서 아버지가 돌아오실 때까지 기다릴 거야

YouTube  해설 동영상

Come (on) (in here)!
    동사 (연결마디) 2개 : 동사 + (부사 : 관용 동사구) + (명사성분 : 전치사구)
여기로 들어오세요!

Come (on)
    동사 (연결마디) 1개 : 동사 + (부사 : 관용 동사구)
어서요!

Quitting (time)!
    동사 (연결마디) 1개 : 동사 + (명사)
    동사변화 : quit 현재분사 quitting ; 진행
그만!

Who says (it's quitting time)?
    동사 (연결마디) 1개 : 동사 + (직접/간접화법)
    동사변화 : say 3인칭단수현재 says
    (직접/간접화법) it's (quitting time)
        동사 (연결마디) 1개 : 동사 + (-ing구 : 명사적용법)
        (-ing구) quitting (time)
            동사 (연결마디) 1개 : 동사 + (명사)
누가 그만 이래?

I say (it's quitting time).
    동사 (연결마디) 1개 : 동사 + (직접/간접화법)
    (직접/간접화법) it's (quitting time)
        동사 (연결마디) 1개 : 동사 + (-ing구 : 명사적용법)
        (-ing구) quitting (time)
            동사 (연결마디) 1개 : 동사 + (명사)
내가 그만이라고 했지

I'm (the foreman).
    동사 (연결마디) 1개 : 동사 + (명사)
내가 대장이야

I'm (the one) (that says when it's quitting time at Tara)!
    동사 (연결마디) 2개 : 동사 + (명사) + (형용사성분 : that-절)
    (that-절) that says (when it's quitting time at Tara)
        동사 (연결마디) 1개 : 동사 + (when-절)
        (when-절) when it's (quitting time at Tara)
            접속사 : when
            동사 (연결마디) 1개 : 동사 + (-ing구 : 명사적용법)
타라에서 일을 멈출 수 있는 건 나 뿐 이야.

Quitting (time)!
    동사 (연결마디) 1개 : 동사 + (명사)
    동사변화 : quit 현재분사 quitting ; 진행
그만!

Quitting (time)!
    동사 (연결마디) 1개 : 동사 + (명사)
    동사변화 : quit 현재분사 quitting ; 진행
그만!

YouTube  해설 동영상

There's none in the county can touch (you),
    [동사 앞 주어] There's (none) (in the country)
                      동사 (연결마디) 2개 : 동사 + (명사) + (형용사성분 : 전치사구)
    동사 (연결마디) 1개 : 동사 + (대명사)
    동사변화 : 조동사 can(능력, 추측, 허가) + 동사원형 touch
너를 당할 말은 이 지역엔 없어

and none (in the state).
    접속사 : and
    명사 none + (형용사성분 : 전치사구)
우리 州에도 없고

Pa!
아버지!

So it's (proud of yourself),
    접속사 : so
    동사 (연결마디) 1개 : 동사 + (형용사구)
그래서 자랑스러우셔요?

you are.
    동사 (연결마디) 없음 : 동사 단독
아버지는

Well, Katie Scarlett O'Hara!
그렇고 말고, 케이티 스칼렛 오하라

So, you've been spying (on me),
    동사 (연결마디) 1개 : 동사 + (명사성분 : 전치사구)
    동사변화 : have(has) + been + 현재분사 spying ; (be동사 현재완료) 진행
나를 훔쳐보고 있는구나

and (like your sister, Suellen) ...
    접속사 and + (형용사성분 : 전치사구)
수엘렌처럼

...you'll tell (your mother) (I was jumping again).
    동사 (연결마디) 2개 : 동사 + (명사구) + (직접/간접화법)
    동사변화 : 조동사 will(의지, 습성, 요청) + 동사원형 tell
    (직접/간접화법) I was jumping (again)
               동사 (연결마디) 1개 : 동사 + (부사)
                동사변화 : be동사과거 was/were + 현재분사 jumping ; 과거진행
내가 다시 점프했다고 네 엄마한테 말할 거냐?

YouTube  해설 동영상

Pa, you know (I'm no tattletale like Suellen),
    동사 (연결마디) 1개 : 동사 + (명사절)
    (명사절) I'm (no tattletale) (like Suellen)
                  동사 (연결마디) 2개 : 동사 + (명사구) + (형용사성분 : 전치사구)
아버지도 제가 수엘렌 같은 고자쟁이가 아닌 거 아시잖아요

but it does seem (to me)
    접속사 : but
    동사 (연결마디) 1개 : 동사 + (명사성분 : 전치사구)
    동사변화 : 조동사 do/does/did + 일반동사 seem ; 강조
그래도 저에겐 신경쓰여서요

after you broke (your knee) last year (jumping that same fence) –
    접속사 : after
    동사 (연결마디) 2개 : 동사 + (명사구) + (-ing구 : 형용사적 용법)
    동사변화 : break 과거형 broke ; 과거지사
    수식어구[부사성분] : last year
    (-ing구) jumping (that same fence)
              동사 (연결마디) 1개 : 동사 + (명사구)
아버지가 작년에 저 같은 펜스를 점프하다 다리를 부러뜨리신 후

I'll not have (my own daughter) (telling me what I shall jump and not jump).
    동사 (연결마디) 2개 : 동사 + (명사구) + (-ing구 : 형용사적 용법)
    동사변화 : 조동사 will (의지, 습성, 요청) + 부사 not + 동사원형 have ; 부정
    (-ing구) telling (me) (what I shall jump and not jump)
              동사 (연결마디) 2개 : 동사 + (대명사) + (what-절)
                      (what-절) what I shall jump
                          접속사 : what
                          동사변화 : 조동사 shall (단순미래, 의지 등) + 동사원형 jump
                    and not jump
                          동사변화 : 부사 not + 동사원형 jump ; 일반동사 부정문
내가 점프할지 말지 나에게 잔소리 하는 내 딸은 별로 구나

It's (my own neck),
    동사 (연결마디) 1개 : 동사 + (명사구)
이건 내 목이다

so it is.
이 것은

All right, Pa, you jump (what you please).
    동사 (연결마디) 1개 : 동사 + (what-절)
좋아요, 맘대로 하세요

How are they (all over) (at Twelve Oaks)?
    의문사 How + be동사 의문문
    be동사 의문문(주어, 동사 위치변경) : They are... → Are they...?
    동사 (연결마디) 2개 : 동사 + (부사) + (부사성분 : 전치사구)
열 두 참나무 집은 어때요?

The Wilkeses?
윌크스 씨 댁?

YouTube  해설 동영상

Just as you'd expect (with the barbecue) tomorrow
　　수식어구[부사성분] : Just as
　　동사 (연결마디) 1개 : 동사 + (명사성분 : 전치사구)
　　동사변화 : 조동사 would(과거시점미래, 습관, 의지) + 동사원형 expect
　　수식어구[부사성분] : tomorrow
네가 예상하는 내일 바비큐 파티

and talking (nothing but war).
　　접속사 : and
　　동사 (연결마디) 1개 : 동사 + (부사구)
　　동사변화 : talk 현재분사 talking ; 진행형
그리고 전쟁 얘기뿐이지

Oh, bother the war.
오, 지겨운 전쟁

Was there (anyone else) there?
　　be동사과거 의문문(주어, 동사 위치변경) : There was → Was there
　　동사 (연결마디) 1개 : 동사 + (명사구)
　　수식어구[부사성분] : there
누군가 와 있던 가요?

Their cousin, Melanie Hamilton, from Atlanta and her brother, Charles.
애틀랜타에서 온 사촌인 멜라니와 찰스 해밀턴 남매

Melanie Hamilton!
멜라니 해밀턴!

She's (a pale-faced, mealy-mouthed ninny).
　　동사 (연결마디) 1개 : 동사 + (명사구)
창백 하고 빙빙 돌려 말하는 멍청이

I hate (her).
　　동사 (연결마디) 1개 : 동사 + (대명사)
그 여자 싫어

Ashley Wilkes doesn't think (so).
　　동사 (연결마디) 1개 : 동사 + (대명사)
　　동사변화 : 조동사 do(does) + 부사 not + 동사원형 think ; 일반동사 부정문
애슐리 윌키스는 그렇게 생각 안 할 걸

YouTube  해설 동영상

Ashley Wilkes couldn't like (anyone) (like her).
    동사 (연결마디) 2개 : 동사 + (명사) + (형용사성분 : 전치사구)
    동사변화 : 조동사 could(능력, 추측, 허가) + not + 동사원형 like ; 부정문
애슐리가 그런 여자를 좋아할 리 없어요

What's (your interest) (in Ashley and Miss Melanie)?
    동사 (연결마디) 2개 : 동사 + (명사구) + (형용사성분 : 전치사구)
그들 일에 네가 궁금할 게 뭔 데

It's (nothing).
    동사 (연결마디) 1개 : 동사 + (명사)
아무 것도 아니어요

Let (us) (go into the house), Pa.
    동사 (연결마디) 2개 : 동사 + (대명사) + (원형부정사구 : 형용사적용법)
    (원형부정사구) go (into the house)
              동사 (연결마디) 1개 : 동사 + (명사성분 : 전치사구)
어서 들어가요

Has he been trifling (with you)?
    현재완료 의문문(have동사 위치변경) : He has been trifling... → Has he been trifling...?
    동사 (연결마디) 1개 : 동사 + (명사성분 : 전치사구)
    동사변화 : (have)has + been + 현재분사 trifling ; (be동사 현재완료) 진행
그 청년이 널 우롱하 드냐?

Has he asked (you) (to marry him)?
    현재완료 의문문(have동사 위치변경) : He has asked... → Has he asked...?
    동사 (연결마디) 2개 : 동사 + (대명사) + (to부정사구 : 형용사적 용법)
    동사변화 : have/has + 과거분사 asked ; 일반동사 현재완료
    (to부정사구) to marry (him)
              동사 (연결마디) 1개 : 동사 + (대명사)
너 더러 결혼하 재?

No! -No, nor will he.
    접속사 : nor
    조동사 의문문(주어, 조동사 위치변경) : He will → Will he
아뇨 그랬을 리도 없지

YouTube  해설 동영상

I have (it) (in strictest confidence from John Wilkes) this afternoon…
    동사 (연결마디) 2개 : 동사 + (대명사) + (형용사성분 : 전치사구)
    (전치사구) in + 명사구 strictest confidence + (형용사성분 : 전치사구)
    수식어구[부사성분] : this afternoon
나는 오늘 오후에 존 윌키스로부터 남모르게 들었다

Ashley is going (to marry Miss Melanie).
    동사 (연결마디) 1개 : 동사 + (to부정사구 : 명사적용법)
    동사변화 : be동사 am/are/is + 현재분사 going ; 현재진행
    (to부정사구) to marry (Miss Melanie)
            동사 (연결마디) 1개 : 동사 + (명사구)
애슐리가 멜라니와 결혼을 한다고

It will be announced (tomorrow night) (at the ball).
    동사 (연결마디) 2개 : 동사 + (부사구) + (부사성분 : 전치사구)
    동사변화 : 조동사 will(의지, 습성, 요청) + be + 과거분사 announced ; 수동태예정
내일 밤 무도회에서 발표를 한다 더구나

I don't believe (it).
    동사 (연결마디) 1개 : 동사 + (대명사)
    동사변화 : 조동사 do(does) + 부사 not + 동사원형 believe ; 일반동사 부정문
전 믿을 수 없어요!

Here! Here! Where are you (off to)?
    의문사 Where + be동사 의문문
    be동사 의문문(주어, 동사 위치변경) : You are… → Are you…?
    동사 (연결마디) 1개 : 동사 + (부사구)
이봐 어딜 가는 거냐?

Scarlett!
스칼렛!

YouTube  해설 동영상

What are you (about)?
  의문사 What + be동사 의문문
  be동사 의문문(주어, 동사 위치변경) : You are... → Are you...?
  동사 (연결마디) 1개 : 동사 + (형용사성분 : 전치사구)
왜 그러니?

Have you made (a spectacle) (of yourself running after a man)...
  현재완료 의문문(have동사 위치변경) : You have made... → Have you made...?
  동사 (연결마디) 2개 : 동사 + (명사) + (형용사성분 : 전치사구)
  (전치사구) of + 명사 yourself + (-ing구 : 형용사적 용법)
         (-ing구) running (after) (a man)
              동사 (연결마디) 2개 : 동사 + (부사 : 관용 동사구) + (명사)
남자를 쫓아다닌 거냐?

...who's not (in love) (with you)
  동사 (연결마디) 2개 : 동사 + (명사성분 : 전치사구) + (형용사성분 : 전치사구)
  동사변화 : be동사 am/are/is + 부사 not ; be동사 부정문
널 사랑하지도 않는

when you might have (any man) (in the county)?
  접속사 : when
  동사 (연결마디) 2개 : 동사 + (명사구) + (형용사성분 : 전치사구)
  동사변화 : 조동사 might(능력, 추측, 허가) + 동사원형 have
넌 이 나라 어떤 청년이든 선택할 수 있는데

I haven't been running (after) (him).
  동사 (연결마디) 2개 : 동사 + (부사 : 관용 동사구) + (명사)
  동사변화 : have(has) + not + been + 현재분사 running ; be동사 현재완료진행 부정
쫓아다니지 않았어요

It's just (a surprise), that's all.
  동사 (연결마디) 1개 : 동사 + (명사)
단지 좀 놀랬을 뿐이에요

Now, don't be jerking (your chin) (at me).
  동사 (연결마디) 2개 : 동사 + (명사구) + (형용사성분 : 전치사구)
  동사변화 : 조동사 do + not + be + 현재분사 jerking ; 진행예정 명령문
심술부리면 못 써

If Ashley wanted (to marry you),
  접속사 : if (if조건절)
  동사 (연결마디) 1개 : 동사 + (to부정사구 : 명사적용법)
  (to부정사구) to marry (you)
만일 애슐리가 너랑 결혼하길 원했어도

it would be (with misgivings)
  동사 (연결마디) 1개 : 동사 + (형용사성분 : 전치사구)
  동사변화 : 조동사 would(과거시점미래, 습관, 의지) + be ; 예정
의구심 속에서

I'd say ("yes").
  동사 (연결마디) 1개 : 동사 + (명사)
  동사변화 : 조동사 would(과거시점미래, 습관, 의지) + 동사원형 say
허락했을 거다

YouTube  해설 동영상

I want (my girl) (to be happy).
    동사 (연결마디) 2개 : 동사 + (명사구) + (to부정사구 : 형용사적 용법)
    (to부정사구) to be (happy)
              동사 (연결마디) 1개 : 동사 + (형용사)
난 내 딸이 행복하길 바란다

You'd not be (happy) (with him).
    동사 (연결마디) 2개 : 동사 + (형용사) + (부사성분 : 전치사구)
    동사변화 : 조동사 would(과거시점미래, 습관, 의지) + not + be ; 예정(부정)
그와는 행복할 수 없을 거야

I would, I would!
아뇨, 행복할 거예요

What difference does it make (who you marry) ...
    의문사구 What difference + 일반동사 의문문
    일반동사 의문문(조동사 Do/Does 사용) : It make → Does it make
    동사 (연결마디) 1개 : 동사 + (who-절)
    (who-절) who you marry
          접속사 : who
          동사 (연결마디) 없음 : 동사 단독
누구와 결혼하든 상관없다

...so long as he's (a Southerner)
    접속사구 : so long as
    동사 (연결마디) 1개 : 동사 + (명사)
그가 남부인이고

and thinks (like you)?
    동사 (연결마디) 1개 : 동사 + (형용사성분 : 전치사구)
    동사변화 : think 3인칭단수현재 thinks
너와 생각이 같다면

And when I'm gone,
    접속사 : when
    동사변화 : be동사 am/are/is + 과거분사 gone ; 수동태
내가 떠나면

I'll leave (Tara) (to you).
    동사 (연결마디) 2개 : 동사 + (명사) + (형용사성분 : 전치사구)
    동사변화 : 조동사 will(의지, 습성, 요청) + 동사원형 leave
타라는 네 것이다

I don't want (Tara).
    동사 (연결마디) 1개 : 동사 + (명사)
    동사변화 : 조동사 do(does) + 부사 not + 동사원형 want ; 일반동사 부정문
타라도 싫고

Plantations don't mean (anything) (when)—
    동사 (연결마디) 2개 : 동사 + (명사구) + (형용사성분 : when-절)
    동사변화 : 조동사 do(does) + 부사 not + 동사원형 mean ; 일반동사 부정문
농장도 아무 의미 없어요...

YouTube  해설 동영상

Do you mean (to tell me), Katie Scarlett O'Hara,
    일반동사 의문문(조동사 Do/Does 사용) : You mean → Do you mean
    동사 (연결마디) 1개 : 동사 + (to부정사구 : 명사적용법)
    (to부정사구) to tell (me)
               동사 (연결마디) 1개 : 동사 + (대명사)
케이티 스칼렛 오하라, 지금 나한테 말하려는 거냐?

that land doesn't mean (anything) (to you)?
    동사 (연결마디) 2개 : 동사 + (명사) + (형용사성분 : 전치사구)
    동사변화 : 조동사 do(does) + 부사 not + 동사원형 mean ; 일반동사 부정문
저 땅이 너 한테 아무 것도 아니라고

Why, land is (the only thing in the world) (worth working for, worth fighting for, worth dying for),
    동사 (연결마디) 2개 : 동사 + (명사구) + (형용사구)
땅은 이 세상에서 일 할 가치가 있는, 싸울 가치가 있는, 죽을 가치가 있는 유일한 것이다

because it's (the only thing) (that lasts).
    접속사 : because
    동사 (연결마디) 2개 : 동사 + (명사구) + (형용사성분 : that-절)
    (that-절) that lasts
            동사 (연결마디) 없음 : 동사 단독
            동사변화 : last 3인칭단수현재 lasts
끝까지 남는 건 땅 뿐이다

Oh, Pa, you talk (like an Irishman).
    동사 (연결마디) 1개 : 동사 + (형용사성분 : 전치사구)
아일랜드인처럼 말씀하 시네요.

It's (proud) (I am that I'm Irish).
    동사 (연결마디) 2개 : 동사 + (형용사) + (부사절)
    (부사절) I am (that I'm Irish)
            동사 (연결마디) 1개 : 동사 + (that-절)
            (that-절) that I am (Irishman)
                  동사 (연결마디) 1개 : 동사 + (명사)
나는 내가 아일랜드인 인 것이 자랑스럽다

And don't you be forgetting, Missy,
    동사변화 : 조동사 do + not + be + 현재분사 forgetting ; 진행예정 명령문
명심해라

that you're (half-Irish) too.
    접속사 : that
    동사 (연결마디) 1개 : 동사 + (명사구)
네 게도 아일랜드인의 피가 흐른다는 걸

YouTube  해설 동영상

And to anyone (with a drop of Irish blood in them)...
　접속사 : and
　(전치사구) to + 명사 anyone + (형용사성분 : 전치사구)
　　　　　(전치사구) with + 명사 a drop + (형용사성분 : 전치사구)
　　　　　　　　　(전치사구) of + 명사구 Irish blood + (형용사성분 : 전치사구)
아일랜드인의 피가 흐르는 사람에겐

...why, the land they live on is (like their mother).
　[동사 앞 주어] the land (they live on)
　　　　　　　　명사 the land + (형용사절)
　　　　　　　　　　(형용사절) they live (on)
　　　　　　　　　　　　　　동사 (연결마디) 1개 : 동사 + (부사 : 관용 동사구)
　동사 (연결마디) 1개 : 동사 + (형용사성분 : 전치사구)
자신들이 살고 있는 땅이 어머니야

Oh, but you're just (a child).
　동사 (연결마디) 1개 : 동사 + (명사)
아직 어리지만

It'll come (to you),
　동사 (연결마디) 1개 : 동사 + (명사성분 : 전치사구)
　동사변화 : 조동사 will(의지, 습성, 요청) + 동사원형 come
너 에게도 올 것이다

this love (of the land).
　명사구 this love + (형용사성분 : 전치사구)
땅에 대한 사랑

There's no getting (away) (from it)
　동사 (연결마디) 2개 : 동사 + (부사 : 관용 동사구) + (명사성분 : 전치사구)
　동사변화 : be동사 am/are/is + 현재분사 getting ; 현재진행
피할 수 없을 것이다

if you're (Irish).
　접속사 : if (if조건절)
　동사 (연결마디) 1개 : 동사 + (명사)
네가 아일랜드인 이면

Yonder she comes!
　동사변화 : come 3인칭단수현재 comes
저기 오시네

Miss Scarlett, Miss Suellen, Miss Carreen, your ma's (home)!
　동사 (연결마디) 1개 : 동사 + (명사)
아가씨들, 어머니가 오세요

YouTube  해설 동영상

Acting (like a wet nurse) (to them low-down, poor white trash)...
  동사 (연결마디) 2개 : 동사 + (형용사성분 : 전치사구) + (부사성분 : 전치사구)
  동사변화 : act 현재분사 acting ; 진행형
천하고 불쌍한 백인 쓰레기들을 젖먹이 간호사처럼 돌보시니!

...instead of being (here)
  접속사구 : instead of
  동사 (연결마디) 1개 : 동사 + (부사)
  동사변화 : be 현재분사 being ; 진행형
집에 계시는 대신

eating (her supper).
  동사 (연결마디) 1개 : 동사 + (명사구)
  동사변화 : eat 현재분사 eating ; 진행형
저녁을 드시면서

Cookie, stir (up) (the fire)!
  동사 (연결마디) 2개 : 동사 + (부사 : 관용 동사구) + (명사)
쿠키, 불을 지펴.

Miss Ellen's got (no business) (wearing herself out).
  동사 (연결마디) 2개 : 동사 + (명사구) + (-ing구 : 형용사적 용법)
  동사변화 : have/has + 과거분사 got ; 일반동사 현재완료
  (-ing구) wearing (herself) (out)
       동사 (연결마디) 2개 : 동사 + (재귀대명사) + (부사성분 : 전치사구)
마님은 녹초가 되셨을 거야

Take (the lamp) (out on the porch)!
  동사 (연결마디) 2개 : 동사 + (명사) + (형용사성분 : 전치사구)
현관 앞으로 램프를 가져가

Wearing (herself) (out).
  동사 (연결마디) 2개 : 동사 + (재귀대명사) + (부사 : 관용 동사구)
  동사변화 : wear 현재분사 wearing ; 진행
녹초가 되셨을 거야

Mister Gerald, Miss Ellen's (home).
  동사 (연결마디) 1개 : 동사 + (명사)
나리, 엘렌 마님 오셨어요

Wearing (herself) (out)
  동사 (연결마디) 2개 : 동사 + (재귀대명사) + (부사 : 관용 동사구)
  동사변화 : wear 현재분사 wearing ; 진행
녹초가 되셨을 거야

waiting (on) (the poor white trash).
  동사 (연결마디) 2개 : 동사 + (부사 : 관용 동사구) + (명사구)
  동사변화 : wait 현재분사 waiting ; 진행
불쌍한 백인 쓰레기를 기다리면서

YouTube  해설 동영상

Shut (up), (dogs)!
  동사 (연결마디) 2개 : 동사 + (부사 : 관용 동사구) + (명사)
개들아 쉿!

Barking (in the house) (like that).
  동사 (연결마디) 2개 : 동사 + (형용사성분 : 전치사구) + (부사성분 : 전치사구)
  동사변화 : bark 현재분사 barking ; 진행형
집에서 그렇게 짖고 있다니

Get (up) (from there). Boy,
  동사 (연결마디) 2개 : 동사 + (부사 : 관용 동사구) + (명사성분 : 전치사구)
얘 야 거기서 일어나라

Don't you hear (that Miss Ellen's coming)?
  일반동사 부정의문문(조동사 Do + not사용) : You hear → Don't you hear
  동사 (연결마디) 1개 : 동사 + (that-절)
  (that-절) that Miss Ellen's coming
      접속사 : that
      동사 (연결마디) 없음 : 동사 단독
      동사변화 : be동사 am/are/is + 현재분사 coming ; 현재진행
엘렌 마님이 오고 계신 걸 못 들었냐

Get (out) there
  동사 (연결마디) 1개 : 동사 + (부사 : 관용 동사구)
나가서

and get (her medicine chest).
  동사 (연결마디) 1개 : 동사 + (명사구)
마님 약 상자 받아

We were getting (worried) (about you), Miss Ellen. Mister Gerald.
  동사 (연결마디) 2개 : 동사 + (형용사) + (부사성분 : 전치사구)
  동사변화 : be동사과거 was/were + 현재분사 getting ; 과거진행
모두 들 걱정했습니다, 마님

All right, Pork. I'm (home).
  동사 (연결마디) 1개 : 동사 + (명사)
괜찮아, 포크, 집에 왔으니까

Mrs. O'Hara, we finished (plowing the creek bottom) today.
  동사 (연결마디) 1개 : 동사 + (-ing구 : 명사적용법)
  동사변화 : finish 과거형 finished ; 과거지사
  (-ing구) plowing (the creek bottom)
      동사 (연결마디) 1개 : 동사 + (명사구)
오하라 부인, 오늘 개울바닥 갈아엎기를 끝냈습니다

YouTube  해설 동영상

What do you want (me) (to start on tomorrow)?
　의문사 What + 일반동사 의문문
　일반동사 의문문(조동사 Do/Does 사용) : You want → Do you want
　동사 (연결마디) 2개 : 동사 + (대명사) + (to부정사구 : 형용사적 용법)
　(to부정사구) to start (on tomorrow)
　　　　　　　동사 (연결마디) 1개 : 동사 + (형용사성분 : 전치사구)
내일은 뭐부터 할까요?

Mr. Wilkerson, I've just come (from Emmy Slattery's bedside).
　동사 (연결마디) 1개 : 동사 + (명사성분 : 전치사구)
　동사변화 : have/has + 과거분사 come ; 일반동사 현재완료
　수식어구[부사성분] : just
윌커슨 씨, 난 지금 에미 슬래터리 집에서 오는 길이에요

Your child has been born.
　동사 (연결마디) 없음 : 동사 단독
　동사변화 : have/has + been (be동사 현재완료) + 과거분사 born ; 수동태현재완료
당신 아이가 태어났어요

My child, ma'am? I'm (sure) (I don't understand).
　동사 (연결마디) 2개 : 동사 + (형용사) + (부사절)
　(부사절) I don't understand
　　　　　동사 (연결마디) 없음 : 동사 단독
　　　　　동사변화 : 조동사 do(does) + 부사 not + 동사원형 understand ; 일반동사 부정문
제 아이라뇨? 무슨 말씀이신지...

Has been born and,
　동사변화 : have/has + been (be동사 현재완료) + 과거분사 born ; 수동태현재완료
아이는 태어나자

mercifully, has died.
　수식어구[부사성분] : mercifully
　동사변화 : have/has + 과거분사 died ; 일반동사 현재완료
가엾게도 죽었어요.

Goodnight, Mr. Wilkerson.
그럼 이만!

YouTube  해설 동영상

I'll fix (your supper) (for you) myself,
   동사 (연결마디) 2개 : 동사 + (명사구) + (형용사성분 : 전치사구)
   동사변화 : 조동사 will(의지, 습성, 요청) + 동사원형 fix
마님 저녁을 준비하겠습니다

and you eat (it).
   접속사 : and
   동사 (연결마디) 1개 : 동사 + (대명사)
저녁 드세요

After (prayers), Mammy.
   (전치사구) after + (명사)
유모, 기도하고

Yes, ma'am.
네, 마님

Mr. O'Hara.
여보!

You must dismiss (Jonas Wilkerson).
   동사 (연결마디) 1개 : 동사 + (고유명사)
   동사변화 : 조동사 must(의무, 강한 추측) + 동사원형 dismiss
조나스 윌커슨씨를 꼭 해고하세요

Dismiss (him), Mrs. O'Hara?
   동사 (연결마디) 1개 : 동사 + (대명사)
부인, 그를 해고하라고?

He's (the best overseer) (in the county).
   동사 (연결마디) 2개 : 동사 + (명사구) + (형용사성분 : 전치사구)
그는 이 곳에서 최고의 감독관이오

YouTube  해설 동영상

He must go (tomorrow morning), first thing.
   동사변화 : 조동사 must(의무, 강한 추측) + 동사원형 go
   동사 (연결마디) 1개 : 동사 + (명사구)
     수식어구[부사성분] : first thing
내일 아침 제일 먼저 그를 내보내세요

But....
그래도...

No! Yes.
설마! 사실이에요

The Yankee Wilkerson and the white-trash Slattery girl!
   (명사구) and (명사구)
양키 월커슨과 백인 쓰레기 슬래터리가?

We'll discuss (it) (later), Mr. O'Hara.
   동사 (연결마디) 2개 : 동사 + (대명사) + (부사)
   동사변화 : 조동사 will(의지, 습성, 요청) + 동사원형 discuss
나중에 얘기해요.

Yes, Mrs. O'Hara.
그래요, 부인

YouTube  해설 동영상

I want (to wear Scarlett's green dress)
　　동사 (연결마디) 1개 : 동사 + (to부정사구 : 명사적용법)
　　(to부정사구) to wear (Scarlett's green dress)
　　　　　　동사 (연결마디) 1개 : 동사 + (명사구)
스칼렛 언니의 초록색드레스 입을래요

I don't like (your tone), Suellen.
　　동사 (연결마디) 1개 : 동사 + (명사구)
　　동사변화 : 조동사 do(does) + 부사 not + 동사원형 like ; 일반동사 부정문
무슨 소리야? 수엘렌

Your pink gown is (lovely).
　　동사 (연결마디) 1개 : 동사 + (형용사)
네 분홍 옷도 예쁜데

Can't I stay (up) (for the ball) tomorrow?
　　조동사 부정의문문(주어, 조동사 위치변경) : I can't stay → Can't I stay...
　　동사 (연결마디) 2개 : 동사 + (부사 : 관용 동사구) + (명사성분 : 전치사구)
　　수식어구[부사성분] : tomorrow
내일 밤 무도회에 끝까지 있을래요

But you may wear (my garnets) (with it).
　　동사 (연결마디) 2개 : 동사 + (명사구) + (형용사성분 : 전치사구)
　　동사변화 : 조동사 may(능력, 추측, 허가) + 동사원형 wear
대신 내 가닛 목걸이를 해라

Why can't I stay (up) (for the ball) tomorrow night?
　　의문사 Why + 조동사 부정의문문
　　조동사 부정의문문(주어, 조동사 위치변경) : I can't stay → Can't I stay...
　　동사 (연결마디) 2개 : 동사 + (부사 : 관용 동사구) + (명사성분 : 전치사구)
　　수식어구[부사성분] : tomorrow night
저도 무도회 끝까지 있을래요

Scarlett...
스칼렛,

...you look (tired), my dear.
　　동사 (연결마디) 1개 : 동사 + (형용사)
안색이 안 좋구나

I'm (worried) (about you).
　　동사 (연결마디) 2개 : 동사 + (형용사) + (부사성분 : 전치사구)
무슨 일 있니?

YouTube  해설 동영상

I'm (all right), Mother.
   동사 (연결마디) 1개 : 동사 + (형용사구)
괜찮아요, 어머니

Why can't I stay (up) (for the ball) tomorrow night?
   의문사 Why + 조동사 부정의문문
   조동사 부정의문문(주어, 조동사 위치변경) : I can't stay → Can't I stay...
   동사 (연결마디) 2개 : 동사 + (부사 : 관용 동사구) + (명사성분 : 전치사구)
   수식어구[부사성분] : tomorrow night
내일 밤새면 안 돼요?

I'm (13) now.
   동사 (연결마디) 1개 : 동사 + (형용사)
저도 이제 열 세 살인데

You may go (to the barbecue)
   동사 (연결마디) 1개 : 동사 + (명사성분 : 전치사구)
   동사변화 : 조동사 may(능력, 추측, 허가) + 동사원형 go
바비큐파티에 갈 수 있지만

and stay (up) (through supper).
   접속사 : and
   동사 (연결마디) 2개 : 동사 + (부사 : 관용 동사구) + (명사성분 : 전치사구)
저녁때 까지만 있으라

I didn't want (to wear our tacky green dress) anyhow, stingy!
   동사 (연결마디) 1개 : 동사 + (to부정사구 : 명사적용법)
   동사변화 : 조동사과거 did + 부사 not + 동사원형 want ; 과거부정
   (to부정사구) to wear (our tacky green dress)
            동사 (연결마디) 1개 : 동사 + (명사구)
   수식어구[부사성분] : anyhow, stingy
어쨌든 인색해, 촌스런 초록색 드레스는 원하지 않았어!

Oh, hush (up)!
   동사 (연결마디) 1개 : 동사 + (부사 : 관용 동사구)
조용히 못 해!

YouTube  해설 동영상

Prayers, girls.
모두 기도하자

And to all the saints, that I have sinned **exceedingly** (in thought, word and deed)...
    동사 (연결마디) 1개 : 동사 + (형용사성분 : 전치사구)
    동사변화 : have/has + 과거분사 sinned ; 일반동사 현재완료
    수식어구[부사성분] : exceedingly
모든 성인들에게, 생각과 말과 행동으로 많은 죄를 지었나이다

...through (my fault).
    (전치사구) through + 명사구 my fault
제 탓이오,

Through my fault, through (my most grievous fault).
    (전치사구) through + 명사구 my most grievous fault
제 탓이오. 저의 큰 탓이옵니다

Therefore, I beseech **(the Blessed Mary, ever Virgin)...**
    동사 (연결마디) 1개 : 동사 + (명사구)
그러므로 간절히 바라오니 평생 동정이신 성모 마리아를 축복하오며

... Blessed **(Michael, the Archangel)...**Blessed **(John the Baptist)...**
    동사 (연결마디) 1개 : 동사 + (명사구)
    동사변하 : bless 과거형 blessed ; 과거지사
대천사 미카엘과 세례자 요한을 축복하나이다

YouTube  해설 동영상

...the Holy Apostles, Peter and Paul...
성스러운 사도들, 베드로와 바울

...and all the saints (to pray to the Lord, our God, for me).
   접속사 : and
   명사구 all the saints + (to부정사구 : 형용사적 용법)
   (to부정사구) to pray (to the Lord, our God) (for me)
        동사 (연결마디) 2개 : 동사 + (명사성분 : 전치사구) + (형용사성분 : 전치사구)
저를 위하여 주님께 기도하는 모든 성인과

But Ashley doesn't know (I love him)!
   접속사 : but
   동사 (연결마디) 1개 : 동사 + (명사절)
   동사변화 : 조동사 do(does) + 부사 not + 동사원형 know ; 일반동사 부정문
   (명사절) I love (him)
        동사 (연결마디) 1개 : 동사 + (대명사)
애슐리는 내가 자기를 사랑하는 걸 몰라

I'll tell (him) (that I love him)
   동사 (연결마디) 2개 : 동사 + (대명사) + (that-절)
   동사변화 : 조동사 will(의지, 습성, 요청) + 동사원형 tell
   (that-절) that I love (him)
        접속사 : that
        동사 (연결마디) 1개 : 동사 + (대명사)
내가 자기를 사랑한다고 말할거야

and then he can't marry (her)!
   접속사 : and, then
   동사 (연결마디) 1개 : 동사 + (대명사)
   동사변화 : 조동사 can(능력, 추측, 허가) + 부사 not + 동사원형 marry ; 부정문
그러면 멜라니와 결혼할 수 없을 거야

May the Almighty, and most merciful Lord...
전능하신 하느님, 가장 자비로운 주님

...grant (us) (pardon, absolution...and remission of our sins). Amen.
   동사 (연결마디) 2개 : 동사 + (대명사) + (명사구)
저희를 용서해주시고 저희의 죄를 사하여 주옵소서 아멘

YouTube  해설 동영상

Just hold (on)
  수식어구[부사성분] : just
  동사 (연결마디) 1개 : 동사 + (부사 : 관용 동사구)
꼭 붙잡고

and suck (in).
  동사 (연결마디) 1개 : 동사 + (부사 : 관용 동사구)
배 당겨요

Mammy, here's (Miss Scarlett's vittles).
  동사 (연결마디) 1개 : 동사 + (명사구)
큰아가씨 식사예요

You can take (all that) (back).
  동사 (연결마디) 2개 : 동사 + (대명사) + (부사 : 관용 동사구)
  동사변화 : 조동사 can(능력, 추측, 허가) + 동사원형 take
도로 가져가도 돼

I won't eat (a bite).
  동사 (연결마디) 1개 : 동사 + (명사)
  동사변화 : 조동사 will(의지, 습성, 요청) + 부사 not + 동사원형 eat ; 부정
안 먹을 거니까

Oh, yes, ma'am, you are!
드셔야 해요,

You are going (to eat every mouthful of this).
  동사 (연결마디) 1구 : 동사 + (to부정사구 : 명사적용법)
  동사변화 : be동사 am/are/is + 현재분사 going ; 현재진행
  (to부정사구) to eat (every mouthful of this)
        동사 (연결마디) 1개 : 동사 + (명사구)
다 드세요

No, I'm not!
  동사 (연결마디) 없음 : 동사 단독
  동사변화 : be동사 am/are/is + 부사 not ; be동사 부정문
싫다니까

YouTube  해설 동영상

Put (on) (the dress),
　동사 (연결마디) 2개 : 동사 + (부사 : 관용 동사구) + (명사구)
옷이나 입혀 줘

because we're (late) already.
　접속사 : because
　동사 (연결마디) 1개 : 동사 + (형용사)
　수식어구[부사성분] : already
벌써 늦었어

What's my lamb going (to wear)? That.
　의문사 What + be동사 의문문
　be동사 의문문(주어, 동사 위치변경) : my lamb is... → Is my lamb...?
　동사 (연결마디) 1개 : 동사 + (to부정사구 : 명사적용법)
　동사변화 : be동사 am/are/is + 현재분사 going ; 현재진행
　(to부정사구) to wear
　　　　　동사 (연결마디) 없음 : 동사 단독
뭘 입으시려고요? 저거

No you ain't!
　동사변화 : be동사 am/are/is + 부사 not ; be동사 부정문
못 입어요

You can't show (your bosom) (before three o'clock).
　동사 (연결마디) 2개 : 동사 + (명사구) + (형용사성분 : 전치사구)
　동사변화 : 조동사 can(능력, 추측, 허가) + 부사 not + 동사원형 show ; 부정문
3시 이전에 가슴이 드러나선 안 돼요

I'm going (to speak to your ma about you)!
　동사 (연결마디) 1개 : 동사 + (to부정사구 : 명사적용법)
　동사변화 : be동사 am/are/is + 현재분사 going ; 현재진행
　(to부정사구) to speak (to your ma) (about you)
　　　　　　동사 (연결마디) 2개 : 동사 + (명사성분 : 전치사구) + (형용사성분 : 전치사구)
마님께 일러바칠 거예요

If you say (one word) (to Mother),
　접속사 : if (if조건절)
　동사 (연결마디) 2개 : 동사 + (명사구) + (형용사성분 : 전치사구)
어머니한테 한 마디라도 하면

I won't eat (a bite)!
　동사 (연결마디) 1개 : 동사 + (명사)
　동사변화 : 조동사 will(의지, 습성, 요청) + 부사 not + 동사원형 eat ; 부정
한 입도 먹지 않겠어

Well....
좋아요

YouTube  해설 동영상

Keep (your shawl) (on).
　동사 (연결마디) 2개 : 동사 + (명사구) + (부사 : 관용 동사구)
어깨에 숄을 둘러요

I **ain't aiming** (for you) (to get all freckled)...
　동사 (연결마디) 2개 : 동사 + (명사성분 : 전치사구) + (to부정사구 : 형용사적 용법)
　동사변화 : am/are/is + 부사 not + 현재분사 aiming ; 현재진행부정
　(to부정사구) to get all (freckled)
　　　　　동사 (연결마디) 1개 : 동사 + (형용사)
주근깨 생기게 할 수 없어요

...after the buttermilk (I done put on you all this winter),
　명사 the buttermilk + (형용사절)
　(형용사절) I have done (put on you all this winter)
　　　　　동사 (연결마디) 1개 : 동사 + (원형부정사구 : 명사적용법)
　　　　　동사변화 : have/has + 과거분사 done ; 일반동사 현재완료
　　　　　(원형부정사구) put (on) (you) all this winter
　　　　　　　　동사 (연결마디) 2개 : 동사 + (부사 : 관용 동사구) + (대명사)
겨우내 버터 밀크를 발라주었는데

bleaching (them) (freckles).
　동사 (연결마디) 2개 : 동사 + (대명사) + (명사)
주근깨 생기지 말라고

Now, Miss Scarlett, you **come** (on)
　동사 (연결마디) 1개 : 동사 + (부사 : 관용 동사구)
자 이리 와서

and **be** (good),
　동사 (연결마디) 1개 : 동사 + (형용사)
착하게

and **eat** just (a little), honey.
　동사 (연결마디) 1개 : 동사 + (형용사)
조금이라도 드세요

No. 싫어,
I**'m going** (to have a good time today)
　동사 (연결마디) 1개 : 동사 + (to부정사구 : 명사적용법)
　(to부정사구) to have (a good time) today
　　　　　동사 (연결마디) 1개 : 동사 + (명사구)
오늘은 재밌게 놀고

and **do** (my eating) (at the barbecue).
　동사 (연결마디) 2개 : 동사 + (명사구) + (형용사성분 : 전치사구)
바비큐도 맘껏 먹을 거야

If you **don't care** (what folks says about this family), I does!
　접속사 : if (if조건절)
　동사 (연결마디) 1개 : 동사 + (what-절)
　(what-절) what folks says (about this family)
　　　　　동사 (연결마디) 1개 : 동사 + (명사성분 : 전치사구)
사람들 흉 보는게 상관 없다면요

YouTube  해설 동영상

I have told (you)
    동사 (연결마디) 1개 : 동사 + (대명사)
    동사변화 : have/has + 과거분사 told ; 일반동사 현재완료
말했죠

and told (you) (that you can always tell a lady)...
    동사 (연결마디) 2개 : 동사 + (대명사) + (that-절)
    동사변화 : tell 과거형 told ; 과거지사
    (that-절) that you can always tell (a lady)
        접속사 : that
        동사 (연결마디) 1개 : 동사 + (명사)
        동사변화 : 조동사 can(능력, 추측, 허가) + 동사원형 tell
        수식어구[부사성분] : always
숙녀라고 말 할 수 있어야 한다고 했죠

...by the way (she eats with folks Like a bird)!
    (전치사구) by + 명사 the way + (형용사절)
        (형용사절) she eats (with folks) (like a bird)
            동사 (연결마디) 2개 : 동사 + (명사성분 : 전치사구) + (형용사구)
남들 앞에서는 새처럼 (조금) 먹음으로써

I ain't aiming (for you) (to go after Mr. John Wilkes)...
    동사 (연결마디) 2개 : 동사 + (명사성분 : 전치사구) + (to부정사구 : 형용사적 용법)
    동사변화 : am/are/is + 부사 not + 현재분사 aiming ; 현재진행부정
    (to부정사구) to go (after) (Mr. WIlkes)
        동사 (연결마디) 2개 : 동사 + (부사 : 관용 동사구) + (명사구)
아가씨를 윌크스씨 댁에 방치하지 않을래요

...and eat (like a field hand)
    동사 (연결마디) 1개 : 동사 + (형용사구)
일꾼처럼 먹거나

and gobble (like a hog)!
    동사 (연결마디) 1개 : 동사 + (형용사구)
돼지처럼 마구 드시도록

Fiddle-dee-dee!
걱정 붙들어 매셔!

Ashley Wilkes told (me) (he likes to see a girl with a healthy appetite).
    동사 (연결마디) 2개 : 동사 + (대명사) + (직접/간접화법)
    (직접/간접화법) he likes (to see a girl with a healthy appetite)
        동사 (연결마디) 1개 : 동사 + (to부정사구 : 명사적용법)
        (to부정사구) to see (a girl) (with a healthy appetite)
            동사 (연결마디) 2개 : 동사 + (명사) + (형용사성분 : 전치사구)
애슐리는 식욕 좋은 아가씨가 좋대

YouTube  해설 동영상

What gentlemen says and what they thinks is (two different things).
　　[동사 앞 주어] What gentlemen says
　　　　　　　　의문사 What + 평서문
　　　　　　　and what they thinks
　　　　　　　　의문사 What + 평서문
　　동사 (연결마디) 1개 : 동사 + (명사구)
남자들은 말하는 것과 생각하는 건 별개 에요

And I ain't noticed (Mister Ashley asking to marry you)!
　　동사 (연결마디) 1개 : 동사 + (명사절)
　　동사변화 : am/are/is + 부사 not + 과거분사 noticed ; 수동태부정
　　(명사절) Mister Ashley asking (to marry you)
　　　　　　동사 (연결마디) 1개 : 동사 + (to부정사구 : 명사적용법)
　　　　　(to부정사구) to marry (you)
　　　　　　　　　동사 (연결마디) 1개 : 동사 + (대명사)
그리고 애슐리 씨는 아가씨한테 청혼할 눈치가 아니던데

Now don't eat too (fast).
　　동사 (연결마디) 1개 : 동사 + (형용사)
　　동사변화 : 조동사 Do + 부사 not + 동사원형 eat ; ~하지마라(명령문)
천천히 드세요

Ain't (no need) (of having it come right back up again).
　　동사 (연결마디) 2개 : 동사 + (명사구) + (형용사성분 : 전치사구)
　　동사변화 : be동사 am/are/is + 부사 not ; be동사 부정문
　　(전치사구) of + 명사 having + (형용사절)
　　　　　(형용사절) it come right (back up) again
　　　　　　　　동사 (연결마디) 1개 : 동사 + (명사구)
도로 올라 오겠어요

Why does a girl have (to be so silly) (to catch a husband)?
　　의문사 Why + 일반동사 의문문
　　일반동사 의문문(조동사 Do/Does 사용) : a girl have → Does a girl have
　　동사 (연결마디) 2개 : 동사 + (to부정사구) + (to부정사구 : 형용사적 용법)
　　(to부정사구) to be so (silly)
　　　　　　동사 (연결마디) 1개 : 동사 + (형용사)
　　(to부정사구) to catch (a husband)
　　　　　　동사 (연결마디) 1개 : 동사 + (명사)
결혼하려면 여자들은 왜 멍청해 져야 하지?

Scarlett Ohara, if you're not (here) (by the time I count ten),
　　동사 (연결마디) 2개 : 동사 + (명사) + (형용사성분 : 전치사구)
　　(전치사구) by + 명사 the time + (형용사절)
　　　　　(형용사절) I count (ten)
스칼렛! 열 셀 동안 안 내려오면

we'll be going (without you)!
　　동사변화 : 조동사 will(의지, 습성, 요청) + be + 현재분사 going ; 진행예정
우리 끼리 간다

I'm coming, Pa!
지금 내려가요

YouTube  해설 동영상

One...
1,

...two, three...
2, 3,

...four, five, six....
4, 5...

Oh, dear!
아

My stays are so (tight)
    동사 (연결마디) 1개 : 동사 + (형용사)
    수식어구[부사성분] : so
속옷이 꼭 죄어서

I know (I'll never get through the day without belching).
    동사 (연결마디) 1개 : 동사 + (명사절)
   (명사절) I'll never get (through) (the day without belching)
        동사 (연결마디) 2개 : 동사 + (부사 : 관용 동사구) + (명사구)
        동사변화 : 조동사 will(의지, 습성, 요청) + 동사원형 get
        수식어구[부사성분] : never
트림 없이 하루를 보낼 수 없을 것 같아

TWELVE OAKS. JOHN WILKES
열두 참나무 집 존 윌크스

Any one disturbing the peace on this plantation will be prosecuted.
   [동사 앞 주어] Any one (disturbing the peace on this plantation)
           명사구 'Any one + (-ing구 : 형용사적 용법)
              (-ing구) disturbing (the peace) (on this plantation)
                  동사 (연결마디) 2개 : 동사 + (명사) + (형용사성분 : 전치사구)
   동사 (연결마디) 없음 : 동사 단독
   동사변화 : 조동사 will(의지, 습성, 요청) + be + 과거분사 prosecuted ; 수동태예정
이 농장의 평화를 깨는 자는 처벌받을 것이다

YouTube  해설 동영상

Well, John Wilkes. It's a grand day you'll be having for the barbecue.

So it seems, Gerald. But why isn't Mrs. O'Hara with you?

She's after settling accounts with the overseer.

But she'll be along for the ball tonight.

Welcome to Twelve Oaks, Mr. O'Hara.

Well, John Wilkes. It's (a grand day) (you'll be having for the barbecue).
    동사 (연결마디) 2개 : 동사 + (명사구) + (형용사절)
    (형용사절) you'll be having (for the barbecue)
        동사 (연결마디) 1개 : 동사 + (명사성분 : 전치사구)
        동사변화 : 조동사 will(의지, 습성, 요청) + be + 현재분사 having ; 진행예정
존 윌크스 씨, 바비큐 파티하기에 좋은 날씨군요

So it seems, Gerald.
    동사변화 : seem 3인칭단수현재 seems
그런 것 같습니다, 제럴드씨

But why isn't Mrs. O'Hara (with you)?
    접속사 : but
    의문사 Why + be동사 부정의문문
    be동사 부정의문문(주어, 동사 위치변경) : Mrs. O'Hara is not → Is not Mrs. O'Hara...?
    동사 (연결마디) 1개 : 동사 + (형용사성분 : 전치사구)
그런데 부인은 같이 안 오셨어요?

She's after settling (accounts) (with the overseer).
    동사 (연결마디) 2개 : 동사 + (명사) + (형용사성분 : 전치사구)
    동사변화 : be동사 am/are/is + 현재분사 settling ; 현재진행
    수식어구[부사성분] : after
감독관과 장부를 검토 중인데

But she'll be (along) (for the ball) tonight.
    접속사 : but
    동사 (연결마디) 2개 : 동사 + (부사 : 관용 동사구) + (명사성분 : 전치사구)
    동사변화 : 조동사 will(의지, 습성, 요청) + be ; 예정
    수식어구[부사성분] : tonight
오늘밤 무도회에는 올 겁니다

Welcome to Twelve Oaks, Mr. O'Hara.
어서 오세요, 오하라 씨

YouTube  해설 동영상

Thank (you) (kindly), India.
　동사 (연결마디) 2개 : 동사 + (대명사) + (부사)
항상 상냥하구나,

Your daughter's getting (prettier) every day, John.
　동사 (연결마디) 1개 : 동사 + (형용사)
　동사변화 : be동사 am/are/is + 현재분사 getting ; 현재진행
　수식어구[부사성분] : every day
따님이 날로 예뻐집니다

India, here are (the O'Hara girls).
　동사 (연결마디) 1개 : 동사 + (명사구)
인디아, 오하라 씨 댁 딸들이야

We must greet (them).
　동사 (연결마디) 1개 : 동사 + (대명사)
　동사변화 : 조동사 must(의무, 강한 추측) + 동사원형 greet
인사 해야지

I can't stand (Scarlett).
　동사 (연결마디) 1개 : 동사 + (고유명사)
　동사변화 : 조동사 can(능력, 추측, 허가) + 부사 not + 동사원형 stand ; 부정문
스칼렛은 싫어요.

If you saw (the way) (she throws herself at Ashley).
　접속사 : if (if조건절)
　동사 (연결마디) 2개 : 동사 + (명사) + (형용사절)
　동사변화 : see 과거형 saw ; 과거지사
　(형용사절) she throws (herself) (at Ashley)
　　　동사 (연결마디) 2개 : 동사 + (재귀대명사) + (형용사성분 : 전치사구)
　　　　동사변화 : throw 3인칭단수현재 throws
오빠한테 들이대는 걸 보셨어야 하는데

Now, that's (your brother's business).
　동사 (연결마디) 1개 : 동사 + (명사구)
그건 오빠 일이고

You must remember (your duties) (as hostess).
　동사 (연결마디) 2개 : 동사 + (명사구) + (형용사성분 : 전치사구)
　동사변화 : 조동사 must(의무, 강한 추측) + 동사원형 remember
너는 손님을 맞아야지

YouTube  해설 동영상

Good morning, girls.
어서들 와요

Good morning, Scarlett.
어서 와요, 스칼렛 양

Why, India Wilkes, what (a lovely dress)!
인디아, 드레스가 참 예뻐

Perfectly lovely, darling. I just can't take (my eyes) (off it).
  동사 (연결마디) 2개 : 동사 + (명사구) + (부사성분 : 전치사구)
  동사변화 : 조동사 can(능력, 추측, 허가) + 부사 not + 동사원형 take ; 부정문
완벽해, 눈을 뗄 수가 없는 걸

Good morning! Miss. Scarlett!
안녕하세요, 스칼렛 양

You're looking mighty (fine) this morning.
  동사 (연결마디) 1개 : 동사 + (형용사)
  동사변화 : be동사 am/are/is + 현재분사 looking ; 현재진행
  수식어구[부사성분] : mighty, this morning
오늘 아주 좋아 보입니다

YouTube  해설 동영상

Good morning, Miss Scarlett.-Good morning.
안녕하세요?

See (you). Good morning. Miss Scarlett!
   동사 (연결마디) 1개 : 동사 + (대명사)
왔군요,

Ashley!
애슐리!

Scarlett, my dear.
스칼렛, 어서 와요

I've been looking (for you) everywhere.
   동사 (연결마디) 1개 : 동사 + (명사성분 : 전치사구)
   동사변화 : have(has) + been + 현재분사 looking ; (be동사 현재완료) 진행
     수식어구[부사성분] : everywhere
당신을 찾았어요

I've got (something) (I must tell you).
   동사 (연결마디) 2개 : 동사 + (명사) + (형용사절)
   동사변화 : have/has + 과거분사 got ; 일반동사 현재완료
  (형용사절) I must tell (you)
         동사 (연결마디) 1개 : 동사 + (대명사)
         동사변화 : 조동사 must(의무, 강한 추측) + 동사원형 tell
할 말이 있는데

YouTube  해설 동영상

Can't we go (some place) (where it's quiet)?
   조동사 부정의문문(주어, 조동사 위치변경) : We can't go → Can't we go...
   동사 (연결마디) 2개 : 동사 + (명사구) + (형용사성분 : where-절)
   (where-절) where it's (quiet)
        접속사 : where
        동사 (연결마디) 1개 : 동사 + (형용사)
어디 조용한데로 가요

Yes, I'd like (to), but I...
   동사 (연결마디) 1개 : 동사 + (to부정사구 : 명사적용법)
그럽시다. 그런데

...I have (something) (to tell you) too.
   동사 (연결마디) 2개 : 동사 + (명사) + (to부정사구 : 형용사적 용법)
   (to부정사구) to tell (you)
        동사 (연결마디) 1개 : 동사 + (대명사)
나도 할 말이 있소

Something (I hope you'll be glad to hear).
   명사 something + (형용사절)
   (형용사절) I hope (you'll be glad to hear)
        동사 (연결마디) 1개 : 동사 + (명사절)
        (명사절) you'll be (glad) (to hear)
            동사 (연결마디) 2개 : 동사 + (형용사) + (to부정사구 : 부사적용법)
            동사변화 : 조동사 will(의지, 습성, 요청) + be ; 예정
당신이 기뻐해 줄 소식이지

But come say (hello) (to my cousin, Melanie), first.
   동사 (연결마디) 2개 : 동사 + (명사) + (형용사성분 : 전치사구)
   동사변화 : (help / go / come 등) + 동사원형 say
우선 멜라니와 인사해요

Oh, do we have (to)?
   일반동사 의문문(조동사 Do/Does 사용) : We have → Do we have
   동사 (연결마디) 1개 : 동사 + (to부정사구 : 명사적용법)
꼭 해야 돼요?

She's been looking (forward) (to seeing you again).
   동사 (연결마디) 2개 : 동사 + (부사 : 관용 동사구) + (명사성분 : 전치사구)
   동사변화 : (have)has + been + 현재분사 looking ; (be동사 현재완료) 진행
   (전치사구) to + (-ing구 : 명사적용법)
        (-ing구) seeing (you) again
            동사 (연결마디) 1개 : 동사 + (대명사)
당신을 다시 만나고 싶어 했소

YouTube  해설 동영상

Melanie!
멜라니!

Here's (Scarlett).
   동사 (연결마디) 1개 : <u>동사</u> + (고유명사)
스칼렛이오

Scarlett!
스칼렛!

I'm so (glad) (to see you again).
   동사 (연결마디) 2개 : <u>동사</u> + (형용사) + (to부정사구 : 부사적용법)
   수식어구[부사성분] : so
   (to부정사구) to <u>see</u> (you) again
            동사 (연결마디) 1개 : <u>동사</u> + (대명사)
            수식어구[부사성분] : again
반가워요

Melanie Hamilton! What (a surprise to run into you here).
   감탄문 = What + (명사구)
   (명사구) 명사 a surprise + (to부정사구 : 형용사적 용법)
       (to부정사구) to <u>run</u> (into) (you)
               동사 (연결마디) 2개 : <u>동사</u> + (부사 : 관용 동사구) + (대명사)
멜라니! 여기서 만나다니 놀라워요

I hope (you'll stay with us a few days at least).
   동사 (연결마디) 1개 : <u>동사</u> + (명사절)
   (명사절) you'<u>ll stay</u> (with us) (a few days) at least
         동사 (연결마디) 2개 : <u>동사</u> + (명사성분 : 전치사구) + (명사구)
         동사변화 : 조동사 will(의지, 습성, 요청) + 동사원형 stay
         수식어구[부사성분] : at least
며칠만이라도 같이 지낼 수 있죠?

YouTube  해설 동영상

I hope (I shall stay long enough for us to become real friends, Scarlett).
 동사 (연결마디) 1개 : 동사 + (명사절)
 (명사절) I shall stay long (enough for us) (to become real friends), Scarlett
  동사 (연결마디) 2개 : 동사 + (형용사구) + (to부정사구 : 부사적용법)
  동사변화 : 조동사 shall(단순미래, 의지 등) + 동사원형 stay
  (to부정사구) to become (real friends)
   동사 (연결마디) 1개 : 동사 + (명사구)
스칼렛과 친구가 되려고 되도록 오래 머물고 싶어요

I do so want (us) (to be).
 동사 (연결마디) 2개 : 동사 + (대명사) + (to부정사구 : 형용사적 용법)
 동사변화 : 조동사 do/does/did + 일반동사 want ; 강조
진심이에요

We'll keep (her) here, won't we, Scarlett?
 동사 (연결마디) 1개 : 동사 + (대명사)
 동사변화 : 조동사 will(의지, 습성, 요청) + 동사원형 keep
 won't we ? : 부가의문문
스칼렛, 우리가 못 가게 꼭 잡읍시다

We'll just have (to make the biggest fuss over her), won't we?
 동사 (연결마디) 1개 : 동사 + (to부정사구 : 명사적용법)
 동사변화 : 조동사 will(의지, 습성, 요청) + 동사원형 have
 (to부정사구) to make (the biggest fuss) (over her)
  동사 (연결마디) 2개 : 동사 + (명사구) + (형용사성분 : 전치사구)
 won't we ? : 부가의문문
대접을 잘 해 드려야겠네요

If there's (anybody knows how to give a girl a good time),
 접속사 : if (if조건절)
 동사 (연결마디) 1개 : 동사 + (명사절)
 (명사절) anybody knows (how to give a girl a good time)
  동사 (연결마디) 1개 : 동사 + (to부정사구 : 명사적용법)
  (의문사 how + to부정사구) how to give (a girl) (a good time)
   동사 (연결마디) 2개 : 동사 + (명사) + (명사구)
여자를 기쁘게 해줄 줄 아는 사람이 있다면

it's (Ashley).
 동사 (연결마디) 1개 : 동사 + (고유명사)
애슐리죠

Though I expect our good times will seem (silly) (to you)
 [동사 앞 주어] Though I expect (our good times)
  접속사 : though
  동사 (연결마디) 1개 : 동사 + (명사구)
 동사 (연결마디) 2개 : 동사 + (형용사) + (부사성분 : 전치사구)
 동사변화 : 조동사 will(의지, 습성, 요청) + 동사원형 seem
좋은 시간을 보내려 해도 당신에겐 유치해 보이겠죠?

because you're so (serious).
 동사 (연결마디) 1개 : 동사 + (형용사)
당신은 너무 진지해서

YouTube  해설 동영상

Oh, Scarlett, you have so (much life).
    동사 (연결마디) 1개 : 동사 + (명사구)
    수식어구[부사성분] : so
당신은 생기로 가득해요

I've always admired (you) so.
    동사 (연결마디) 1개 : 동사 + (대명사)
    동사변화 : have/has + 과거분사 admired ; 일반동사 현재완료
    수식어구[부사성분] : always, so
그런 당신에게 늘 감탄해요

I wish (I could be more like you).
    동사 (연결마디) 1개 : 동사 + (명사절)
    (명사절) I could be more (like you)
        동사 (연결마디) 1개 : 동사 + (형용사성분 : 전치사구)
        동사변화 : 조동사 could(능력, 추측, 허가) + be ; 예정
당신처럼 되었으면...

You mustn't flatter (me), Melanie,
    동사 (연결마디) 1개 : 동사 + (대명사)
    동사변화 : 조동사 must(의무, 강한 추측) + not + 동사원형 flatter ; 부정
놀리지 말아요

and say (things) (you don't mean).
    동사 (연결마디) 2개 : 동사 + (명사) + (형용사절)
    (형용사절) you don't mean
        동사변화 : 조동사 do(does) + 부사 not + 동사원형 mean ; 일반동사 부정문
맘에도 없는 말로

Nobody could accuse (Melanie) (of being insincere). Could they, my dear?
    동사 (연결마디) 2개 : 동사 + (고유명사) + (형용사성분 : 전치사구)
    동사변화 : 조동사 could(능력, 추측, 허가) + 동사원형 accuse
    (전치사구) of + (명사절)
        (명사절) being (insincere)
            동사 (연결마디) 1개 : 동사 + (형용사)
    could they ? : 부가의문문
멜라니는 그런 사람이 아니오 안 그렇소?

Then she's not (like you), is she, Ashley?
    접속사 : then
    동사 (연결마디) 1개 : 동사 + (형용사성분 : 전치사구)
    동사변화 : be동사 am/are/is + 부사 not ; be동사 부정문
    is she ? : 부가의문문
멜라니는 당신 같지 않군요

YouTube  해설 동영상

Ashley never means (a word) (he says to any girl).
 동사 (연결마디) 2개 : 동사 + (명사) + (형용사절)
 동사변화 : mean 3인칭단수현재 means
 (형용사절) he says (to any girl)
    동사 (연결마디) 1개 : 동사 + (명사성분 : 전치사구)
    동사변화 : say 3인칭단수현재 says
애슐리는 아무 여자에게나 말을 걸지 않죠

Oh, why, Charles Hamilton, you handsome old thing, you!
 찰스 해밀턴, 정말 미남이라니까

But, oh, Miss O'Hara, I....
 오하라 양, 난...

Do you think (have it kind to bring your good-looking brother here...)
 일반동사 의문문(조동사 Do/Does 사용) : You think → Do you think
 동사 (연결마디) 1개 : 동사 + (명사절)
 (명사절) have (it) (kind to bring your good-looking brother here)
    동사 (연결마디) 2개 : 동사 + (대명사) + (형용사구)
    (형용사구) 형용사 kind + (to부정사구 : 부사적용법)
      (to부정사구) to bring (your good-looking brother) here
        동사 (연결마디) 1개 : 동사 + (명사구)
당신은 멋진 동생을 여기에 데려왔다고 생각하죠

...just to break (my poor, simple, country-girl's heart)?
 (to부정사구) 동사 (연결마디) 1개 : 동사 + (명사구)
가엾은 내 가슴에 상처를 주려고

Look (at Scarlett)!
 동사 (연결마디) 1개 : 동사 + (명사성분 : 전치사구)
언니 좀 봐,

She never even noticed (Charles) before.
 동사 (연결마디) 1개 : 동사 + (고유명사)
 동사변화 : notice 과거형 noticed ; 과거지사
 수식어구[부사성분] : never, even, before
전엔 찰스는 관심도 없더니

YouTube  해설 동영상

Now because he's (your beau),
 접속사 : now, because
 동사 (연결마디) 1개 : 동사 + (명사구)
네 애인이니까

she's (after him) (like a hornet).
 동사 (연결마디) 2개 : 동사 + (형용사성분 : 전치사구) + (부사성분 : 전치사구)
말벌처럼 쫓는다

Charles Hamilton, I want (to eat barbecue with you).
 동사 (연결마디) 1개 : 동사 + (to부정사구 : 명사적용법)
 (to부정사구) to eat (barbecue) (with you)
          동사 (연결마디) 2개 : 동사 + (명사) + (형용사성분 : 전치사구)
난 찰스 해밀턴하고 바비큐 먹고 싶은데

And mind (you),
 접속사 : and
 동사 (연결마디) 1개 : 동사 + (대명사)
기억해요

don't go (philandering with any other girl),
 동사 (연결마디) 1개 : 동사 + (명사구)
 동사변화 : 조동사 Do + 부사 not + 동사원형 go ; ~하지마라(명령문)
딴 여자하고 바람피지 마요

because I'm (mighty jealous).
 접속사 : because
 동사 (연결마디) 1개 : 동사 + (형용사구)
난 질투심이 세요

I won't, Miss O'Hara!
 동사변화 : 조동사 will(의지, 습성, 요청) + 부사 not ; 부정문
그러지 않을 게요

I couldn't!
 동사변화 : 조동사 could(능력, 추측, 허가) + not ; 부정문
그럴 수 없죠

I do declare, Frank Kennedy,
 동사변화 : 조동사 do/does/did + 일반동사 declare ; 강조
선언할 거야, 프랭크 케네디

if you don't look (dashing)...
 접속사 : if (if조건절)
 동사 (연결마디) 1개 : 동사 + (형용사)
 동사변화 : 조동사 do(does) + 부사 not + 동사원형 look ; 일반동사 부정문
당신이 멋져 보이지 않는다면

YouTube  해설 동영상

...with (that new set) (of whiskers)!
   (전치사구) with + 명사구 that new set + (형용사성분 : 전치사구)
구레나룻이 멋있어요

Oh, thank (you), thank (you), Miss Scarlett.
   동사 (연결마디) 1개 : 동사 + (대명사)
고마워요, 스칼렛 양

You know.
있잖아요

Charles and Rafe asked (me) (to eat barbecue with them)...
   동사 (연결마디) 2개 : 동사 + (대명사) + (to부정사구 : 형용사적 용법)
   동사변화 : ask 과거형 asked ; 과거지사
   (to부정사구) to eat (barbecue) (with them)
            동사 (연결마디) 2개 : 동사 + (명사) + (형용사성분 : 전치사구)
찰스하고 레이프가 같이 바비큐 먹자고 했는데

...but I told (them) (I couldn't)
   동사 (연결마디) 2개 : 동사 + (대명사) + (직접/간접화법)
   동사변화 : tell 과거형 told ; 과거지사
   (직접/간접화법) I couldn't
            동사변화 : 조동사 could(능력, 추측, 허가) + not ; 부정문
그럴 수 없다 했지요

because I promised (you).
   접속사 : because
   동사 (연결마디) 1개 : 동사 + (대명사)
   동사변화 : promise 과거형 promised ; 과거지사
당신과 선약이 있어서

You needn't be so (amused).
   동사 (연결마디) 1개 : 동사 + (형용사)
   동사변화 : 법조동사 need + 부사 not + be ; 예정(부정)
웃고 있을 때가 아냐

Look (at her)!
   동사 (연결마디) 1개 : 동사 + (명사성분 : 전치사구)
언니 좀 봐

She's (after your beau) now!
   동사 (연결마디) 1개 : 동사 + (형용사성분 : 전치사구)
지금 네 애인도 건드리고 있어

Oh, that's (mighty flattering) (of you), Miss Scarlett.
   동사 (연결마디) 2개 : 동사 + (명사구) + (형용사성분 : 전치사구)
과분이십니다

YouTube  해설 동영상

I'll see (what I can do), Miss Scarlett.
   동사 (연결마디) 1개 : 동사 + (what-절)
   동사변화 : 조동사 will(의지, 습성, 요청) + 동사원형 see
   (what-절) what I can do
       접속사 : what
       동사변화 : 조동사 can(능력, 추측, 허가) + 동사원형 do
이따 시간을 내보겠습니다

What's your sister so (mad about) Scarlett?
   의문사 What + be동사 의문문
   be동사 의문문(주어, 동사 위치변경) : your sister is... → Is your sister...?
   동사 (연결마디) 1개 : 동사 + (형용사구)
네 동생이 화가 났던데

You sparking (her beau)?
   동사 (연결마디) 1개 : 동사 + (명사구)
   동사변화 : spark 현재분사 sparking ; 진행
애인을 가로챈 거야?

As if I couldn't get (a better beau) (than that old maid in britches).
   접속사구 : As if (~인 것처럼)
   동사 (연결마디) 2개 : 동사 + (명사구) + (형용사구)
   동사변화 : 조동사 could(능력, 추측, 허가) + not + 동사원형 get ; 부정문
그런 늙은이 애인한텐 관심 없어

Brent and Stuart Tarleton, you handsome old things, you! No, you're not!
   동사변화 : be동사 am/are/is + 부사 not ; be동사 부정문
브렌트, 스듀어트 타알튼! 소문난 미남 힝제! 오, 아니네요

I won't say (that).
   동사 (연결마디) 1개 : 동사 + (대명사)
   동사변화 : 조동사 will(의지, 습성, 요청) + 부사 not + 동사원형 say ; 부정문
취소할래요,

I'm (mad) (at you)!
   동사 (연결마디) 2개 : 동사 + (형용사) + (부사성분 : 전치사구)
나 화났어요

What have we done, honey?
   의문사 what + 현재완료 의문문
   현재완료 의문문(have동사 위치변경) : we have done... → Have we done...?
   동사변화 : have/has + 과거분사 done ; 일반동사 현재완료
우리가 어쨋는데요

YouTube  해설 동영상

You haven't been (near me) all day.
  동사 (연결마디) 1개 : 동사 + (형용사성분 : 전치사구)
  동사변화 : have/has + 부사 not + 과거분사 been ; be동사 현재완료부정
  수식어구[부사성분] : all day
종일 내 곁에 안 왔죠?

I wore (this old dress)...
  동사 (연결마디) 1개 : 동사 + (명사구)
  동사변화 : wear 과거형 wore ; 과거지사
이 옷을 입었는데!

...because I thought (you liked it).
  접속사 : because
  동사 (연결마디) 1개 : 동사 + (명사절)
  동사변화 : think 과거형 thought ; 과거지사
  (명사절) you liked (it)
      동사 (연결마디) 1개 : 동사 + (대명사)
      동사변화 : like 과거형 liked ; 과거지사
당신이 좋아 한다고 생각해서

I was counting (on eating barbecue with you two).
  동사 (연결마디) 1개 : 동사 + (형용사성분 : 전치사구)
  동사변화 : be동사과거 was/were + 현재분사 counting ; 과거진행
  (전치사구) on + (-ing구 : 명사적용법)
      (-ing구) eating (barbecue) (with you two)
          동사 (연결마디) 2개 : 동사 + (명사) + (형용사성분 : 전치사구)
같이 비비큐 먹을 생각이었단 말예요

Well, you are, Scarlett. Of course, you are.
그럴 거예요. 물론이죠

Oh, I never can make (up) (my mind which of you two is the handsomer).
  수식어구[부사성분] : never
  동사 (연결마디) 2개 : 동사 + (부사 : 관용 동사구) + (명사구)
  동사변화 : 조동사 can(능력, 추측, 허가) + 동사원형 make
  (명사구) 명사구 my mind + (형용사절)
      (형용사절) which of you two is (the hansome)
          동사 (연결마디) 1개 : 동사 + (명사)
둘 중 누가 더 잘 생겼는지 모르겠다니까

I was (awake) all last night (trying to figure it out).
  동사 (연결마디) 2개 : 동사 + (형용사) + (-ing구 : 부사적용법)
  동사변화 : be동사 am/is 과거형 was ; 과거지사
  수식어구[부사성분] : all last night
  (-ing구) trying (to figure it out)
      동사 (연결마디) 1개 : 동사 + (to부정사구 : 명사적용법)
      (to부정사구) to figure (it) (out)
          동사 (연결마디) 2개 : 동사 + (대명사) + (부사 : 관용 동사구)
어젯밤에도 그 생각하느라 한숨도 못 잤어요

YouTube  해설 동영상

Cathleen, who's that?
  의문사 Who + be동사 의문문
  be동사 의문문(주어, 동사 위치변경) : That is... → Is that...?
캐슬린, 누구야?

Who?
누구?

That man (looking at us and smiling).
  명사구 That man + (-ing구 : 형용사적 용법)
  (-ing구) looking (at us)
        동사 (연결마디) 1개 : 동사 + (명사성분 : 전치사구)
우릴 보고 미소 짓는 남자 말야

The nasty, dark one.
음흉하게 생겼어

My dear, don't you know?
  일반동사 부정의문문(조동사 Do + not사용) : You know → Don't you know
몰랐어?

That's (Rhett Butler).
  동사 (연결마디) 1개 : 동사 + (고유명사)
레트 버틀러야

He's (from Charleston).
  동사 (연결마디) 1개 : 동사 + (형용사성분 : 전치사구)
찰스턴 사람인데

He has (the most terrible reputation).
  동사 (연결마디) 1개 : 동사 + (명사구)
  동사변화 : have 3인칭단수현재 has
평판이 아주 나빠

YouTube  해설 동영상

He looks as if,
보고 있잖아

as if he knows (what I look like without my shimmy)!
    접속사구 : As if (~인 것처럼)
    동사변화 : know 3인칭단수현재 knows
    동사 (연결마디) 1개 : 동사 + (what-절)
    (what-절) what I look (like without my shimmy)
        접속사 : what
        동사 (연결마디) 1개 : 동사 + (형용사성분 : 전치사구)
내 알몸을 보고 있는 것 같아

Why, my dear, he isn't received!
    동사변화 : am/are/is + 부사 not + 과거분사 received ; 수동태부정
여긴 초대받지도 않았대

He had spent (a lot of time) (up North...)
    동사 (연결마디) 2개 : 동사 + (명사구) + (형용사성분 : 전치사구)
    동사변화 : had + 과거분사 spent ; 일반동사 과거완료
주로 북부에서 살았다는데

...because his folks in Charleston won't even speak (to him).
    접속사 : because
    동사 (연결마디) 1개 : 동사 + (명사성분 : 전치사구)
    동사변화 : 조동사 will(의지, 습성, 요청) + 부사 not + 동사원형 speak ; 부정문
    수식어구[부사성분] : even
찰스턴 사람들 과는 말도 섞지 않아서

He was expelled (from West Point),
    동사 (연결마디) 1개 : 동사 + (명사성분 : 전치사구)
    동사변화 : be동사과거 was/were + 과거분사 expelled ; 과거수동태
웨스트포인트에서는 퇴학당했고

he's so (fast).
    동사 (연결마디) 1개 : 동사 + (형용사)
성급 했었대

And then there's (that business about that girl he wouldn't marry).
    동사 (연결마디) 1개 : 동사 + (명사구)
    (명사구) 명사구 that business + (형용사성분 : 전치사구)
        (전치사구) about + 명사구 that girl + (형용사절)
            (형용사절) he wouldn't marry
                동사변화 : 조동사 would(과거시점미래, 습관, 의지) + not + 동사원형 marry ; 부정
그 무렵 그가 결혼하지 않으려 했던 여자 사건이 있었나봐

YouTube  해설 동영상

Tell, tell!
   동사 (연결마디) 없음 : 동사 단독
계속해 봐

Well, he took (her) (out buggy riding in the late afternoon without a chaperon)!
   동사 (연결마디) 2개 : 동사 + (대명사) + (형용사성분 : 전치사구)
   동사변화 : take 과거형 took ; 과거지사
   (전치사구) out + 명사구 buggy riding + (형용사성분 : 전치사구)
다 저녁에 여자와 단둘이 마차를 타고 나갔었대

No, but she was ruined just (the same).
   접속사 : but
   동사 (연결마디) 1개 : 동사 + (명사)
   동사변화 : be동사과거 was/were + 과거분사 ruined ; 과거수동태
   수식어구[부사성분] : just
그건 몸을 버린 거나 마찬가지지

Ashley!
애슐리...

Happy?
행복하오?

So happy!
너무나요

YouTube  해설 동영상

You seem (to belong here)...
    동사 (연결마디) 1개 : 동사 + (to부정사구 : 명사적용법)
    (to부정사구) to belong (here)
              동사 (연결마디) 1개 : 동사 + (명사)
당신은 벌써 이곳 사람 같아

...as if it had all been imagined (for you).
    접속사구 : as if (~인 것처럼)
    동사 (연결마디) 1개 : 동사 + (명사성분 : 전치사구)
    동사변화 : had + been (be동사 과거완료) + 과거분사 imagined ; 수동태과거완료
    수식어구[부사성분] : all
마치 상상했던 것처럼 말이오

I like (to feel that I belong to the things you love).
    동사 (연결마디) 1개 : 동사 + (to부정사구 : 명사적용법)
    (to부정사구) to feel (that I belong to the things you love)
              동사 (연결마디) 1개 : 동사 + (that-절)
               (that-절) that I belong (to the things you love)
                    접속사 : that
                    동사 (연결마디) 1개 : 동사 + (명사성분 : 전치사구)
                    (전치사구) to + 명사 the things + (형용사절)
                        (형용사절) you love
                            동사 (연결마디) 없음 : 동사 단독
당신이 사랑하는 곳에 어울린다고 느끼니 좋아요

You love (Twelve Oaks) (as I do).
    동사 (연결마디) 2개 : 동사 + (명사구) + (형용사성분 : 전치사구)
    (전치사구) as + (명사절)
              (명사절) I do
                    동사 (연결마디) 없음 : 동사 단독
나만큼 이나 당신도 이곳을 사랑하는군

Yes, Ashley.
그래요,

I love (it) (as...
    동사 (연결마디) 2개 : 동사 + (대명사) + (형용사성분 : 전치사구)
뭐랄까

YouTube  해설 동영상

...as more than a house.
단지 집 이상의

It's (a whole world) (that wants only to be graceful and beautiful).
　동사 (연결마디) 2개 : 동사 + (명사구) + (형용사성분 : that-절)
　(that-절) that wants (only to be graceful and beautiful)
　　　　동사 (연결마디) 1개 : 동사 + (to부정사구 : 명사적용법)
　　　　동사변화 : want 3인칭단수현재 wants
　　　　(부사 only + to부정사구) only to be (graceful and beautiful)
　　　　　　　　동사 (연결마디) 1개 : 동사 + (형용사구)
기품 있고 아름다운 하나의 세계예요

It's so (unaware) (that it may not last)...
　동사 (연결마디) 2개 : 동사 + (형용사) + (that-절)
　(that-절) that it may not last
　　　　접속사 : that
　　　　동사변화 : 조동사 may(능력, 추측, 허가) + not + 동사원형 last ; 부정
지속되지 않을 수도 있는 걸 모르는 거지

...forever.
영원히

You're (afraid) (of what may happen if the war comes), aren't you?
　동사 (연결마디) 2개 : 동사 + (형용사) + (부사성분 : 전치사구)
　(전치사구) of + 명사 what + (형용사절)
　　　　(형용사절) may happen (if the war comes)
　　　　　　　　동사 (연결마디) 1개 : 동사 + (명사절)
　　　　　　　　동사변화 : 조동사 may(능력, 추측, 허가) + 동사원형 happen
　　　　　　　　(명사절) if the war comes
　　　　　　　　　　　접속사 : if (if조건절)
　　　　　　　　　　　동사변화 : come 3인칭단수현재 comes
　　aren't you? : 부가의문문
전쟁을 두려워 하는군요?

But we don't have (to be afraid for us).
　접속사 : but
　동사 (연결마디) 1개 : 동사 + (to부정사구 : 명사적용법)
　동사변화 : 조동사 do(does) + 부사 not + 동사원형 have ; 일반동사 부정문
　(to부정사구) to be (afraid) (for us)
　　　　　동사 (연결마디) 2개 : 동사 + (형용사) + (부사성분 : 전치사구)
하지만 걱정 마세요,

YouTube  해설 동영상

No war can come (into our world), Ashley.
    동사 (연결마디) 1개 : 동사 + (형용사성분 : 전치사구)
    동사변화 : 조동사 can(능력, 추측, 허가) + 동사원형 come
전쟁도 우리 세계를 침범하진 못 할 테니

Whatever comes...
    동사변화 : come 3인칭단수현재 comes
무슨 일이 있어도

...I'll love (you),
    동사 (연결마디) 1개 : 동사 + (대명사)
    동사변화 : 조동사 will(의지, 습성, 요청) + 동사원형 love
당신을 사랑할 거예요

just as I do (now)...
    접속사구 : just as
    동사 (연결마디) 1개 : 동사 + (부사)
지금처럼

...until I die.
    접속사 : until
    동사 (연결마디) 없음 : 동사 단독
죽는 날까지

Isn't this (better than sitting at a table)?
    be동사 부정의문문(주어, 동사 위치변경) : This is not → Is not this...?
    동사 (연결마디) 1개 : 동사 + (형용사구)
    (형용사구) 접속사구 better than + (-ing구)
        (-ing구) sitting (at a table)
            동사 (연결마디) 1개 : 동사 + (명사성분 : 전치사구)
여기가 테이블보다 낫죠?

A girl hasn't got (but two sides) (to her) at a table.
    동사 (연결마디) 2개 : 동사 + (명사구) + (형용사성분 : 전치사구)
    동사변화 : have/has + 부사 not + 과거분사 got ; 현재완료부정
    수식어구[부사성분] : at a table
거긴 내 옆에 둘 밖에 못 앉잖아요

YouTube  해설 동영상

I'll go get (her dessert).
　　동사 (연결마디) 1개 : 동사 + (명사구)
　　동사변화 : 조동사 will(의지, 습성, 요청) + 동사원형 go get
　　동사변화 : (help / go / come 등) + 동사원형 get
디저트를 가져올 게요

Here, she said (me).
　　동사 (연결마디) 1개 : 동사 + (대명사)
　　동사변화 : say 과거형 said ; 과거지사
나 한테 말했어

Allow (me), Miss O'Hara.
　　동사 (연결마디) 1개 : 동사 + (대명사)
허락해요, 오하라 양?

I think....
누가 갈까... 음...

I think (Charles Hamilton may get it).
　　동사 (연결마디) 1개 : 동사 + (명사절)
　　(명사절) Charles Hamilton may get (it)
　　　　　동사 (연결마디) 1개 : 동사 + (대명사)
　　　　　동사변화 : 조동사 may(능력, 추측, 허가) + 동사원형 get
찰스 헤밀턴이 가져오도록 해요

Oh, thank (you), Miss O'Hara!
고마워요, 오하라 양

YouTube  해설 동영상

Thank (you).
　동사 (연결마디) 1개 : 동사 + (대명사)
정말 고마워요

Go get (it).
　동사 (연결마디) 1개 : 동사 + (대명사)
　동사변화 : (help / go / come 등) + 동사원형 get
어서 가봐,

Isn't he (the luckiest)...?
　be동사 부정의문문(주어, 동사 위치변경) : He is not → Is not he...?
　동사 (연결마디) 1개 : 동사 + (명사)
운도 좋군

Miss O'Hara...
오하라 양,

...I love (you).
　동사 (연결마디) 1개 : 동사 + (대명사)
사랑합니다

YouTube  해설 동영상

I don't guess (I'm as hungry as I thought).
　동사 (연결마디) 1개 : 동사 + (명사절)
　동사변화 : 조동사 do(does) + 부사 not + 동사원형 guess ; 일반동사 부정문
　(명사절) I'm (as hungry) (as I thought)
　　　　동사 (연결마디) 2개 : 동사 + (형용사성분 : 전치사구) + (부사성분 : 전치사구)
　　　　(전치사구) as + (명사절)
　　　　　　(명사절) I thought
생각만큼 배가 안 고픈데요

Why do I have (to take a nap)?
　의문사 Why + 일반동사 의문문
　일반동사 의문문(조동사 Do/Does 사용) : I have → Do I have
　동사 (연결마디) 1개 : 동사 + (to부정사구 : 명사적용법)
　(to부정사구) to take (a nap)
왜 낮잠을 자야 돼?

I'm not (tired).
　동사 (연결마디) 1개 : 동사 + (형용사)
　동사변화 : be동사 am/are/is + 부사 not ; be동사 부정문
피곤하지도 않은데

Well-brought-up young ladies take (naps) (at parties).
　동사 (연결마디) 2개 : 동사 + (명사) + (형용사성분 : 전치사구)
양반 댁 규수들은 파티에서 낮잠을 자죠

And it's (high time) (you started behaving and acting like you was Miss Ellen's daughter).
　동사 (연결마디) 2개 : 동사 + (명사구) + (형용사절)
　(형용사절) you started (behaving and acting like you was Miss Ellen's daughter)
　　　　동사 (연결마디) 1개 : 동사 + (-ing구 : 명사적용법)
　　　　(-ing구) behaving and acting (like you was Miss Ellen's daughter)
　　　　　　동사 (연결마디) 1개 : 동사 + (명사성분 : 전치사구)
　　　　　　(전치사구) like + (명사절)
　　　　　　　　(명사절) you was (Miss Ellen's daughter)
아가씨도 엘렌 마님의 딸 답게 그렇게 하세요

When we were (at Saratoga)
　의문사 When + 평서문
　동사 (연결마디) 1개 : 동사 + (형용사성분 : 전치사구)
사라토家에서

I didn't notice (any Yankee girls taking naps).
　동사 (연결마디) 1개 : 동사 + (명사절)
　동사변화 : 조동사과거 did + 부사 not + 동사원형 notice ; 과거부정
　(명사절) any Yankee girls taking (naps)
양키 여자들은 낮잠을 안 자던데

No, and you ain't going (to see a Yankee girls at the ball tonight neither).
　동사 (연결마디) 1개 : 동사 + (to부정사구 : 명사적용법)
　동사변화 : am/are/is + 부사 not + 현재분사 going ; 현재진행부정
　(to부정사구) to see (a Yankee girls) (at the ball) tonight neither
　　　　동사 (연결마디) 2개 : 동사 + (명사구) + (형용사성분 : 전치사구)
여기 양키 여자는 없어요

YouTube  해설 동영상

How was Ashley today, Scarlett?
　의문사 how + be동사 과거의문문
　be동사과거 의문문(주어, 동사 위치변경) : Ashley was → Was Ashley
오늘 애슐리는 어땠어?

He didn't seem (to be paying much attention to you).
　동사 (연결마디) 1개 : 동사 + (to부정사구 : 명사적용법)
　동사변화 : 조동사과거 did + 부사 not + 동사원형 seem ; 과거부정
　(to부정사구) to be paying (much attention) (to you)
　　　　　동사 (연결마디) 2개 : 동사 + (명사구) + (형용사성분 : 전치사구)
　　　　　동사변화 : be + 현재분사 paying ; 진행예정
언니한테 눈길 한번 안 주더라

You mind (your own business)!
　동사 (연결마디) 1개 : 동사 + (명사구)
네 일이나 잘해

You'll be (lucky) (not to lose old whisker-face Kennedy).
　동사 (연결마디) 2개 : 동사 + (형용사) + (to부정사구 : 부사적용법)
　동사변화 : 조동사 will(의지, 습성, 요청) + be ; 예정
　(to부정사구-부정형) not to lose (old whisker-face-Kennedy)
　　　　　　　동사 (연결마디) 1개 : 동사 + (명사구)
구레나룻 케네디나 놓치지 마

You've liked (Ashley) (for months)!
　동사 (연결마디) 2개 : 동사 + (고유명사) + (형용사성분 : 전치사구)
　동사변화 : have/has + 과거분사 liked ; 일반동사 현재완료
몇 달이나 애슐리를 쫓아다니더니

His engagement's going (to be announced tonight).
　동사 (연결마디) 1개 : 동사 + (to부정사구 : 명사적용법)
　동사변화 : be동사 am/are/is + 현재분사 going ; 현재진행
　(to부정사구) to be announced (tonight)
　　　　　　동사 (연결마디) 1개 : 동사 + (부사)
　　　　　　동사변화 : be + 과거분사 announced ; 수동태(예정)
오늘밤 결혼발표를 한대

Pa said (so) this morning.
　동사 (연결마디) 1개 : 동사 + (대명사)
　동사변화 : say 과거형 said ; 과거지사
아빠가 오늘 아침 그렇게 말씀하셨어

YouTube  해설 동영상

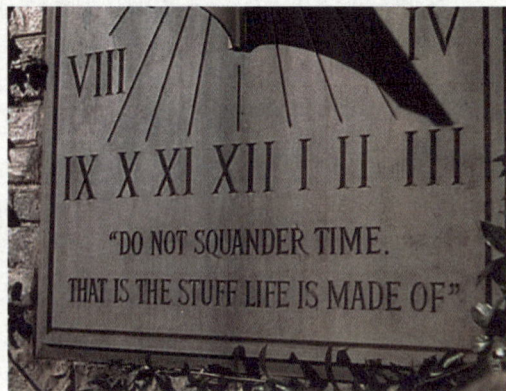

That's all (you know).
   동사 (연결마디) 1개 : 동사 + (명사절)
   (명사절) you know
          동사 (연결마디) 없음 : 동사 단독
그건 네 생각이고

Miss Scarlett! Miss Suellen! You all behave (yourselves).
   동사 (연결마디) 1개 : 동사 + (재귀대명사)
스칼렛아씨, 수엘렌아씨, 제발 숙녀 답게 행동하세요

Acting (like poor, white-trash children)!
   동사 (연결마디) 1개 : 동사 + (명사성분 : 전치사구)
   동사변화 : act 현재분사 acting ; 진행형
가난한 백인 아이처럼 행동하잖아요

If you are (old) enough (to go to parties),
   접속사 : if (if조건절)
   동사 (연결마디) 2개 : 동사 + (형용사) + (to부정사구 : 부사적용법)
   수식어구[부사성분] : enough
   (to부정사구) to go (to parties)
          동사 (연결마디) 1개 : 동사 + (명사성분 : 전치사구)
파티에 나올 나이가 됐으면

You are (old) enough (to act like ladies).
   동사 (연결마디) 2개 : 동사 + (형용사) + (to부정사구 : 부사적용법)
   수식어구[부사성분] : enough
   (to부정사구) to act (like ladies)
          동사 (연결마디) 1개 : 동사 + (명사성분 : 전치사구)
숙녀답게 행동하셔야죠

Who cares!
알게 뭐람!

Do not squander (time).
   동사 (연결마디) 1개 : 동사 + (명사)
   동사변화 : 조동사 Do + 부사 not + 동사원형 squander ; ~하지마라(명령문)
시간을 허비하지 마라.

That is the stuff life is made (of).
  [동사 앞 주어] That is (the stuff life)
          동사 (연결마디) 1개 : 동사 + (명사구)
   동사 (연결마디) 1개 : 동사 + (형용사성분 : 전치사구)
   동사변화 : be동사 am/are/is + 과거분사 made ; 수동태
그것은 곧 인생의 낭비다

YouTube  해설 동영상

We've borne enough insults from the meddling Yankees.

It's time we made them understand we'll keep our slaves...
...with or without their approval.

'Twas the sovereign right of the state of Georgia to secede from the Union!
That's right!

The South must assert herself by force of arms.

We'**ve borne** (enough insults) (from the meddling Yankees).
　동사 (연결마디) 2개 : 동사 + (명사구) + (형용사성분 : 전치사구)
　동사변화 : have/has + 과거분사 borne ; 일반동사 현재완료
우린 간섭해대는 양키들에게 충분히 고통받았소

It'**s** (time) (we made them understand we'll keep our slaves)...
　동사 (연결마디) 2개 : 동사 + (명사) + (형용사절)
　(형용사절) we **made** (them) (understand we'll keep our slaves)
　　　　동사 (연결마디) 2개 : 동사 + (대명사) + (원형부정사구 : 형용사적용법)
　　　　(원형부정사구) **understand** (we'll keep our slaves)
　　　　　　　동사 (연결마디) 1개 : 동사 + (명사절)
　　　　　　　(명사절) we'**ll keep** (our slaves)
　　　　　　　　　　동사 (연결마디) 1개 : 동사 + (명사구)
　　　　　　　　　　동사변화 : 조동사 will(의지, 습성, 요청) + 동사원형 keep
우린 노예를 부린다는 걸 보여줄 때입니다

...with or without their approval.
그들이 동의하든 말든

It was (the sovereign right of the state of Georgia) (to secede from the Union)!
　동사 (연결마디) 1개 : 동사 + (명사구) + (to부정사구 : 형용사적 용법)
　(to부정사구) to **secede** (from the Union)
　　　　동사 (연결마디) 1개 : 동사 + (명사성분 : 전치사구)
연방 탈퇴는 조지아주의 주권이오!

That'**s** (right)!
　동사 (연결마디) 1개 : 동사 + (형용사)
옳습니다

The South must assert (herself) (by force of arms).
　동사 (연결마디) 2개 : 동사 + (재귀대명사) + (형용사성분 : 전치사구)
　동사변화 : 조동사 must(의무, 강한 추측) + 동사원형 assert
남부는 무력으로 대처해야 하오

YouTube  해설 동영상

After we've fired on the Yankee rascals at Fort Sumter, we've got to fight!

There's no other way! Fight! That's right. Fight!

Let the Yankees ask for peace!

The situation is very simple. The Yankees can't fight and we can.

There won't even be a battle.

They'll just turn and run every time.

After we've fired (on the Yankee rascals) (at Fort Sumter),
　　동사 (연결마디) 2개 : 동사 + (명사성분 : 전치사구) + (형용사성분 : 전치사구)
　　동사변화 : have/has + 과거분사 fired ; 일반동사 현재완료
섬터 요새에서 양키 악당들에게 발포한 이상

we've got (to fight)!
　　동사 (연결마디) 1개 : 동사 + (to부정사구 : 명사적용법)
　　동사변화 : have/has + 과거분사 got ; 일반동사 현재완료
　　(to부정사구) to fight
싸울 수밖에 없소.

There's (no other way)! Fight!
　　동사 (연결마디) 1개 : 동사 + (명사구)
어쩔 도리가 없소! 싸웁시다!

That's (right). Fight!
　　동사 (연결마디) 1개 : 동사 + (형용사)
맞아! 싸웁시다!

Let (the Yankees) (ask for peace)!
　　동사 (연결마디) 2개 : 동사 + (명사) + (원형부정사구 : 형용사적용법)
　　(원형부정사구) ask (for peace)
　　　　　　　동사 (연결마디) 1개 : 동사 + (명사성분 : 전치사구)
양키가 휴전하자고 빌 때까지!

The situation is very (simple).
　　동사 (연결마디) 1개 : 동사 + (형용사)
상황은 간단하오.

The Yankees can't fight
　　동사변화 : 조동사 can(능력, 추측, 허가) + 부사 not + 동사원형 fight ; 부정문
양키는 싸울 능력이 없고

and we can.
우리는 할 수 있소

There won't even be (a battle).
　　동사 (연결마디) 1개 : 동사 + (명사)
　　동사변화 : 조동사 will(의지, 습성, 요청) + 부사 not + 동사원형 be ; 부정문
싸움이 안 될 거요

They'll just turn and run (every time).
　　동사 (연결마디) 1개 : 동사 + (부사구)
　　동사변화 : 조동사 will(의지, 습성, 요청) + 동사원형 turn
　　동사변화 : 조동사 will(의지, 습성, 요청) + 동사원형 run
그들은 늘상 뒤돌아 도망갈 테니

YouTube  해설 동영상

One Southerner can lick (20 Yankees).
    동사 (연결마디) 1개 : 동사 + (명사구)
    동사변화 : 조동사 can(능력, 추측, 허가) + 동사원형 lick
남부인 1명이 양키 20명씩 해치우죠

We'll finish (them) (in one battle).
    동사 (연결마디) 2개 : 동사 + (대명사) + (형용사성분 : 전치사구)
    동사변화 : 조동사 will(의지, 습성, 요청) + 동사원형 finish
단번에 해치울 거에요

Gentlemen can always fight (better than rabble).
    동사 (연결마디) 1개 : 동사 + (형용사구)
    동사변화 : 조동사 can(능력, 추측, 허가) + 동사원형 fight
    수식어구[부사성분] : always
신사가 폭도보다 잘 싸우니까

Yes, gentlemen always can fight (better than rabble).
    수식어구[부사성분] : always
    동사 (연결마디) 1개 : 동사 + (형용사구)
    동사변화 : 조동사 can(능력, 추측, 허가) + 동사원형 fight
맞아요, 신사는 항상 이깁니다

What does the captain of our troop say?
    의문사 What + 일반동사 의문문
    일반동사 의문문(조동사 Do/Does 사용) : the captain of our troop say → Does the captain of our troop say
우리 군 장교는 어찌 생각하시나?

Well, gentlemen, if Georgia fights
    접속사 : if (if조건절)
    동사변화 : fight 3인칭단수현재 fights
조지아가 싸운다면

I go (with her).
    동사 (연결마디) 1개 : 동사 + (형용사성분 : 전치사구)
저도 함께 하겠습니다

YouTube  해설 동영상

But, like my father,
하지만 저희 아버님처럼

I hope (that the Yankees will let us leave the Union in peace).
    동사 (연결마디) 1개 : 동사 + (that-절)
    (that-절) that the Yankees will let (us) (leave the Union in peace)
        동사 (연결마디) 2개 : 동사 + (대명사) + (원형부정사구 : 형용사적용법)
        동사변화 : 조동사 will(의지, 습성, 요청) + 동사원형 let
    (원형부정사구) leave (the Union) (in peace)
            동사 (연결마디) 2개 : 동사 + (명사) + (형용사성분 : 전치사구)
양키들이 우리가 연합에서 평화적인 방법으로 탈퇴할 수 있도록 해 주길 바랍니다

But, Ashley.... But, Ashley, they've insulted (us)!
    동사 (연결마디) 1개 : 동사 + (대명사)
    동사변화 : have/has + 과거분사 insulted ; 일반동사 현재완료
그들이 우릴 모욕했는데도!

You can't mean (you don't want war)!
    동사 (연결마디) 1개 : 동사 + (명사절)
    동사변화 : 조동사 can(능력, 추측, 허가) + 부사 not + 동사원형 mean ; 부정문
    (명사절) you don't want (war)
        동사 (연결마디) 1개 : 동사 + (명사)
        동사변화 : 조동사 do(does) + 부사 not + 동사원형 want ; 일반동사 부정문
전쟁을 원하지 않는 단 거요?

Most of the miseries of the world were caused (by wars).
    동사 (연결마디) 1개 : 동사 + (형용사성분 : 전치사구)
    동사변화 : be동사과거 was/were + 과거분사 caused ; 과거수동태
이 세상 대부분의 고통은 전쟁에서 비롯되죠

And when the wars were (over)
    접속사 : and, when
    동사 (연결마디) 1개 : 동사 + (형용사)
    동사변화 : be동사 are 과거형 were ; 과거지사
전쟁이 끝나도

no one ever knew (what they were about).
    동사 (연결마디) 1개 : 동사 + (what-절)
    동사변화 : know 과거형 knew ; 과거지사
    (what-절) what they were (about)
        동사 (연결마디) 1개 : 동사 + (형용사성분 : 전치사구)
그랬던걸 아무도 모르고요

If it wasn't (that I knew you)-
    접속사 : if (if조건절)
    동사 (연결마디) 1개 : 동사 + (that-절)
    동사변화 : be동사 was/were + 부사 not ; be동사 과거 부정문
    (that-절) that I knew (you)
        동사 (연결마디) 1개 : 동사 + (대명사)
        동사변화 : know 과거형 knew ; 과거지사
만약 당신이 모르는 사람이었다면

YouTube  해설 동영상

Now, gentlemen, Mr. Butler's been (up North),
   동사 (연결마디) 1개 : 동사 + (형용사성분 : 전치사구)
   동사변화 : have/has + 과거분사 been ; be동사 현재완료
지금, 북부에 다녀온 버틀러 씨가 여기 계시니

I hear.
내가 듣기엔

Don't you agree (with us), Mr. Butler?
   일반동사 부정의문문(조동사 Do + not사용) : You agree → Don't you agree
   동사 (연결마디) 1개 : 동사 + (형용사성분 : 전치사구)
동의합니까 버틀러 씨?

I think (it's hard winning a war with words), gentlemen.
   동사 (연결마디) 1개 : 동사 + (명사절)
  (명사절) it's (hard) (winning a war with words)
        동사 (연결마디) 2개 : 동사 + (형용사) + (-ing구 : 부사적용법)
      (-ing구) winning (a war) (with words)
            동사 (연결마디) 2개 : 동사 + (명사) + (형용사성분 : 전치사구)
전쟁은 말로 하는 게 아닙니다

What do you mean, sir?
   의문사 What + 일반동사 의문문
   일반동사 의문문(조동사 Do/Does 사용) : You mean → Do you mean
무슨 뜻이죠?

I mean, sir!
제 말은요

There's not (a cannon factory) (in the whole South).
   동사 (연결마디) 2개 : 동사 + (명사구) + (형용사성분 : 전치사구)
   동사변화 : be동사 am/are/is + 부사 not ; be동사 부정문
남부에는 대포공장 하나 없지 않소?

What difference does that make (to a gentleman)?
   의문사구 What difference + 일반동사 의문문
   일반동사 의문문(조동사 Do/Does 사용) : that make → Does that make
   동사 (연결마디) 1개 : 동사 + (명사성분 : 전치사구)
그게 어떻다는 거요?

YouTube  해설 동영상

I'm (afraid).
　　동사 (연결마디) 1개 : 동사 + (형용사)
전 우려됩니다

It'll make (a great deal of difference) (to a great many gentlemen), sir.
　　동사 (연결마디) 2개 : 동사 + (명사구) + (형용사성분 : 전치사구)
　　동사변화 : 조동사 will(의지, 습성, 요청) + 동사원형 make
여러분 모두에게 매우 중요한 문제죠

Are you hinting, Mr. Butler, (that the Yankees can lick us)?
　　be동사 의문문(주어, 동사 위치변경) : You are hinting ... → Are you hinting...?
　　동사 (연결마디) 1개 : 동사 + (that-절)
　　(that-절) that the Yankees can lick (us)
　　　　동사 (연결마디) 1개 : 동사 + (대명사)
　　　　동사변화 : 조동사 can(능력, 추측, 허가) + 동사원형 lick
양키가 우리를 이긴다고 보고 있는 거요?

No, I'm not hinting.
　　동사변화 : am/are/is + 부사 not + 현재분사 hinting ; 현재진행부정
그렇게 안 봅니다

I'm saying very plainly (that the Yankees are better equipped than we).
　　동사 (연결마디) 1개 : 동사 + (that-절)
　　동사변화 : be동사 am/are/is + 현재분사 saying ; 현재진행
　　수식어구[부사성분] : very plainly
　　(that-절) the Yankees are (better equipped) (than we)
　　　　동사 (연결마디) 2개 : 동사 + (형용사구) + (부사성분 : 전치사구)
양키의 장비가 낫다고 있는 그대로 말씀드리는 겁니다

They've got (factories, shipyards, coal mines)...
　　동사 (연결마디) 1개 : 동사 + (명사구)
　　동사변화 : have/has + 과거분사 got ; 일반동사 현재완료
공장과 조선소, 탄광을 가졌으며

...and a fleet (to bottle up our harbors)
　　명사 a fleet + (to부정사구 : 형용사적 용법)
　　(to부정사구) to bottle (up) (our harbors)
　　　　동사 (연결마디) 2개 : 동사 + (부사 : 관용 동사구) + (명사구)
그리고 부두를 봉쇄할 함대

and starve (us) (to death).
　　동사 (연결마디) 2개 : 동사 + (대명사) + (형용사성분 : 전치사구)
그래서 우릴 굶겨 죽일

YouTube  해설 동영상

All we've got is (cotton and slaves and arrogance).
   [동사 앞 주어] All we've got
                동사변화 : have/has + 과거분사 got ; 일반동사 현재완료
   동사 (연결마디) 1개 : 동사 + (명사구)
우리가 가진 건 목화와 노예 그리고 교만 뿐이오

That's (Yankee treachery)!
   동사 (연결마디) 1개 : 동사 + (명사구)
당신은 양키야!

Sir, I refuse (to listen to any renegade talk)!
   동사 (연결마디) 1개 : 동사 + (to부정사구 : 명사적용법)
   (to부정사구) to listen (to any renegade talk)
             동사 (연결마디) 1개 : 동사 + (명사성분 : 전치사구)
변절자의 말은 더 이상 안 듣겠소!

I'm (sorry)
   동사 (연결마디) 1개 : 동사 + (형용사)
미안합니다

if the truth offends (you).
   접속사 : if (if조건절)
   동사 (연결마디) 1개 : 동사 + (대명사)
   통사변화 . offend 3인칭단수현재 offends
기분 나빴다면

Apologies aren't (enough), sir!
   동사 (연결마디) 1개 : 동사 + (형용사)
   동사변화 : be동사 am/are/is + 부사 not ; be동사 부정문
사과한다고 될 것 같소?

I hear (you were turned out of West Point, Mr. Rhett Butler)...
   동사 (연결마디) 1개 : 동사 + (명사절)
   (명사절) you were turned (out of West Point), Mr. Rhett Butler
         동사 (연결마디) 1개 : 동사 + (형용사성분 : 전치사구)
           동사변화 : be동사과거 was/were + 과거분사 turned ; 과거수동태
웨스트포인트에서 쫓겨났다면서요?

...and you aren't received (by any decent family) (in Charleston),
   동사 (연결마디) 2개 : 동사 + (형용사성분 : 전치사구) + (부사성분 : 전치사구)
   동사변화 : am/are/is + 부사 not + 과거분사 received ; 수동태부정
그래서 찰스턴의 품위 있는 가문 들에서 환영 받지 못하죠.

not even your own!
당신 집에서 조차!

YouTube  해설 동영상

I apologize again (for all my shortcomings).
    동사 (연결마디) 1개 : 동사 + (명사성분 : 전치사구)
    수식어구[부사성분] : again
저의 부족한 점들을 다시 사과드립니다

Perhaps you won't mind
    수식어구[부사성분] : perhaps
    동사변화 : 조동사 will(의지, 습성, 요청) + 부사 not + 동사원형 mind ; 부정문
괜찮으시다면

if I walk (about)
    접속사 : if (if조건절)
    동사 (연결마디) 1개 : 동사 + (부사 : 관용 동사구)
걸으면서 좀

and look (over your place).
    동사 (연결마디) 1개 : 동사 + (명사성분 : 전치사구)
집안을 좀 둘러봐도 될까요?

I seem (to be spoiling everybody's brandy and cigars and...)
    동사 (연결마디) 1개 : 동사 + (to부정사구 : 명사적용법)
    (to부정사구) to be spoiling (everybody's brandy and cigars) and...
        동사 (연결마디) 1개 : 동사 + (명사구)
        동사변화 ; be + 현재분사 spoiling ; 진행예정
제가 브랜디와 시가 맛을 망친 것 같군요,

...dreams of victory.
승리의 꿈도

That's just about (what you could expect from somebody like Rhett Butler).
    동사 (연결마디) 1개 : 동사 + (what-절)
    수식어구[부사성분] : just about
    (what-절) what you could expect (from somebody) (like Rhett Butler)
        접속사 : what
        동사 (연결마디) 2개 : 동사 + (명사성분 : 전치사구) + (형용사성분 : 전치사구)
        동사변화 : 조동사 could(능력, 추측, 허가) + 동사원형 expect
저런 식으로 비겁하게 빠져나갈 줄 알았어요

You did (everything)
    동사 (연결마디) 1개 : 동사 + (명사)
    동사변화 : do/does 과거형 did ; 과거지사
but call (him) (out).
    동사 (연결마디) 2개 : 동사 + (대명사) + (부사성분 : 전치사구)
결투는 할 수 없겠군

YouTube  해설 동영상

He refused (to fight).
   동사 (연결마디) 1개 : 동사 + (to부정사구 : 명사적용법)
   동사변화 : refuse 과거형 refused ; 과거지사
   (to부정사구) to fight
저 자가 결투를 피했어요

Not quite that, Charles.
그게 아니라

He just refused (to take advantage of you).
   동사 (연결마디) 1개 : 동사 + (to부정사구 : 명사적용법)
   동사변화 : refuse 과거형 refused ; 과거지사
   (to부정사구) to take (advantage) (of you)
            동사 (연결마디) 2개 : 동사 + (명사) + (형용사성분 : 전치사구)
자네를 위해서 그런 거야

Take (advantage) (of me)?
   동사 (연결마디) 2개 : 동사 + (명사) + (형용사성분 : 전치사구)
날 위해서 라고요?

He's (one of the best shots) (in the country)...
   동사 (연결마디) 2개 : 동사 + (명사구) + (형용사성분 : 전치사구)
그는 이 나라 최고 명사수 중 하나야

...as he's proved (a number of times)...
   접속사 : as
   동사 (연결마디) 1개 : 동사 + (형용사구)
   동사변화 : have/has + 과거분사 proved ; 일반동사 현재완료
여러 번 증명했지

...against (steadier hands and cooler heads) (than yours).
   (전치사구) against + 명사구 steadier hands and cooler heads + (형용사성분 : 전치사구)
자네보다 냉철하고 솜씨 좋은 자 들을 상대로

YouTube  해설 동영상

I'll show (him)! Now, please.
　동사 (연결마디) 1개 : 동사 + (대명사)
　동사변화 : 조동사 will(의지, 습성, 요청) + 동사원형 show
본 때를 보여 주겠어!

Don't go (tweaking his nose anymore).
　동사 (연결마디) 1개 : 동사 + (-ing구 : 명사적용법)
　동사변화 : 조동사 Do + 부사 not + 동사원형 go ; ~하지마라(명령문)
　(-ing구) tweaking (his nose) anymore
　　　　동사 (연결마디) 1개 : 동사 + (명사구)
그를 더 이상 건드리지 말게

You may be needed (for more important fighting), Charles.
　동사 (연결마디) 1개 : 동사 + (명사성분 : 전치사구)
　동사변화 : 조동사 may(능력, 추측, 허가) + be + 과거분사 needed ; 수동태예정
앞으로 더 큰 싸움이 있을 테니까

Now, if you'll excuse (me),
　접속사 : if (if조건절)
　동사 (연결마디) 1개 : 동사 + (대명사)
　동사변화 : 조동사 will(의지, 습성, 요청) + 동사원형 excuse
괜찮으시다면

Mr. Butler is (our guest).
　동사 (연결마디) 1개 : 동사 + (명사구)
버틀러 씨도 제 손님이니

I think (I'll just show him around).
　동사 (연결마디) 1개 : 동사 + (명사절)'
　(명사절) I'll just show (him) around
　　　　동사 (연결마디) 1개 : 동사 + (대명사)
　　　　동사변화 : 조동사 will(의지, 습성, 요청) + 동사원형 show
　　　　수식어구[부사성분] : just, around
안내를 해야겠습니다

Ashley!
애슐리!

YouTube  해설 동영상

Ashley!
애슐리...

Scarlett.
스칼렛!

Who're you hiding (from in here)?
   의문사 Who + be동사 의문문
   be동사 의문문(주어, 동사 위치변경) : You are hiding ... → Are you hiding...?
   동사 (연결마디) 1개 : 동사 + (형용사성분 : 전치사구)
   동사변화 : am/are/is + 현재분사 hiding ; 현재진행
누구 숨어 있소?

What are you (up to)?
   의문사 What + be동사 의문문
   be동사 의문문(주어, 동사 위치변경) : You are... → Are you...?
   동사 (연결마디) 1개 : 동사 + (형용사성분 : 전치사구)
무슨 일이오?

Well, why aren't you (upstairs) (resting with the other girls)?
   의문사 Why + be동사 부정의문문
   be동사 부정의문문(주어, 동사 위치변경) : you aren't → aren't you...?
   동사 (연결마디) 2개 : 동사 + (명사) + (-ing구 : 형용사적 용법)
   동사변화 : be동사 am/are/is + 부사 not ; be동시 부정문
   (-ing구) resting (with the other girls)
          동사 (연결마디) 1개 : 동사 + (형용사성분 : 전치사구)
왜 다른 여자들처럼 쉬지 않고?

What is this, Scarlett? A secret?
   의문사 What + be동사 의문문
   be동사 의문문(주어, 동사 위치변경) : This is... → Is this...?
뭐요, 스칼렛? 비밀이오?

YouTube  해설 동영상

Oh, Ashley,
오, 애슐리...

Ashley...I love (you).
    동사 (연결마디) 1개 : 동사 + (대명사)
애슐리! 사랑해요

Scarlett!
스칼렛!

I love (you),
    동사 (연결마디) 1개 : 동사 + (대명사)
사랑해요

I do!
그래요

Well, isn't it (enough) (that you've gathered every other man's heart today)?
    be동사 부정의문문(주어, 동사 위치변경) : It isn't → Isn't it...?
    동사 (연결마디) 2개 : 동사 + (형용사) + (that-절)
    (that-절) that you've gathered (every other man's heart) today
        접속사 : that
        동사 (연결마디) 1개 : 동사 + (명사구)
        동사변화 : have/has + 과거분사 gathered ; 일반동사 현재완료
        수식어구[부사성분] : today
오늘 그 많은 남자들의 마음을 뺏고도 모자라오?

You've always had (mine).
    동사 (연결마디) 1개 : 동사 + (대명사)
    동사변화 : have/has + 과거분사 had ; 일반동사 현재완료
    수식어구[부사성분] : always
내 맘도 당신 거요.

You cut (your teeth) (on it).
    동사 (연결마디) 2개 : 동사 + (명사구) + (형용사성분 : 전치사구)
당신이 물어 버렸소

YouTube  해설 동영상

Oh, don't tease (me) now.
    동사 (연결마디) 1개 : 동사 + (대명사)
    동사변화 : 조동사 Do + 부사 not + 동사원형 tease ; ~하지마라(명령문)
    수식어구[부사성분] : now
내 속을 태우지 말아요

Have I (your heart), my darling?
    조동사 의문문(주어, 조동사 위치변경) : I have → Have I...
    동사 (연결마디) 1개 : 동사 + (명사구)
당신도 날 사랑하나요?

I love (you), I love (you).
사랑해요, 사랑해요...

You mustn't say (such things).
    동사 (연결마디) 1개 : 동사 + (명사구)
    동사변화 : 조동사 must(의무, 강한 추측) + not + 동사원형 say ; 부정
그런 말은 해선 안 돼요.

You'll hate (me) (for hearing them).
    동사 (연결마디) 2개 : 동사 + (대명사) + (형용사성분 : 전치사구)
    동사변화 : 조동사 will(의지, 습성, 요청) + 동사원형 hate
    (전치사구) for + (-ing구 : 명사적용법)
        (-ing구) hearing (them)
            동사 (연결마디) 1개 : 동사 + (대명사)
들으면 날 싫어하게 될 거요

Oh, I could never hate (you),
    동사 (연결마디) 1개 : 동사 + (대명사)
    동사변화 : 조동사 could(능력, 추측, 허가) + 동사원형 hate
    수식어구[부사성분] : never
절대 그렇지 않아요

and I know (you must care about me).
    동사 (연결마디) 1개 : 동사 + (명사절)
    (명사절) you must care (about me)
        동사 (연결마디) 1개 : 동사 + (명사성분 : 전치사구)
        동사변화 : 조동사 must(의무, 강한 추측) + 동사원형 care
당신이 나 한테 관심 있는 거 알아요?

Oh, you do care, don't you?
    동사변화 : 조동사 do/does/did + 일반동사 care ; 강조
    don't you? : 부가의문문
그렇지 않나요?

Yes...
그래요,

YouTube  해설 동영상

...I care.
관심 있소

Oh, can't we go away and forget (we ever said these things)?
    조동사 부정의문문(주어, 조동사 위치변경) : We can't go and forget → Can't we go and forget...
    동사 (연결마디) 1개 : 동사 + (명사절)
    동사변화 : 조동사 can(능력, 추측, 허가) + 부사 not + 동사원형 go and forget ; 부정문
    (명사절) we ever said (these things)
            동사 (연결마디) 1개 : 동사 + (명사구)
여기서 한 말들은 나가면 잊도록 합시다

But how can we do (that)?
    의문사 how + 조동사 의문문
    조동사 의문문(주어, 조동사 위치변경) : we can do → Can we do
    동사 (연결마디) 1개 : 동사 + (대명사)
어떻게 그럴 수 있죠?

Don't you want (to marry me)?
    조동사 부정의문문(주어, 조동사 위치변경) : You don't want → Don't you want
    동사 (연결마디) 1개 : 동사 + (to부정사구 : 명사적용법)
    (to부정사구) to marry (me)
            동사 (연결마디) 1개 : 동사 + (대명사)
나와 결혼할 마음이 없나요?

I'm going (to marry Melanie).
    동사 (연결마디) 1개 : 동사 + (to부정사구 : 명사적용법)
    동사변화 : be동사 am/are/is + 현재분사 going ; 현재진행
    (to부정사구) to marry (Melanie)
            동사 (연결마디) 1개 : 동사 + (고유명사)
난 멜라니와 결혼할 거요

But you can't.
안 돼요,

Not if you care (for me).
    접속사구 : not if (구어)
    동사 (연결마디) 1개 : 동사 + (명사성분 : 전치사구)
나 한테 관심 있댔잖아요

YouTube  해설 동영상

Oh, my dear, why must you make (me) (say things that will hurt you)?
   의문사 Why + 조동사 의문문
   조동사 의문문(주어, 조동사 위치변경) : you must make → must you make
   동사 (연결마디) 2개 : 동사 + (대명사) + (원형부정사구 : 명사적용법)
    (원형부정사구) say (things) (that will hurt you)
            동사 (연결마디) 2개 : 동사 + (명사) + (형용사성분 : that-절)
            (that-절) that will hurt (you)
                  동사 (연결마디) 1개 : 동사 + (대명사)
                  동사변화 : 조동사 will(의지, 습성, 요청) + 동사원형 hurt
왜 아픈 말을 하게 만드오?

How can I make (you) (understand)?
   의문사 how + 조동사 의문문
   조동사 의문문(주어, 조동사 위치변경) : I can make → Can I make
   동사 (연결마디) 2개 : 동사 + (대명사) + (원형부정사구 : 명사적용법)
   (원형부정사구) understand
어떻게 말해야 알아 듣겠소?

You're so (young and unthinking).
   동사 (연결마디) 1개 : 동사 + (형용사구)
   수식어구[부사성분] : so
당신은 아직 어려서

You don't know (what marriage means).
   동사 (연결마디) 1개 : 동사 + (what-절)
   동사변화 : 조동사 do(does) + 부사 not + 동사원형 know ; 일반동사 부정문
   (what-절) what marriage means
        접속사 : what
        동사변화 : mean 3인칭단수현재 means
결혼이 뭔지 몰라

I know (I love you),
   동사 (연결마디) 1개 : 동사 + (명사절)
   (명사절) I love (you)
        동사 (연결마디) 1개 : 동사 + (대명사)
당신을 사랑한다는 건 알아요.

and I want (to be your wife).
   동사 (연결마디) 1개 : 동사 + (to부정사구 : 명사적용법)
   (to부정사구) to be (your wife)
        동사 (연결마디) 1개 : 동사 + (명사구)
당신의 아내가 될래요

You don't love (Melanie).
   동사 (연결마디) 1개 : 동사 + (고유명사)
   동사변화 : 조동사 do(does) + 부사 not + 동사원형 love ; 일반동사 부정문
멜라니를 사랑하지 않죠?

YouTube  해설 동영상

She's (like me), Scarlett.
    동사 (연결마디) 1개 : 동사 + (형용사성분 : 전치사구)
그녀는 나와 비슷한 사람이오

She's (part of my blood)
    동사 (연결마디) 1개 : 동사 + (명사구)
그녀는 나의 일부이며

and we understand (each other).
    접속사 : and
    동사 (연결마디) 1개 : 동사 + (부사구)
우린 서로를 이해하지

But you love (me).
    접속사 : but
    동사 (연결마디) 1개 : 동사 + (대명사)
하지만 날 사랑하죠?

How could I help (loving you)?
    의문사 how + 조동사 의문문
    조동사 의문문(주어, 조동사 위치변경) : I could help → Could I help
    동사 (연결마디) 1개 : 동사 + (-ing구 : 명사적용법)
    (-ing구) loving (you)
        동사 (연결마디) 1개 : 동사 + (대명사)
어찌 사랑 안 할 수 있겠소?

You have (all the passion for life) (that I lack).
    동사 (연결마디) 2개 : 동사 + (명사구) + (형용사성분 : that-절)
    (that-절) that I lack
        접속사 : that
내게 없는 무한한 열정을 가진 당신을...

That kind of love isn't (enough) (for a successful marriage)...
    동사 (연결마디) 2개 : 동사 + (형용사) + (부사성분 : 전치사구)
    동사변화 : be동사 am/are/is + 부사 not ; be동사 부정문
하지만 사랑만으로 행복한 결혼생활을 하지는 못하오

YouTube  해설 동영상

...for two people (as different) (as we are).
 (전치사구) for + 명사구 two people + (형용사성분 : 전치사구) + (부사성분 : 전치사구)
   (전치사구) as + (명사절)
         (명사절) we are
우리처럼 서로 다른 두 사람이

Well, why don't you say (it),
 의문사 Why + 일반동사 부정의문문
 일반동사 부정의문문(조동사 Do + not사용) : You say → Don't you say
 동사 (연결마디) 1개 : 동사 + (대명사)
왜 말 못하죠

you coward?
겁쟁이,

You're (afraid) (to marry me).
 동사 (연결마디) 2개 : 동사 + (형용사) + (to부정사구 : 부사적용법)
  (to부정사구) to marry (me)
       동사 (연결마디) 1개 : 동사 + (대명사)
나랑 결혼하는 게 겁나는 거죠

You'd rather live (with that fool who can't speak except)...
 동사 (연결마디) 1개 : 동사 + (형용사성분 : 전치사구)
 동사변화 : 조동사구 would rather(차라리 ~하고 싶다) + 동사원형 live
 (전치사구) with + 명사구 that fool + (형용사성분 : who-절)
        (who-절) who can't speak (except)
           동사 (연결마디) 1개 : 동사 + (형용사성분 : 전치사구)
           동사변화 : 조동사 can(능력, 추측, 허기) + 부사 not + 동사원형 speak ; 부정문
그래서 말 못하는 바보와 살려는 거예요!

...to say ("yes" and "no")
 (to부정사구) 동사 (연결마디) 1개 : 동사 + (명사구)
'네, 아니오' 만

and raise (a passel of mealy-mouthed brats) just (like her).
 동사 (연결마디) 2개 : 동사 + (명사구) + (형용사성분 : 전치사구)
꼭 자기처럼 솔직히 말하지 않는 애송이들이 하는

You mustn't say (such things) (about Melanie).
 동사 (연결마디) 2개 : 동사 + (명사구) + (형용사성분 : 전치사구)
 동사변화 : 조동사 must(의무, 강한 추측) + not + 동사원형 say ; 부정
멜라니에 대해 그렇게 말하지 말아요

Who are you (to tell me I mustn't)?
 의문사 Who + be동사 의문문
 be동사 의문문(주어, 동사 위치변경) : You are... → Are you...?
 동사 (연결마디) 1개 : 동사 + (to부정사구 : 명사적용법)
 (to부정사구) to tell (me) (I mustn't)
       동사 (연결마디) 2개 : 동사 + (대명사) + (명사절)
        (명사절) I mustn't
           동사변화 : 조동사 must(의무, 강한 추측) + 부사 not ; 부정
왜 안 된다는 거죠?

YouTube  해설 동영상

You led (me) (on),
　동사 (연결마디) 2개 : 동사 + (대명사) + (형용사성분 : 전치사구)
　동사변화 : lead 과거형 led ; 과거지사
나를 이끌었죠

you made (me) (believe you wanted to marry me).
　동사 (연결마디) 2개 : 동사 + (대명사) + (원형부정사구 : 형용사적용법)
　동사변화 : make 과거형 made ; 과거지사
　(원형부정사구) believe (you wanted to marry me)
　　　　　　동사 (연결마디) 1개 : 동사 + (명사절)
　　　　　　(명사절) you wanted (to marry me)
　　　　　　　　　　동사 (연결마디) 1개 : 동사 + (to부정사구 : 명사적용법)
　　　　　　　　　　동사변화 : want 과거형 wanted ; 과거지사
　　　　　　　　　　(to부정사구) to marry (me)
　　　　　　　　　　　　　　동사 (연결마디) 1개 : 동사 + (대명사)
나하고 결혼할 것처럼 믿게 했어요

Now, Scarlett, be (fair).
　동사 (연결마디) 1개 : 동사 + (형용사)
정직 합시다

I never, at any time--
내가 한번이라도 그런 말을...

You did,
했어요!

it's (true) (you did)!
　동사 (연결마디) 2개 . 동사 + (형용사) + (부사절)
　(부사절) you did
한 게 사실 이에요

I'll hate (you) (till I die)!
　동사 (연결마디) 2개 : 동사 + (대명사) + (형용사성분 : 전치사구)
　동사변화 : 조동사 will(의지, 습성, 요청) + 동사원형 hate
　(전치사구) till + (명사절)
　　　　　(명사절) I die
죽을 때까지 당신을 증오할 거예요

I can't think (of anything bad enough) (to call you).
　동사 (연결마디) 2개 : 동사 + (명사성분 : 전치사구) + (to부정사구 : 형용사적 용법)
　동사변화 : 조동사 can(능력, 추측, 허가) + 부사 not + 동사원형 think ; 부정문
　(to부정사구) to call (you)
　　　　　　동사 (연결마디) 1개 : 동사 + (대명사)
당신 한테 해 줄 더 나쁜 말이 생각나질 않아

Has the war started?
　현재완료 의문문(have동사 위치변경) : the war has started... → Has the war started...?
　동사변화 : have/has + 과거분사 started ; 일반동사 현재완료
전쟁이 시작된 거요?

YouTube  해설 동영상

Sir, you should have made (your presence) (known).
  동사 (연결마디) 2개 : 동사 + (명사구) + (과거분사구 : 형용사적 용법)
  동사변화 : 조동사 should(~해야 한다, ~할 것이다) + have + 과거분사 made ; 현재완료
  (과거분사구) known
인기척이라도 하셨어야죠

In the middle (of that beautiful love scene)?
  (전치사구) in + 명사 the middle + (형용사성분 : 전치사구)
열렬히 사랑을 호소하는 중에?

That wouldn't have been very (tactful), would it?
  동사 (연결마디) 1개 : 동사 + (형용사)
  동사변화 : 조동사 would(과거시점미래, 습관, 의지) + 부사 not + have + been ; be동사현재완료부정
  수식어구[부사성분] : very
  would it? : 부가의문문
그건 현명한 일이 아니죠

But don't worry,
  접속사 : but
  동사변화 : 조동사 Do + 부사 not + 동사원형 worry ; ~하지마라(명령문)
걱정하지 마시오.

your secret is (safe) (with me).
  동사 (연결마디) 2개 : 동사 + (형용사) + (부사성분 : 전치사구)
비밀은 지켜드릴 테니

Sir, you are (no gentleman)!
  동사 (연결마디) 1개 : 동사 + (명사구)
당신은 신사가 아니군요

And you, Miss, are (no lady).
  접속사 : and
  동사 (연결마디) 1개 : 동사 + (명사구)
당신도 숙녀답지는 않죠

YouTube  해설 동영상

Don't think (I hold that against you).
　　동사 (연결마디) 1개 : 동사 + (명사절)
　　동사변화 : 조동사 Do + 부사 not + 동사원형 think ; ~하지마라(명령문)
　　(명사절) I hold (that) (against you)
　　　　　　동사 (연결마디) 2개 : 동사 + (대명사) + (형용사성분 : 전치사구)
나쁜 뜻은 없소

Ladies have never held (any charm) (for me).
　　동사 (연결마디) 2개 : 동사 + (명사구) + (형용사성분 : 전치사구)
　　동사변화 : have/has + 과거분사 held ; 일반동사 현재완료
　　수식어구[부사성분] : never
숙녀에겐 흥미 없으니까

First you take (a low, common advantage of me),
　　수식어구[부사성분] : first
　　동사 (연결마디) 1개 : 동사 + (명사구)
처음엔 저를 무시하더니

then you insult (me).
　　수식어구[부사성분] : then
　　동사 (연결마디) 1개 : 동사 + (대명사)
이젠 모욕 하는군요

I meant (it) (as a compliment)
　　동사 (연결마디) 2개 : 동사 + (대명사) + (형용사성분 : 전치사구)
　　동사변화 : mean 과거형 meant ; 과거지사
칭찬입니다,

and I hope (to see more of you)...
　　동사 (연결마디) 1개 : 동사 + (to부정사구 : 명사적용법)
　　(to부정사구) to see (more of you)
　　　　　　동사 (연결마디) 1개 : 동사 + (명사구)
당신을 더 알고 싶군요

...when you're (free) (of the spell of the elegant Mr. Wilkes).
　　의문사 When + 평서문
　　동사 (연결마디) 2개 : 동사 + (형용사) + (부사성분 : 전치사구)
고상한 윌크스 씨를 좀 잊으시면

He doesn't strike (me) (as half good enough for a girl of your),
　　동사 (연결마디) 2개 : 동사 + (대명사) + (부사성분 : 전치사구)
　　동사변화 : 조동사 do(does) + 부사 not + 동사원형 strike ; 일반동사 부정문
　　(전치사구) as + 명사구 half good enough + (형용사성분 : 전치사구)
윌크스 씨에게 당신은 과분해요

what was it?
　　의문사 What + be동사 과거의문문
　　be동사과거 의문문(주어, 동사 위치변경) : it was → was it
안 그렇소

YouTube  해설 동영상

Your "passion (for living)."
　명사구 your passion + (형용사성분 : 전치사구)
열정으로 똘똘 뭉친

How dare you!
어디 감히

You aren't (fit) (to wipe his boots).
　동사 (연결마디) 2개 : 동사 + (형용사) + (to부정사구 : 부사적용법)
　동사변화 : be동사 am/are/is + 부사 not ; be동사 부정문
　(to부정사구) to wipe (his boots)
　　　　　　　동사 (연결마디) 1개 : 동사 + (명사구)
당신은 그의 구두를 닦을 자격도 없어!

And you were going (to hate him for the rest of your life).
　동사 (연결마디) 1개 : 동사 + (to부정사구 : 명사적용법)
　동사변화 : be동사과거 was/were + 현재분사 going ; 과거진행
　(to부정사구) to hate (him) (for the rest of your life)
　　　　　　　　　동사 (연결마디) 2개 : 동사 + (대명사) + (형용사성분 : 전치사구)
죽을 때까지 그 사람을 증오하겠다면서요?

She certainly made (a fool of herself) (running after all the men at the barbecue).
　수식어구[부사성분] : certainly
　동사 (연결마디) 2개 : 동사 + (명사구) + (-ing구 : 형용사적 용법)
　동사변화 : make 과거형 made ; 과거지사
　(-ing구) running (after) (all the men) at the barbecue
　　　　　　　동사 (연결마디) 2개 : 동사 + (부사 : 관용 동사구) + (명사구)
　　　　　　　수식어구[부사성분] : at the barbecue
스칼렛은 더할 나위 없이 천박하게 굴었어

That's not (fair), India.
　동사 (연결마디) 1개 : 동사 + (형용사)
　동사변화 : be동사 am/are/is + 부사 not ; be동사 부정문
아녜요, 인디아

She's so (attractive),
　동사 (연결마디) 1개 : 동사 + (형용사)
　수식어구[부사성분] : so
매력적이니까

the men just naturally flock (to her).
　동사 (연결마디) 1개 : 동사 + (명사성분 : 전치사구)
　수식어구[부사성분] : just, naturally
남자들이 몰려드는 거죠

YouTube  해설 동영상

Oh, Melanie, you're just too (good) (to be true).
    동사 (연결마디) 2개 : 동사 + (형용사) + (to부정사구 : 부사적용법)
    (to부정사구) to be (true)
                  동사 (연결마디) 1개 : 동사 + (형용사)
    수식어구[부사성분] : just, too
멜라니, 당신은 착해서 몰라요

Didn't you see (her) (going after your brother, Charles)?
    일반동사과거 부정의문문(조동사 Do/Does과거 Did + not사용) : You see → Didn't you see
    동사 (연결마디) 2개 : 동사 + (대명사) + (-ing구 : 형용사적 용법)
    (-ing구) going (after) (your brother, Charles)
              동사 (연결마디) 2개 : 동사 + (부사 : 관용 동사구) + (명사구)
언니가 찰스 유혹하는 거 봤지?

Yes, and she knows (Charles belongs to me).
    동사 (연결마디) 1개 : 동사 + (명사절)
    동사변화 : know 3인칭단수현재 knows
    (명사절) Charles belongs (to me)
              동사 (연결마디) 1개 : 동사 + (명사성분 : 전치사구)
찰스가 내 애인인 거 알면서

Oh, you're (wrong), India.
    동사 (연결마디) 1개 : 동사 + (형용사)
그런 말 말아요

Scarlett's just (high-spirited and vivacious).
    동사 (연결마디) 1개 : 동사 + (형용사구)
    수식어구[부사성분] : just
스칼렛은 명랑하고 활기차서 그런 것 뿐예요

Men may flirt (with girls) (like that)
    동사 (연결마디) 2개 : 동사 + (명사성분 : 전치사구) + (형용사성분 : 전치사구)
    동사변화 : 조동사 may(능력, 추측, 허가) + 동사원형 flirt
남자들은 그런 여자와 놀기는 해도

but they don't marry (them).
    접속사 : but
    동사 (연결마디) 1개 : 동사 + (대명사)
    동사변화 : 조동사 do(does) + 부사 not + 동사원형 marry ; 일반동사 부정문
결혼은 안 하죠

YouTube  해설 동영상

I think (you're being very mean to her).
　　동사 (연결마디) 1개 : 동사 + (명사절)
　　(명사절) you're being very (mean) (to her)
　　　　　　　동사 (연결마디) 2개 : 동사 + (형용사) + (부사성분 : 전치사구)
　　　　　　　동사변화 : be동사 am/are/is + 현재분사 being ; 현재진행
'그녀에게 너무 심한 말 아니에요

War! War's declared! War!
　　동사변화 : be동사 am/are/is + 과거분사 declared ; 수동태
전쟁이다! 전쟁을 선포했다

Miss O'Hara!
오하라 양!

Miss O'Hara!
오하라 양!

Mr. Lincoln has called (for soldiers, volunteers) (to fight against us).
　　동사 (연결마디) 2개 : 동사 + (명사성분 : 전치사구) + (to부정사구 : 형용사적 용법)
　　동사변화 : have/has + 과거분사 called ; 일반동사 현재완료
　　(to부정사구) to fight (against us)
　　　　　　　동사 (연결마디) 1개 : 동사 + (형용사성분 : 전치사구)
링컨이 우리와 싸우기 위해 군대를 소집했대요

Don't you men ever think (of anything important)?
　　일반동사 부정의문문(조동사 Do + not사용) : You men think → Don't you men think
　　동사 (연결마디) 1개 : 동사 + (명사성분 : 전치사구)
　　수식어구[부사성분] : ever
남자들은 왜 그 얘기만 하죠?

YouTube  해설 동영상

But it's (war)
   접속사 : but
   동사 (연결마디) 1개 : 동사 + (명사)
전쟁이 났고

and everybody's going (off) (to enlist).
   접속사 : and
   동사 (연결마디) 2개 : 동사 + (부사 : 관용 동사구) + (to부정사구 : 명사적용법)
   동사변화 : be동사 am/are/is + 현재분사 going ; 현재진행
   (to부정사구) to enlist
               동사 (연결마디) 없음 : 동사 단독
모두 군에 지원할 거예요

They're going right (away).
   동사 (연결마디) 1개 : 동사 + (부사 : 관용 동사구)
   동사변화 : be동사 am/are/is + 현재분사 going ; 현재진행
   수식어구[부사성분] : right
지금 떠난답니다,

I'm going (too).
   동사 (연결마디) 1개 : 동사 + (부사)
   동사변화 : be동사 am/are/is + 현재분사 going ; 현재진행
나도 가고요

Everybody?
모두요?

Oh, Miss O'Hara, will you be (sorry)?
   조동사 의문문(주어, 조동사 위치변경) : you will be → Will you be
   동사 (연결마디) 1개 : 동사 + (형용사)
슬프죠?

To see (us) (go),
   (to부정사구) 동사 (연결마디) 2개 : 동사 + (대명사) + (원형부정사구 : 형용사적용법)
I mean.
우리가 떠나는 걸 보게 되니 말예요

I'll cry (into my pillow) every night.
   동사 (연결마디) 1개 : 동사 + (형용사성분 : 전치사구)
   동사변화 : 조동사 will(의지, 습성, 요청) + 동사원형 cry
   수식어구[부사성분] : every night
매일 밤 베갯잇을 적실 거예요

YouTube  해설 동영상

Miss O'Hara, I told (you) (I loved you).
　동사 (연결마디) 2개 : 동사 + (대명사) + (명사절)
　동사변화 : tell 과거형 told ; 과거지사
　(명사절) I loved (you)
　　　　　동사 (연결마디) 1개 : 동사 + (대명사)
당신을 사랑한다고 말했죠

I think (You're the most beautiful girl in the world, and the sweetest and the dearest).
　동사 (연결마디) 1개 : 동사 + (명사절)
　(명사절) You're (the most beautiful girl in the world, and the sweetest and the dearest)
　　　　　동사 (연결마디) 1개 : 동사 + (명사구)
당신은 세상에서 제일 아름답고 다정한 아가씨예요

I know (I couldn't hope that you could love me).
　동사 (연결마디) 1개 : 동사 + (명사절)
　(명사절) I couldn't hope (that you could love me)
　　　　동사 (연결마디) 1개 : 동사 + (that-절)
　　　　동사변화 : 조동사 could(능력, 추측, 허가) + not + 동사원형 hope ; 부정문
　　　　(that-절) that you could love (me)
　　　　　　　동사 (연결마디) 1개 : 동사 + (대명사)
　　　　　　　동사변화 : 조동사 could(능력, 추측, 허가) + 동사원형 love
당신이 날 사랑해 주기를 바라지는 않아요

I'm so (clumsy and stupid and not nearly good enough for you).
　동사 (연결마디) 1개 : 동사 + (형용사구)
　수식어구[부사성분] : so
나는 바보 같고 당신에게 너무나 부족하죠

But if you could think (of marrying me)
　접속사 : if (if조건절)
　동사 (연결마디) 1개 : 동사 + (명사성분 : 전치사구)
　동사변화 : 조동사 could(능력, 추측, 허가) + 동사원형 think
　(전치사구) of + (-ing구 : 명사적용법)
　　　　　(-ing구) marrying (me)
　　　　　　　동사 (연결마디) 1개 : 동사 + (대명사)
하지만 나와 결혼해준다면

I'd do (anything in the world) (for you).
　동사 (연결마디) 2개 : 동사 + (명사구) + (형용사성분 : 전치사구)
　동사변화 : 조동사 would(과거시점미래, 습관, 의지) + 동사원형 do
뭐든 하겠어요

Just anything. I promise.
뭐든, 약속하죠

YouTube  해설 동영상

What did you say?
　의문사 What + 일반동사 과거의문문
　일반동사 과거의문문(조동사 Do/Does과거 Did 사용) : You said → Did you say
뭐라고 했죠?

Miss O'Hara, I said, (would you marry me)?
　동사 (연결마디) 1개 : 동사 + (명사절)
　(명사절) would you marry (me)
　　　　조동사 의문문(주어, 조동사 위치변경) : You would marry → Would you marry
　　　　동사 (연결마디) 1개 : 동사 + (대명사)
오하라 양, 나와 결혼해 주겠소?

[억장이 무너지는 우리의 주인공]

Yes, Mr. Hamilton, I will.
좋아요, 하겠어요

You will?
한다고요

You'll marry (me).
　동사 (연결마디) 1개 : 동사 + (대명사)
　동사변화 : 조동사 will(의지, 습성, 요청) + 동사원형 marry
나랑 결혼 한다고요

You'll wait (for me)?
　동사 (연결마디) 1개 : 동사 + (형용사성분 : 전치사구)
　동사변화 : 조동사 will(의지, 습성, 요청) + 동사원형 wait
그럼 기다려주겠어요?

YouTube  해설 동영상

I don't think (I'd want to wait).
   동사 (연결마디) 1개 : 동사 + (명사절)
   동사변화 : 조동사 do(does) + 부사 not + 동사원형 think ; 일반동사 부정문
   (명사절) I'd want (to wait)
        동사 (연결마디) 1개 : 동사 + (to부정사구 : 명사적용법)
        동사변화 : 조동사 would(과거시점미래, 습관, 의지) + 동사원형 want
        (to부정사구) to wait
난 기다리고 싶지 않아요

You mean (you'll marry me before I go)?
   동사 (연결마디) 1개 : 동사 + (명사절)
   (명사절) you'll marry (me)
        동사 (연결마디) 1개 : 동사 + (대명사)
        동사변화 : 조동사 will(의지, 습성, 요청) + 동사원형 marry

        before I go
        접속사 : before
        동사 (연결마디) 없음 : 동사 단독
떠나기 전에 결혼 하자구요?

Oh, Miss O'Hara.
오, 오하라

Scarlett....
스칼렛...

When may I speak (to your father)?
   의문사 When + 조동사 의문문
   조동사 의문문(주어, 조동사 위치변경) : I may speak → may I speak
   동사 (연결마디) 1개 : 동사 + (명사성분 : 전치사구)
아버님께는 언제 말씀드리죠?

The sooner the better.
빠를 수록 좋겠어요

YouTube  해설 동영상

I'll go (now).
   동사 (연결마디) 1개 : 동사 + (부사)
   동사변화 : 조동사 will(의지, 습성, 요청) + 동사원형 go
지금 당장 찾아 뵙죠

I can't wait.
   동사변화 : 조동사 can(능력, 추측, 허가) + 부사 not + 동사원형 wait ; 부정문
기다릴 수 없어요

Will you excuse (me), dear?
   조동사 의문문(주어, 조동사 위치변경) : you will excuse → Will you excuse
   동사 (연결마디) 1개 : 동사 + (대명사)
기다려줘요, 내 사랑!

Mr. O'Hara, Mr. O'Hara.
오하라 씨!

It'll be (a week) at least
   동사 (연결마디) 1개 : 동사 + (명사)
   동사변화 : 조동사 will(의지, 습성, 요청) + be ; 예정
   수식어구[부사성분] : at least
적어도 일주일은 걸릴 거요

before they call (on me).
   접속사 : before
   동사 (연결마디) 1개 : 동사 + (명사성분 : 전치사구)
연락이 오기까진

Only a week, and then they'll take (you) (away) from me.
   동사 (연결마디) 2개 : 동사 + (대명사) + (부사 : 관용 동사구)
   동사변화 : 조동사 will(의지, 습성, 요청) + 동사원형 take
   수식어구[부사성분] : Only a week, then, from me
일주일 후엔 그들이 당신을 빼앗아 가겠군요

YouTube  해설 동영상

Scarlett, I thought (of you) (at our wedding) yesterday...
   동사 (연결마디) 2개 : 동사 + (명사성분 : 전치사구) + (형용사성분 : 전치사구)
   동사변화 : think 과거형 thought ; 과거지사
      수식어구[부사성분] : yesterday
어제 우리 결혼식에서 생각 했는데

...and I hoped (that yours would be as beautiful),
   동사 (연결마디) 1개 : 동사 + (that-절)
   동사변화 : hope 과거형 hoped ; 과거지사
   (that-절) that yours would be (as beautiful)
        접속사 : that
        동사 (연결마디) 1개 : 동사 + (형용사성분 : 전치사구)
        동사변화 : 조동사 would(과거시점미래, 습관, 의지) + be ; 예정
스칼렛의 결혼식도 아름답길 바랬는데,

and it was.
   접속사 : and
   동사변화 : be동사 am/is 과거형 was ; 과거지사
정말 아름다웠어요

Was it?
   be동사과거 의문문(주어, 동사 위치변경) : It was → Was it
그랬나요?

Now we're (really and truly sisters).
   접속사 : Now
   동사 (연결마디) 1개 : 동사 + (명사구)
이제 우린 진짜 자매예요

Charles!
찰스...

YouTube  해설 동영상

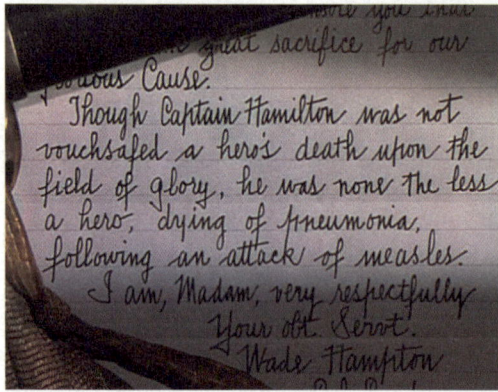

Don't cry, darling,
   동사변화 : 조동사 Do + 부사 not + 동사원형 cry ; ~하지마라(명령문)
울지 마시오.

the war will be (over in a few weeks)...
   동사 (연결마디) 1개 : 동사 + (형용사성분 : 전치사구)
   동사변화 : 조동사 will(의지, 습성, 요청) + be ; 예정
몇 주 후면 전쟁은 끝날 거고

...and I'll be coming (back) (to you).
   접속사 : and
   동사 (연결마디) 2개 : 동사 + (부사 : 관용 동사구) + (명사성분 : 전치사구)
   동사변화 : 조동사 will(의지, 습성, 요청) + be + 현재분사 coming ; 진행예정
당신께 돌아올 테니

He was none the less (a hero), (dying of pneumonia)
   동사 (연결마디) 2개 : 동사 + (명사) + (-ing구 : 형용사적 용법)
   동사변화 : be동사 am/is 과거형 was ; 과거지사
   수식어구[부사성분] : none the less
   (-ing구) dying (of pneumonia)
        동사 (연결마디) 1개 : 동사 + (형용사성분 : 전치사구)
해밀턴 장교는 폐렴으로 병사했으나 영웅이었습니다

Miss Scarlett!
스칼렛 아씨!

Well, I don't care.
   동사변화 : 조동사 do(does) + 부사 not + 동사원형 care ; 일반동사 부정문
상관 마,

I'm too (young) (to be a widow).
   동사 (연결마디) 2개 : 동사 + (형용사) + (to부정사구 : 부사적용법)
   수식어구[부사성분] : too
   (to부정사구) to be (a widow)
        동사 (연결마디) 1개 : 동사 + (명사)
내 나이에 과부가 웬 말이야!

Miss Scarlett!
스칼렛 아씨...

YouTube  해설 동영상

Why, I just go (around) (scaring people in that thing).
   수식어구[부사성분] : just
   동사 (연결마디) 2개 : 동사 + (부사 : 관용 동사구) + (명사구)
저걸 쓰고 사람들을 불편하게 할 게 뭐야?

You ain't supposed (to be around people).
   동사 (연결마디) 1개 : 동사 + (to부정사구 : 명사적용법)
   동사변화 : am/are/is + 부사 not + 과거분사 supposed ; 수동태부정
   (to부정사구) to be (around people)
            동사 (연결마디) 1개 : 동사 + (명사성분 : 전치사구)
밖에 나갈 생각 말아요.

You're (in mourning).
   동사 (연결마디) 1개 : 동사 + (명사성분 : 전치사구)
근신하세요

For what?
뭐 때문에?

I don't feel (anything).
   동사 (연결마디) 1개 : 동사 + (명사)
   동사변화 : 조동사 do(does) + 부사 not + 동사원형 feel ; 일반동사 부정문
난 아무렇지도 않은데…

Why should I have (to pretend and pretend)….
   의문사 Why + 조동사 의문문
   조동사 의문문(주어, 동사 위치변경) : You should have → Should I have
   동사 (연결마디) 1개 : 동사 + (to부정사구 : 명사적용법)
   (to부정사구) to pretend
            동사 (연결마디) 없음 : 동사 단독
왜 슬픈 척 해야 되냐고!

What is it?
   의문사 What + be동사 의문문
   be동사 의문문(주어, 동사 위치변경) : It is… → Is it…?
무슨 일이지?

Oh, baby….
아가,

YouTube  해설 동영상

What is it?
   의문사 What + be동사 의문문
   be동사 의문문(주어, 동사 위치변경) : It is... → Is it...?
왜 그러니?

My life is (over).
   동사 (연결마디) 1개 : 동사 + (형용사)
내 인생은 끝났어요

Nothing will ever happen (to me) anymore. -Darling!
   동사 (연결마디) 1개 : 동사 + (명사성분 : 전치사구)
   동사변화 : 조동사 will(의지, 습성, 요청) + 동사원형 happen
   수식어구[부사성분] : ever, anymore
더 이상 기대할 게 없으니까요

Oh, Mother.
어머니

I know (you'll think I'm horrible),
   동사 (연결마디) 1개 : 동사 + (명사절)
  (명사절) you'll think (I'm horrible)
       동사 (연결마디) 1개 : 동사 + (명사절)
       동사변화 : 조동사 will(의지, 습성, 요청) + 동사원형 think
      (명사절) I'm (horrible)
           동사 (연결마디) 1개 : 동사 + (형용사)
제가 나쁘다고 하시겠지만

but I just can't bear (going around in black).
   접속사 : but
   수식어구[부사성분] : just
   동사 (연결마디) 1개 : 동사 + (-ing구 : 명사적용법)
   동사변화 : 조동사 can(능력, 추측, 허가) + 부사 not + 동사원형 bear ; 부정문
   (-ing구) going (around) (in black)
       동사 (연결마디) 2개 : 동사 + (부사 : 관용 동사구) + (형용사성분 : 전치사구)
그래도 상복은 입기 싫어요

It's (bad enough) (not being able to go to any parties)...
   동사 (연결마디) 2개 : 동사 + (형용사구) + (-ing구 : 부사적용법)
   (-ing구) not being (able) (to go to any parties)
       동사 (연결마디) 2개 : 동사 + (형용사) + (to부정사구 : 부사적용법)
      (to부정사구) to go (to any parties)
           동사 (연결마디) 1개 : 동사 + (명사성분 : 전치사구)
파티에 못 가는 것도 서러운데

YouTube  해설 동영상

...but looking (this way) too.
  접속사 : but
  동사 (연결마디) 1개 : 동사 + (명사구)
  동사변화 : look 현재분사 looking ; 진행형
이런 꼴로...

I don't think (you're at all horrible).
  동사 (연결마디) 1개 : 동사 + (명사절)
  동사변화 : 조동사 do(does) + 부사 not + 동사원형 think ; 일반동사 부정문
  (명사절) you're (at all horrible)
        동사 (연결마디) 1개 : 동사 + (명사성분 : 전치사구)
네 잘못이 아니야

It's only (natural) (to want to look young and be young)
  수식어구[부사성분] : only
  동사 (연결마디) 2개 : 동사 + (형용사) + (to부정사구 : 부사적용법)
  (to부정사구) to want (to look young and be young)
        동사 (연결마디) 1개 : 동사 + (to부정사구 : 명사적용법)
        (to부정사구) to look (young)
              동사 (연결마디) 1개 : 동사 + (형용사)
              and be (young)
              동사 (연결마디) 1개 : 동사 + (형용사)
젊어 지고 젊어 보이고 싶은 건 당연해

when you are (young).
  접속사 : when
  동사 (연결마디) 1개 : 동사 + (형용사)
넌 젊으니까

Oh, baby....
스칼렛,

How would you like (to go visiting somewhere)?
  의문사 how + 조동사 의문문
  조동사 의문문(주어, 조동사 위치변경) : You would like → Would you like
  동사 (연결마디) 1개 : 동사 + (to부정사구 : 명사적용법)
  (to부정사구) to go (visiting somewhere)
        동사 (연결마디) 1개 : 동사 + (-ing구 : 명사적용법)
        (-ing구) visiting (somewhere)
              동사 (연결마디) 1개 : 동사 + (명사)
어디 좀 다녀오겠니?

Savannah perhaps?
서배너 라도

YouTube  해설 동영상

What would I do in Savannah?	Well, Atlanta then.
There's lots going on there.	And you could stay with Melanie and her Aunt Pittypat.
Melanie.	Yes.

What would I do (in Savannah)?
  의문사 What + 조동사 의문문
  조동사 의문문(주어, 조동사 위치변경) : I would do → Would I do
  동사 (연결마디) 1개 : 동사 + (형용사성분 : 전치사구)
서배너에서 뭐해요?

Well, Atlanta then.
그럼 애틀랜타로 가렴

There's (lots) (going on there).
  동사 (연결마디) 2개 : 동사 + (명사) + (-ing구 : 형용사적 용법)
  (-ing구) going (on there)
          동사 (연결마디) 1개 : 동사 + (명사구)
거기가 괜찮을 거야

And you could stay (with Melanie and her Aunt Pittypat).
  접속사 : And
  동사 (연결마디) 1개 : 동사 + (명사성분 : 전치사구)
  동사변화 : 조동사 could(능력, 추측, 허가) + 동사원형 stay
멜라니랑 피티 고모와 지낼 수 있을 거야

Melanie.
멜라니...

Yes.
예

YouTube  해설 동영상

Yes, I could, couldn't I?
   couldn't I? : 부가의문문
좋아요, 가겠어요

Oh, Mother, you're (sweet) (to me),
   동사 (연결마디) 2개 : 동사 + (형용사구) + (부사성분 : 전치사구)
어머니, 어머니가 최고에요

sweeter than anybody in the world.
이 세상 그 누구보다 더요

You'd like (it), really?
   동사 (연결마디) 1개 : 동사 + (대명사)
   동사변화 : 조동사 would(과거시점미래, 습관, 의지) + 동사원형 like
정말 가고 싶은 거지?

All right then. Now stop (your crying)
   동사 (연결마디) 1개 : 동사 + (명사구)
그럼 그만 울고

and smile.
좀 웃거라

You can take (Prissy) (with you).
   동사 (연결마디) 2개 : 동사 + (고유명사) + (형용사성분 : 전치사구)
   동사변화 : 조동사 can(능력, 추측, 허가) + 동사원형 take
프리시를 데리고 가렴

Start (packing Miss Scarlett's things), Mammy.
   동사 (연결마디) 1개 : 동사 + (-ing구 : 명사적용법)
  (-ing구) packing (Miss Scarlett's things)
         동사 (연결마디) 1개 : 동사 + (명사구)
짐을 싸, 유모

YouTube  해설 동영상

I'll go write (the necessary letters).
    동사 (연결마디) 1개 : 동사 + (명사구)
    동사변화 : 조동사 will(의지, 습성, 요청) + 동사원형 go write
    동사변화 : (help / go / come 등) + 동사원형 write
난 부탁 편지를 쓰마

Atlanta!
애틀랜타!

Savannah would be (better) (for you).
    동사 (연결마디) 2개 : 동사 + (형용사) + (부사성분 : 전치사구)
    동사변화 : 조동사 would(과거시점미래, 습관, 의지) + be ; 예정
서배너가 나을 거예요.

You'd just get (in trouble) (in Atlanta).
    동사 (연결마디) 2개 : 동사 + (명사성분 : 전치사구) + (형용사성분 : 전치사구)
    동사변화 : 조동사 would(과거시점미래, 습관, 의지) + 동사원형 get
    수식어구[부사성분] : just
애틀랜타 가면 말썽만 일으키지

What trouble are you talking (about)?
    의문사구 What trouble + be동사 의문문
    be동사 의문문(주어, 동사 위치변경) : You are talking ... → Are you talking...?
    동사 (연결마디) 1개 : 동사 + (형용사성분 : 전치사구)
말썽은 무슨?

You know (what trouble) (I'm talking about).
    동사 (연결마디) 2개 : 동사 + (명사구) + (형용사절)
    (형용사절) I'm talking (about)
        동사 (연결마디) 1개 : 동사 + (형용사성분 : 전치사구)
        동사변화 : be동사 am/are/is + 현재분사 talking ; 현재진행
뭔 말 인지 잘 아시잖아요.

I'm talking (about Mister Ashley Wilkes).
    동사 (연결마디) 1개 : 동사 + (형용사성분 : 전치사구)
    동사변화 : be동사 am/are/is + 현재분사 talking ; 현재진행
애슐리씨 얘길 하는 거 에요

He'll be coming (to Atlanta)
    동사 (연결마디) 1개 : 동사 + (명사성분 : 전치사구)
    동사변화 : 조동사 will(의지, 습성, 요청) + be + 현재분사 coming ; 진행예정
그 분이 애틀렌타에 올 텐데

when he gets (his leave)...
    접속사 : when
    동사 (연결마디) 1개 : 동사 + (명사구)
    동사변화 : get 3인칭단수현재 gets
휴가를 받으면

YouTube  해설 동영상

...and you're sitting (there)
   접속사 : and
   동사 (연결마디) 1개 : 동사 + (부사)
   동사변화 : be동사 am/are/is + 현재분사 sitting ; 현재진행
거길 앉아서

waiting (for him) just (like a spider)!
   동사 (연결마디) 2개 : 동사 + (명사성분 : 전치사구) + (형용사성분 : 전치사구)
   동사변화 : wait 현재분사 wating ; 진행형
   수식어구[부사성분] : just
거미처럼 그를 기다린다고요?

He belongs (to Miss Melanie)---
   동사 (연결마디) 1개 : 동사 + (명사성분 : 전치사구)
   동사변화 : belong 3인칭단수현재 belongs
그는 멜라니 아씨의...

You go pack (my things) (like Mother said).
   동사 (연결마디) 2개 : 동사 + (명사구) + (형용사성분 : 전치사구)
   동사변화 : (help / go / come 등) + 동사원형 pack
   (전치사구) like + (명사절)
          (명사절) Mother said
어머니 말씀대로 어서 짐이나 싸!

[애틀렌타]

They're all whispering,
   동사변화 : be동사 am/are/is + 현재분사 whispering ; 현재진행
   수식어구[부사성분] : all
다들 수군거려

and I just know (it's about her).
   접속사 : and
   수식어구[부사성분] : just
   동사 (연결마디) 1개 : 동사 + (명사절)
   (명사절) it's (about her)
          동사 (연결마디) 1개 : 동사 + (형용사성분 : 전치사구)
스칼렛에 대해

YouTube  해설 동영상

What's it matter (what they say), Aunt Pittypat?
  의문사 What + be동사 의문문
  be동사 의문문(주어, 동사 위치변경) : It is... → Is it...?
  동사 (연결마디) 1개 : 동사 + (what-절)
  (what-절) what they say
남이야 뭐 라던 신경 쓰지 마세요

But Scarlett is living (under my roof)
  접속사 : but
  동사 (연결마디) 1개 : 동사 + (형용사성분 : 전치사구)
  동사변화 : be동사 am/are/is + 현재분사 living ; 현재진행
스칼렛이 내 집에 있으니

so they all think (I'm responsible for her)...
  접속사 : so
  동사 (연결마디) 1개 : 동사 + (명사절)
  (명사절) I'm (responsible) (for her)
        동사 (연결마디) 2개 : 동사 + (형용사) + (부사성분 : 전치사구)
내 책임 이잖니

...and for a widow (to appear in public at a social gathering)!
  (전치사구) for + 명사 a widow + (to부정사구 : 형용사적 용법)
     (to부정사구) to appear (in public) (at social gathering)
        동사 (연결마디) 2개 : 동사 + (명사성분 : 전치사구) + (형용사성분 : 전치사구)
이런 공공 모임에 나타난 과부라니

Every time I think (of it)
  (부사구) Every time
  동사 (연결마디) 1개 : 동사 + (명사성분 : 전치사구)
생각만 해도

I feel (faint)!
  동사 (연결마디) 1개 : 동사 + (형용사)
기절하겠어

Aunt Pitty, you know (Scarlett came here only to help raise money for the cause).
  동사 (연결마디) 1개 : 동사 + (명사절)
  (명사절) Scarlett came here only (to help raise money for the cause)
     동사 (연결마디) 1개 : 동사 + (to부정사구 : 형용사적 용법)
     (to부정사구) only to help raise (money) (for cause)
        동사 (연결마디) 2개 : 동사 + (명사) + (형용사성분 : 전치사구)
        동사변화 : (help / go / come 등) + 동사원형 raise
스칼렛은 기금 마련하는 걸 도우려고 나온 거 아시잖아요

It was (splendid of her) (to make the sacrifice).
  동사 (연결마디) 2개 : 동사 + (형용사구) + (to부정사구 : 부사적용법)
  (to부정사구) to make (the sacrifice)
        동사 (연결마디) 1개 : 동사 + (명사)
희생정신이 놀라울 정도죠

YouTube  해설 동영상

Anyone would think, (to hear you talk)...
   동사 (연결마디) 1개 : 동사 + (to부정사구 : 명사적용법)
   동사변화 : 조동사 would(과거시점미래, 습관, 의지) + 동사원형 think
   (to부정사구) to hear (you talk)
              동사 (연결마디) 1개 : 동사 + (명사구)
누가 들어도 생각할 거야

...that she came here (to dance instead of to sell things).
   동사 (연결마디) 1개 : 동사 + (to부정사구 : 형용사적 용법)
   동사변화 : come 과거형 came ; 과거지사
   (to부정사구) to dance (instead of to sell things)
            동사 (연결마디) 1개 : 동사 + (형용사성분 : 전치사구)
            (전치사구) instead of + (to부정사구 : 명사적용법)
                (to부정사구) to sell (things)
                       동사 (연결마디) 1개 : 동사 + (명사)
물건 판매보다 춤추러 나온 걸로

Ladies and gentlemen!
여러분,

I have (important news! Glorious news)!
   동사 (연결마디) 1개 : 동사 + (명사구)
기븐 소식이 있습니다

Another triumph (for our magnificent men in arms).
   명사구 Another triumph + (형용사성분 : 전치사구)
우리 용사들의 또 하나의 승리

General Lee has completely whipped (the enemy).
   동사 (연결마디) 1개 : 동사 + (명사)
   동사변화 : have/has + 과거분사 whipped ; 일반동사 현재완료
   수식어구[부사성분] : completely
리 장군이 완벽하게 적군을 물리쳤죠

YouTube  해설 동영상

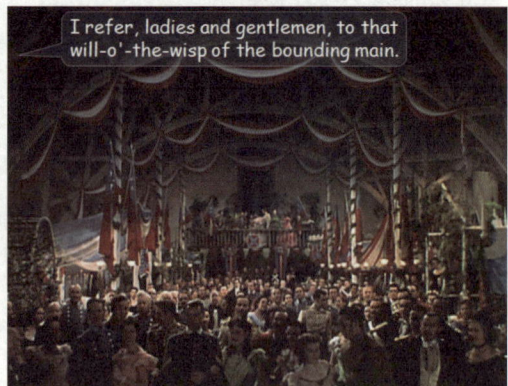

And swept (the Yankee Army) (northward from Virginia).
　동사 (연결마디) 2개 : 동사 + (명사구) + (명사구)
　동사변화 : sweep 과거형 swept ; 과거지사
양키 군대를 버지니아 북부로 물리치고

And now, a happy surprise (for all of us).
　(명사구) 명사구 a happy surprise + (to부정사구 : 형용사적 용법)
그리고 우리 모두에게 기쁜 소식 하나 더

We have (with us) (tonight that most daring of all blockade-runners)...
　동사 (연결마디) 2개 : 동사 + (명사성분 : 전치사구) + (부사구)
　(부사구) 부사 tonight + (부사구)
엄청난 봉쇄망의 오늘 밤 이곳에 와준 분이 있으니

...whose fleet schooners, slipping (past the Yankee guns)...
　동사 (연결마디) 1개 : 동사 + (명사성분 : 전치사구)
　동사변화 : slip 현재분사 slipping ; 진행
양키들의 포위망을 뚫은 그의 범선들로

..have brought (us) here (the very woolens and laces we wear tonight).
　동사 (연결마디) 2개 : 동사 + (대명사) + (명사구)
　동사변화 : have/has + 과거분사 brought ; 일반동사 현재완료
　(명사구) 명사구 the very woolens and laces + (형용사절)
　　　　　(형용사절) we **wear** (tonight)
　　　　　　　　동사 (연결마디) 1개 : 동사 + (부사)
오늘 밤 우리가 입은 옷감, 레이스들을 갖다 주셨죠

I refer, ladies and gentlemen, (to that will-o'-the-wisp of the bounding main).
　동사 (연결마디) 1개 : 동사 + (명사성분 : 전치사구)
　(전치사구) to + 명사구 that will-o'-the-wisp + (형용사성분 : 전치사구)
저는 이를 해낸 신출귀몰함에 주목합니다

YouTube  해설 동영상

None other than our friend from Charleston...
   수식어구[부사성분] : none other than (다름아닌 바로 ~인)
바로 찰스턴 출신의 친구

...Captain Rhett Butler!
레트 버틀러 씨입니다

[레트를 알아본 스칼렛이 자리를 피하다 옷이 걸렸는데 이를 본 레트...]

Permit (me).
   동사 (연결마디) 1개 : 동사 + (대명사)
잠깐만요

Captain Butler, it's such (a pleasure) (to see you again).
   동사 (연결마디) 2개 : 동사 + (명사) + (to부정사구 : 형용사적 용법)
   수식어구[부사성분] : such
   (to부정사구) to see (you) again
           동사 (연결마디) 1개 : 동사 + (대명사)
           수식어구[부사성분] : again
버틀러 씨, 반가워요

I met (you) last (at my husband's home).
   동사 (연결마디) 2개 : 동사 + (대명사) + (형용사성분 : 전치사구)
   동사변화 : meet 과거형 met ; 과거지사
   수식어구[부사성분] : last
시댁에서 뵈었죠?

That's (kind of you) (to remember), Mrs. Wilkes.
   동사 (연결마디) 2개 : 동사 + (형용사구) + (to부정사구 : 부사적용법)
   (to부정사구) to remember
기억해 주시니 영광입니다

YouTube  해설 동영상

Did you meet (Captain Butler) (at Twelve Oaks), Scarlett?
   일반동사 과거의문문(조동사 Do/Does과거 Did 사용) : You met → Did you meet
   동사 (연결마디) 2개 : 동사 + (명사구) + (형용사성분 : 전치사구)
스칼렛도 열 두 참나무 집에서 만나지 않았어요?

Yes. I, I think (so).
   동사 (연결마디) 1개 : 동사 + (대명사)
그런 것 같군요

Only for a moment, Mrs. Hamilton.
아주 잠깐이었죠,

It was (in the library).
   동사 (연결마디) 1개 : 동사 + (형용사성분 : 전치사구)
   동사변화 : be동사 am/is 과거형 was ; 과거지사
서재였죠

You had broken (something).
   동사 (연결마디) 1개 : 동사 + (명사)
   동사변화 : had + 과거분사 broken ; 일반동사 과거완료
뭘 깨뜨리신 것 같은데...

Yes, Captain Butler, I remember (you).
   동사 (연결마디) 1개 : 동사 + (대명사)
그래요, 이제 기억나네요

Ladies, the Confederacy asks (for your jewelry) (on behalf of our noble cause).
   동사 (연결마디) 2개 : 동사 + (명사성분 : 전치사구) + (형용사성분 : 전치사구)
   동사변화 : ask 3인칭단수현재 asks
   (전치사구) on + 명사 behalf + (형용사성분 : 전치사구)
부인들, 남부를 위해 패물을 기부해주십시오

YouTube  해설 동영상

We aren't wearing (any).
  동사 (연결마디) 1개 : 동사 + (명사)
  동사변화 : am/are/is + 부사 not + 현재분사 wearing ; 현재진행부정
지닌 게 없네요

We're (in mourning).
  동사 (연결마디) 1개 : 동사 + (명사성분 : 전치사구)
지금 상중이라

Wait.
잠깐!

On behalf (of Mrs. Wilkes and Mrs. Hamilton).
  (전치사구) on + 명사 behalf + (형용사성분 : 전치사구)
윌크스 부인과 해밀턴 부인을 대신해서...

Thank (you), Captain Butler.
  동사 (연결마디) 1개 : 동사 + (대명사)
고맙습니다

Just a moment, please.
잠깐만요

But it's (your wedding ring), ma'am.
  접속사 : but
  동사 (연결마디) 1개 : 동사 + (명사구)
이건 결혼반지 네요

YouTube  해설 동영상

It may help (my husband) (more),
   동사 (연결마디) 2개 : 동사 + (명사구) + (형용사)
   동사변화 : 조동사 may(능력, 추측, 허가) + 동사원형 help
남편을 돕고 싶어요

off my finger.
내 손보다

Thank (you).
고맙습니다

That's (a very beautiful thing) (to do), Mrs. Wilkes.
   동사 (연결마디) 2개 : 동사 + (명사구) + (to부정사구 : 형용사적 용법)
   (to부정사구) to do
참으로 고귀한 일을 하셨습니다

Here.
여기도요

You can have (mine), too, (for the cause).
   동사 (연결마디) 2개 : 동사 + (대명사) + (형용사성분 : 전치사구)
   동사변화 : 조동사 can(능력, 추측, 허가) + 동사원형 have
남부를 위해 나도 낼 게요

And you, Mrs. Hamilton.
해밀턴 부인께서 도요

I know just (how much that means to you).
   동사 (연결마디) 1개 : 동사 + (명사절)
   수식어구[부사성분] : just
   (명사절) how much that means (to you)
       의문사구 how much + 평서문
       동사 (연결마디) 1개 : 동사 + (명사성분 : 전치사구)
       동사변화 : mean 3인칭단수현재 means
그 반지가 당신께 얼마나 소중한지 알고 있습니다

YouTube  해설 동영상

Melanie! -Yes, Dr. Meade.
멜라니! 네, 미드 박사님

I need (your approval), (as a member of the Committee)...
    동사 (연결마디) 2개 : 동사 + (명사구) + (형용사성분 : 전치사구)
위원회 멤버로서 당신의 동의가 필요해요

...for something (we want to do that's rather shocking).
    (전치사구) for + 명사 something + (형용사절)
        (형용사절) we want (to do that's rather shocking)
            동사 (연결마디) 1개 : 동사 + (to부정사구 : 명사적용법)
            (to부정사구) to do (that's rather shocking)
                동사 (연결마디) 1개 : 동사 + (명사절)
                (명사절) that's rather (shocking)
                      동사 (연결마디) 1개 : 동사 + (형용사)
                수식어구[부사성분] : rather
다소 놀라운 일을 하려는데

Will you excuse (us), please?
    조동사 의문문(주어, 조동사 위치변경) : you will excuse → Will you excuse
    동사 (연결마디) 1개 : 동사 + (대명사)
실례 하겠습니다

I'll say (one thing),
    동사 (연결마디) 1개 : 동사 + (명사구)
    동사변화 : 조동사 will(의지, 습성, 요청) + 동사원형 say
말씀 좀 드리자면

the war makes (the most peculiar widows).
    동사 (연결마디) 1개 : 동사 + (명사구)
    동사변화 : make 3인칭단수현재 makes
전쟁이 특이한 과부들을 만들어 내네요

I wish (you'd go away).
    동사 (연결마디) 1개 : 동사 + (명사절)
    (명사절) you'd go (away)
        동사 (연결마디) 1개 : 동사 + (부사 : 관용 동사구)
        동사변화 : 조동사 should(~해야 한다, ~할 것이다) + 동사원형 go
저리 좀 가주실래요

YouTube  해설 동영상

If you had (any raising)
　접속사 : if (if조건절)
　동사 (연결마디) 1개 : 동사 + (명사구)
양심이 있다면
you'd know (I never want to see you again).
　동사 (연결마디) 1개 : 동사 + (명사절)
　동사변화 : 조동사 could(능력, 추측, 허가) + 동사원형 know
　(명사절) I never want (to see you again)
　　　　동사 (연결마디) 1개 : 동사 + (to부정사구 : 명사적용법)
　　　　(to부정사구) to see (you) again
내가 싫어하는 줄 알텐데
Now, why be (silly)?
　동사 (연결마디) 1개 : 동사 + (형용사)
어리석군요
You've (no reason) (for hating me).
　동사 (연결마디) 2개 : 동사 + (명사구) + (형용사성분 : 전치사구)
날 미워할 이유는 없잖소?
I'll carry (your guilty secret) (to my grave).
　동사 (연결마디) 2개 : 동사 + (명사구) + (형용사성분 : 전치사구)
　동사변화 : 조동사 will(의지, 습성, 요청) + 동사원형 carry
당신의 비밀은 무덤까지 가져 가리다
I guess (I'd be very unpatriotic to hate one of the great heroes of the war).
　동사 (연결마디) 1개 : 동사 + (명사절)
　(명사절) I'd be very (unpatriotic) (to hate one of the great heroes of the war)
　　　　동사 (연결마디) 2개 : 동사 + (형용사) + (to부정사구 : 부사적용법)
　　　　동사변화 : 조동사 would(과거시점미래, 습관, 의지) + be ; 예정
　　　　(to부정사구) to hate (one of the great heroes of the war)
　　　　　　　동사 (연결마디) 1개 : 동사 + (명사구)
전쟁 영웅을 미워하는 건 비애국적 이겠죠
I do declare (I was surprised to see you turn out to be such a noble character).
　동사 (연결마디) 1개 : 동사 + (명사절)
　동사변화 : 조동사 do/does/did + 일반동사 declare ; 강조
　(명사절) I was surprised (to see you turn out to be such a noble character)
　　　　동사 (연결마디) 1개 : 동사 + (to부정사구 : 명사적용법)
　　　　동사변화 : be동사과거 was/were + 과거분사 surprised ; 과거수동태
　　　　(to부정사구) to see (you turn out to be such a noble character)
　　　　　　　동사 (연결마디) 1개 : 동사 + (명사절)
　　　　　　　(명사절) you turn (out) (to be such a noble character)
　　　　　　　　　　동사 (연결마디) 2개 : 동사 + (부사 : 관용 동사구) + (to부정사구 : 명사적용법)
당신이 그렇게 고상한 사람이라는데 놀랐어요
I can't bear (to take advantage of your little girl ideas), Miss O'Hara.
　동사 (연결마디) 1개 : 동사 + (to부정사구 : 명사적용법)
　동사변화 : 조동사 can(능력, 추측, 허가) + 부사 not + 동사원형 bear ; 부정문
　(to부정사구) to take (advantage of your little girl ideas)
그런 칭찬은 듣기 싫소.

YouTube  해설 동영상

I'm (neither noble nor heroic).
    동사 (연결마디) 1개 : 동사 + (부사구)
난 고상하지도, 영웅도 아니오

But you are (a blockade-runner).
    접속사 : but
    동사 (연결마디) 1개 : 동사 + (명사구)
봉쇄망을 뚫었잖아요

For profit, and profit only.
그건 이익을 위해서요

Are you telling (me) (you don't believe in the cause)?
    be동사 의문문(주어, 동사 위치변경) : You are telling ... → Are you telling...?
    동사 (연결마디) 2개 : 동사 + (대명사) + (명사절)
    (명사절) you don't believe (in the cause)
        동사 (연결마디) 1개 : 동사 + (명사성분 : 전치사구)
        동사변화 : 조동사 do(does) + 부사 not + 동사원형 believe ; 일반동사 부정문
남부를 위한 게 아니라고 말하는 거 에요

I believe (in Rhett Butler).
    동사 (연결마디) 1개 : 동사 + (명사성분 : 전치사구)
난 나 자신을 믿소

He's (the only cause) (I know).
    동사 (연결마디) 2개 : 동사 + (명사구) + (형용사절)
    (형용사절) I know
내가 아는 유일한 명분이오

The rest doesn't mean (much) (to me).
    동사 (연결마디) 2개 : 동사 + (부사) + (부사성분 : 전치사구)
    동사변화 : 조동사 do(does) + 부사 not + 동사원형 mean ; 일반동사 부정문
그 밖의 것엔 관심 없소

YouTube  해설 동영상

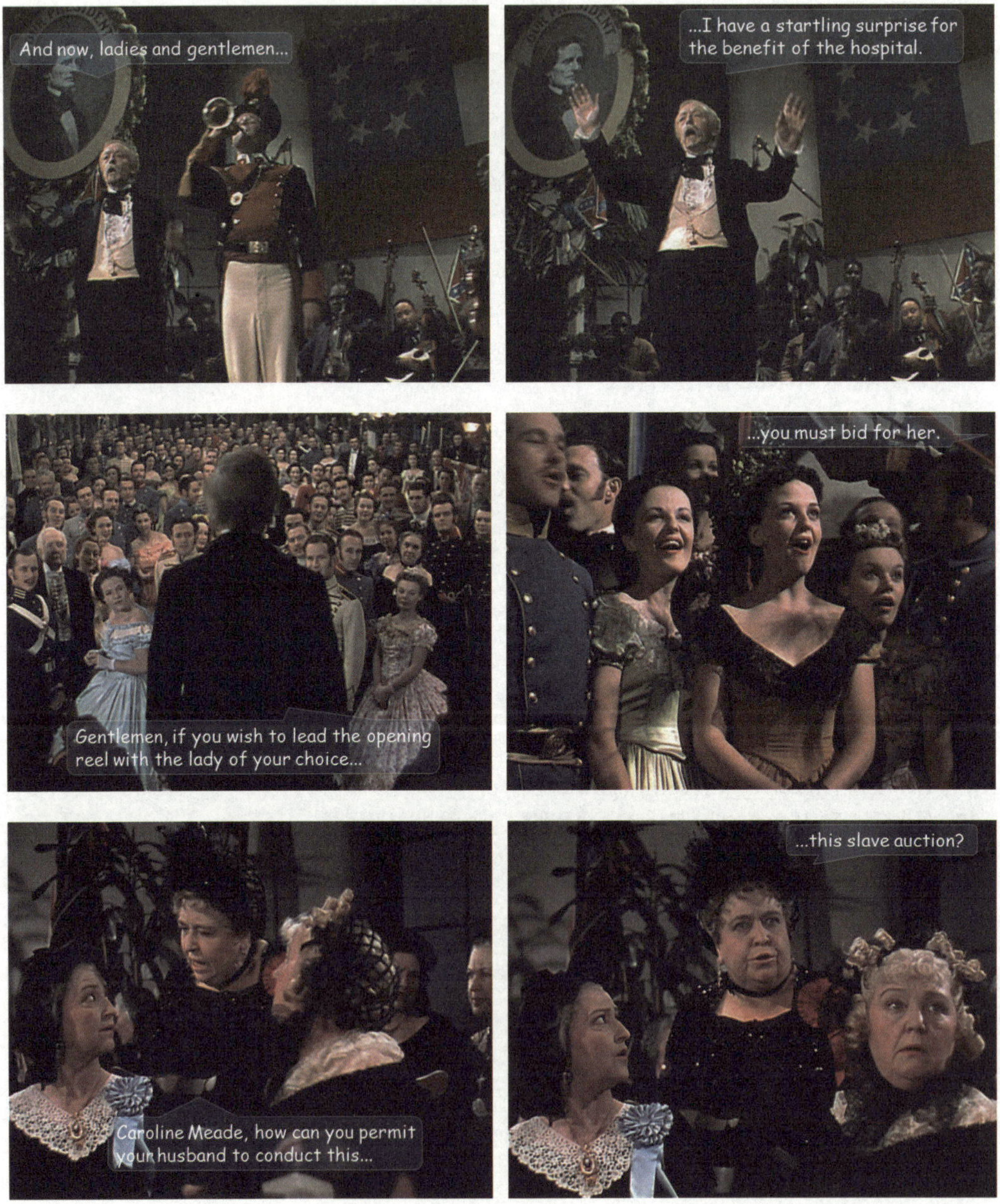

And now, ladies and gentlemen...
신사 숙녀 여러분,

...I have (a startling surprise) (for the benefit of the hospital).
    동사 (연결마디) 2개 : 동사 + (명사구) + (형용사성분 : 전치사구)
병원을 위해 놀라운 일을 계획했습니다

Gentlemen, if you wish (to lead the opening reel) (with the lady of your choice)...
    접속사 : if (if조건절)
    동사 (연결마디) 2개 : 동사 + (to부정사구) + (형용사성분 : 전치사구)
    (to부정사구) to lead (the opening reel)
                  동사 (연결마디) 1개 : 동사 + (명사구)
당신이 선택하는 숙녀와 춤을 추고 싶으시면

...you must bid (for her).
    동사 (연결마디) 1개 : 동사 + (명사성분 : 전치사구)
    동사변화 : 조동사 must(의무, 강한 추측) + 동사원형 bid
숙녀를 위한 기부금을 말씀하십시오

Caroline Meade, how can you permit (your husband) (to conduct this)...
    의문사 how + 조동사 의문문
    조동사 의문문(주어, 조동사 위치변경) : you can permit → Can you permit
    동사 (연결마디) 2개 : 동사 + (명사구) + (to부정사구 : 형용사적 용법)
    (to부정사구) to conduct (this)
                  동사 (연결마디) 1개 : 동사 + (대명사)
미드 부인, 어떻게 남편이 저러는 걸 놔두죠

...this slave auction?
이런 노예 경매를

YouTube  해설 동영상

Dolly Merriwether, how dare you criticize (me)!
   의문사 how + 조동사 의문문
   조동사 의문문(주어, 조동사 위치변경) : you dare criticize → dare you criticize
   동사 (연결마디) 1개 : 동사 + (대명사)
내게 그러지 말아요

Melanie Wilkes told (the doctor)...
   동사 (연결마디) 1개 : 동사 + (명사)
   동사변화 : tell 과거형 told ; 과거지사
멜라니도 남편한테 말 헸어요

...that if it's (for the benefit of the cause),
   접속사 : that
   접속사 : if (if조건절)
   동사 (연결마디) 1개 : 동사 + (명사성분 : 전치사구)
병원을 위한 거라면

it's quite (all right).
   동사 (연결마디) 1개 : 동사 + (형용사)
   수식어구[부사성분] : quite
괜찮다고 했어요

She did!
멜라니가

Oh dear, oh dear. Where are my smelling salts?
   의문사 Where + be동사 의문문
   be동사 의문문(주어, 동사 위치변경) : my smelling salts are... → Are my smelling salts...?
내 현기증 약 어딨지?

I think (I shall faint).
   동사 (연결마디) 1개 : 동사 + (명사절)
  (명사절) I shall faint
      동사변화 : 조동사 shall(단순미래, 의지 등) + 동사원형 faint
기절할 것 같아

YouTube  해설 동영상

Don't you **dare faint**, Pittypat Hamilton.
  일반동사 부정의문문(조동사 Do + not사용) : You dare faint → Don't you dare faint
기절할 것 없어요

If Melanie says (it's all right),
  접속사 : if (if조건절)
  동사 (연결마디) 1개 : 동사 + (명사절)
  동사변화 : say 3인칭단수현재 says
  (명사절) it's (all right)
          동사 (연결마디) 1개 : 동사 + (형용사)
멜라니가 괜찮다면

it is (all right).
  동사 (연결마디) 1개 : 동사 + (형용사)
괜찮은 거니까

Come, gentlemen,
여러분,

do I **hear (your bids)**?
  일반동사 의문문(조동사 Do/Does 사용) : I hear → Do I hear
  동사 (연결마디) 1개 : 동사 + (명사구)
액수를 부르세요

Make (your offers).
  동사 (연결마디) 1개 : 동사 + (명사구)
신청들 하세요

Don't be (bashful), gentlemen.
  동사 (연결마디) 1개 : 동사 + (형용사)
  동사변화 : 조동사 Do + 부사 not + 동사원형 be ; ~하지마라(명령문)
부끄러워할 거 없습니다

Twenty dollars, $20 (for Miss Maybelle Merriwether).
20달러! 메이벨 메리웨더 양에게

Twenty-five dollars (for Miss Fanny Elsing).
25달러, 패니 엘싱 양에게

YouTube  해설 동영상

Only $25 (to give your--)
    수식어구[부사성분] : only
    명사 $25 + (to부정사구 : 형용사적 용법)
    (to부정사구) to give (your --)
                  동사 (연결마디) 1개 : 동사 + (명사구)
25달러로...

One hundred and fifty dollars (in gold).
금화로 150달러요

For what lady, sir?
상대는 누굽니까?

For Mrs. Charles Hamilton.
찰스 해밀턴 부인이오

For whom, sir?
누구라고요?

YouTube  해설 동영상

Mrs. Charles Hamilton.
찰스 해밀턴 부인

Mrs. Hamilton is (in mourning), Captain Butler...
 동사 (연결마디) 1개 : 동사 + (명사성분 : 전치사구)
그 부인은 상중입니다

...but I'm (sure) (any of our Atlanta belles would be proud to--)
 동사 (연결마디) 2개 : 동사 + (형용사) + (부사구)
 (부사구) 대명사 any + (형용사성분 : 전치사구)
  (전치사구) of + (명사절)
   (명사절) our Atlanta belles would be (proud) to –
   동사 (연결마디) 1개 : 동사 + (형용사)
   동사변화 : 조동사 would(과거시점미래, 습관, 의지) + be ; 예정
다른 애틀렌타 미인들이 있는데...

Dr. Meade, I said (Mrs. Charles Hamilton).
 동사 (연결마디) 1개 : 동사 + (고유명사)
 동사변화 : say 과거형 said ; 과거지사
찰스 해밀턴 부인을 고르겠소

She will not consider (it), sir.
 동사 (연결마디) 1개 : 동사 + (대명사)
 동사변화 : 조동사 will(의지, 습성, 요청) + 부사 not + 동사원형 consider ; 부정분
승낙 안 할 겁니다

Oh yes, I will.
아녜요, 난 좋아요

YouTube  해설 동영상

Choose (your partners) (for the Virginia reel).
    동사 (연결마디) 2개 : 동사 + (명사구) + (형용사성분 : 전치사구)
파트너와 짝을 맞추세요

We've (sort) (of shocked the Confederacy).
    동사 (연결마디) 2개 : 동사 + (명사) + (형용사성분 : 전치사구)
우리가 남부 연방을 놀라게 한 거요

It's (a little bit) (like blockade-running), isn't it?
    동사 (연결마디) 2개 : 동사 + (명사) + (형용사성분 : 전치사구)
    isn't it? : 부가의문문
봉쇄망을 뚫는 것과 비슷하죠?

It's (worse).
    동사 (연결마디) 1개 : 동사 + (형용사)
더 어렵소,

But I expect (a very fancy profit) (out of it).
    접속사 : but
    동사 (연결마디) 2개 : 동사 + (명사구) + (형용사성분 : 전치사구)
하지만 그보다 더 이득이 될 거요

I don't care (what you expect or what they think).
    동사 (연결마디) 1개 : 동사 + (what-절)
    동사변화 : 조동사 do(does) + 부사 not + 동사원형 like ; 일반동사 부정문
    (what-절) what you expect
            접속사 : what
            동사 (연결마디) 없음 : 동사 단독
            or what they think
            접속사 : or, what
            동사 (연결마디) 없음 : 동사 단독
뭘 기대하든 무슨 생각을 하든 상관 없어요

YouTube  해설 동영상

I'm going (to dance and dance).
　동사 (연결마디) 1개 : 동사 + (to부정사구 : 명사적용법)
　동사변화 : be동사 am/are/is + 현재분사 going ; 현재진행
　(to부정사구) to dance and dance
난 춤이 좋으니까

Tonight I wouldn't mind (dancing with Abe Lincoln himself).
　동사 (연결마디) 1개 : 동사 + (-ing구 : 명사적용법)
　동사변화 : 조동사 would(과거시점미래, 습관, 의지) + not + 동사원형 mind ; 부정
　(-ing구) dancing (with Abe Lincoln himself)
　　　　동사 (연결마디) 1개 : 동사 + (명사성분 : 전치사구)
오늘밤은 링컨하고라도 추겠어요

Another dance
계속 추면

and my reputation will be (lost) forever.
　접속사 : and
　동사 (연결마디) 1개 : 동사 + (형용사)
　동사변화 : 조동사 will(의지, 습성, 요청) + be ; 예정
　수식어구[부사성분] : forever
내 평판은 땅에 떨어져요

With enough courage,
이미 너덜너덜해졌는데

you can do (without a reputation).
　동사 (연결마디) 1개 : 동사 + (형용사성분 : 전치사구)
　동사변화 : 조동사 can(능력, 추측, 허가) + 동사원형 do
눈치 보지 말고 계속 춰요

Oh, you do talk (scandalous).
　동사 (연결마디) 1개 : 동사 + (형용사)
　동사변화 : 조동사 do/does/did + 일반동사 talk ; 강조
수치스런 말이에요

You do waltz (divinely), Captain Butler.
　동사 (연결마디) 1개 : 동사 + (부사)
　동사변화 : 조동사 do/does/did + 일반동사 waltz ; 강조
춤을 잘 추시네요

YouTube  해설 동영상

Don't start (flirting with me).
    동사 (연결마디) 1개 : 동사 + (-ing구 : 명사적용법)
    동사변화 : 조동사 Do + 부사 not + 동사원형 start ; ~하지마라(명령문)
    (-ing구) flirting (with me)
           동사 (연결마디) 1개 : 동사 + (명사성분 : 전치사구)
추켜세우지 마시오.

I'm not (one) (of your plantation beaux).
    동사 (연결마디) 2개 : 동사 + (대명사) + (형용사성분 : 전치사구)
    동사변화 : be동사 am/are/is + 부사 not ; be동사 부정문
난 농장의 사내들과 달라요

I want (more) (than flirting from you).
    동사 (연결마디) 2개 : 동사 + (형용사) + (부사성분 : 전치사구)
    (전치사구) than + (-ing구 : 명사적용법)
        (-ing구) flirting (from you)
           동사 (연결마디) 1개 : 동사 + (명사성분 : 전치사구)
칭찬 이상의 것을 원하지

What do you want?
    의문사 What + 일반동사 의문문
    일반동사 의문문(조동사 Do/Does 사용) : You want → Do you want
뭘 원하죠?

I'll tell (you), Scarlett O'Hara,
    동사 (연결마디) 1개 : 동사 + (대명사)
    동사변화 : 조동사 will(의지, 습성, 요청) + 동사원형 tell
말하죠

if you'll take (that Southern belle simper) (off your face).
    접속사 : if (if조건절)
    동사 (연결마디) 2개 : 동사 + (명사구) + (형용사성분 : 전치사구)
    동사변화 : 조동사 will(의지, 습성, 요청) + 동사원형 take
남부여인의 억지 웃음을 거두면

Some day I want (you) (to say to me)...
    수식어구[부사성분] : some day
    동사 (연결마디) 2개 : 동사 + (명사) + (to부정사구 : 형용사적 용법)
    (to부정사구) to say (to me)
           동사 (연결마디) 1개 : 동사 + (명사성분 : 전치사구)
언젠간 듣게 되길 바라오

...the words (I heard you say to Ashley Wilkes):
    명사 the words + (형용사절)
    (형용사절) I heard (you say to Ashley Wilkes)
        동사 (연결마디) 1개 : 동사 + (명사절)
        (명사절) you say (to Ashley Wilkes)
           동사 (연결마디) 1개 : 동사 + (명사성분 : 전치사구)
당신이 애슐리 윌크스에게 한 말

YouTube 해설 동영상

"I love (you)."
   동사 (연결마디) 1개 : 동사 + (대명사)
나를 사랑한다는

That's (something) (you'll never hear from me), Captain Butler,
   동사 (연결마디) 2개 : 동사 + (명사) + (형용사절)
   (형용사절) you'll never hear (from me)
        동사 (연결마디) 1개 : 동사 + (형용사성분 : 전치사구)
        동사변화 : 조동사 will(의지, 습성, 요청) + 동사원형 hear
        수식어구[부사성분] : never
그건 못 들으실 거예요

as long as you live.
   접속사구 : as long as
   동사 (연결마디) 없음 : 동사 단독
죽는 날까지

How sweet, how kind.
친절하고

He is (a thoughtful gentleman).
   동사 (연결마디) 1개 : 동사 + (명사구)
생각도 깊으셔라

Fiddle-dee-dee, why doesn't he say (something) (about my sacrifice)?
   의문사 Why + 일반동사 부정의문문
   일반동사 부정의문문(조동사 Does + not사용) : He say → Doesn't he say
   동사 (연결마디) 2개 : 동사 + (명사) + (형용사성분 : 전치사구)
치! 왜 내 희생에 대한 이야기는 없지?

I also enclose (Mrs. Hamilton's ring).
   수식어구[부사성분] : also
   동사 (연결마디) 1개 : 동사 + (명사구)
해밀턴 부인의 반지도 보내 드립니다

YouTube  해설 동영상

Oh, the darling thing.
아름다워라,

Oh, Rhett, it's (lovely, lovely).
    동사 (연결마디) 1개 : 동사 + (형용사)
너무 멋져요

You didn't really bring (it) all the way from Paris just (for me).
    동사 (연결마디) 2개 : 동사 + (대명사) + (형용사성분 : 전치사구)
    동사변화 : 조동사과거 did + 부사 not + 동사원형 bring ; 과거부정
    수식어구[부사성분] : really, all the way from Paris, just
나 주려고 파리에서부터 가져왔어요?

Yes, I thought (it was about time I got you out of that fake mourning).
    동사 (연결마디) 1개 : 동사 + (명사절)
    동사변화 : think 과거형 though ; 과거지사
    (명사절) it was (about time) (I got you out of that fake mourning)
        동사 (연결마디) 2개 : 동사 + (명사성분 : 전치사구) + (형용사절)
        동사변화 : be동사 am/is 과거형 was ; 과거지사
        (형용사절) I got (you) (out of that fake mourning)
            동사 (연결마디) 2개 : 동사 + (대명사) + (형용사성분 : 전치사구)
            동사변화 : get 과거형 got ; 과거지사
이젠 거짓 슬픔에서 벗어날 때도 됐지

Next trip I'll bring (you) (some green silk for a frock to match it).
    수식어구[부사성분] : Next trip
    동사 (연결마디) 2개 : 동사 + (대명사) + (명사구)
    동사변화 : 조동사 will(의지, 습성, 요청) + 동사원형 bring
    (명사구) 명사구 some green silk + (형용사성분 : 전치사구)
        (전치사구) for + 명사 a frock + (to부정사구 : 형용사적 용법)
            (to부정사구) to match (it)
                동사 (연결마디) 1개 : 동사 + (대명사)
다음번엔 거기에 어울릴 드레스를 지을 초록색 실크를 가져 오리다

Oh, Rhett.
오! 레트

YouTube  해설 동영상

It's (my duty to our brave boys at the front) (to keep our girls at home looking pretty).
　　동사 (연결마디) 2개 : 동사 + (명사구) + (to부정사구 : 형용사적 용법)
　　(명사구) 명사구 my duty + (형용사성분 : 전치사구)
　　　　　　(전치사구) to + 명사구 our brave boys + (형용사성분 : 전치사구)
　　(to부정사구) to keep (our girls at home) (looking pretty)
　　　　　　　동사 (연결마디) 2개 : 동사 + (명사구) + (-ing구 : 형용사적 용법)
　　　　　　　　　(-ing구) looking (pretty)
　　　　　　　　　　　　동사 (연결마디) 1개 : 동사 + (형용사)
전선의 용사들을 위해 집에 있는 여자들은 예뻐 보여야 해요

Oh, it's (so long) (since I've had anything new).
　　동사 (연결마디) 2개 : 동사 + (형용사구) + (부사성분 : 전치사구)
　　(전치사구) since + (명사절)
　　　　　(명사절) I've had (anything new)
　　　　　　　동사 (연결마디) 1개 : 동사 + (명사구)
　　　　　　　동사변화 : have/has + 과거분사 had ; 일반동사 현재완료
새 것이 얼마만 인지 몰라요

How do I look?
　　의문사 how + 일반동사 의문문
　　일반동사 의문문(조동사 Do/Does 사용) : I look → Do I look
어때요?

Awful! Just awful.
엉망이오

Why, what's the matter?
왜 그러세요?

This war has stopped (being a joke)...
　　동사 (연결마디) 1개 : 동사 + (-ing구 : 명사적용법)
　　동사변화 : have/has + 과거분사 stopped ; 일반동사 현재완료
　　(-ing구) being (a joke)
　　　　　동사 (연결마디) 1개 : 동사 + (명사)
전쟁 때문에 농담도 못하게

YouTube  해설 동영상

...when a girl like you doesn't know (how to wear the latest fashion).
　[동사 앞 주어] a girl (like you)
　　　　　　　명사 a girl + (형용사성분 : 전치사구)
　　동사 (연결마디) 1개 : 동사 + (to부정사구 : 명사적용법)
　　동사변화 : 조동사 do(does) + 부사 not + 동사원형 know ; 일반동사 부정문
　　(의문사 how + to부정사구) how to wear (the latest fashion)
　　　　　　　　　　　동사 (연결마디) 1개 : 동사 + (명사구)
최신 유행도 모르는 여자가 되었는 데

Oh, Rhett, let (me) (do it).
　　동사 (연결마디) 2개 : 동사 + (대명사) + (원형부정사구 : 형용사적용법)
　　(원형부정사구) do (it)
　　　　　　　　동사 (연결마디) 1개 : 동사 + (대명사)
레트, 내가 할 게요

But, Rhett, I don't know (how I dare wear it).
　　동사 (연결마디) 1개 : 동사 + (명사절)
　　동사변화 : 조동사 do(does) + 부사 not + 동사원형 know ; 일반동사 부정문
　　(명사절) how I dare wear (it)
　　　　의문사 How + 평서문
　　　　동사 (연결마디) 1개 : 동사 + (대명사)
　　　　동사변화 : 조동사 dare(감히 ~하다) + 동사원형 wear
그런데 이걸 어떻게 입죠?

You will though.
당신이 알 일이지

And another thing, those pantalettes.
그리고 속바지 말인데,

I don't know (a woman in Paris that wears pantalettes anymore).
　　동사 (연결마디) 1개 : 동사 + (명사구)
　　동사변화 : 조동사 do(does) + 부사 not + 동사원형 know ; 일반동사 부정문
　　(명사구) a woman in Paris (that wears pantalettes anymore)
　　　　　　명사구 a woman in Paris+ (형용사성분 : that-절)
　　　　　　　(that-절) that wears (pantalettes) anymore
　　　　　　　　　　　동사 (연결마디) 1개 : 동사 + (명사)
　　　　　　　　　　　동사변화 : wear 3인칭단수현재 wears
요즘 파리 여자들은 안 입어요

YouTube  해설 동영상

Oh, what do they...?
  의문사 What + 일반동사 의문문
그럼 뭘...

You shouldn't talk (about such things).
  동사 (연결마디) 1개 : 동사 + (명사성분 : 전치사구)
  동사변화 : 조동사 should(~해야 한다, ~할 것이다) + not + 동사 원형 talk ; 부정
그런 말을 해선 안 돼요

You little hypocrite.
이 위선자 같으니!

You don't mind (my knowing about them),
  동사 (연결마디) 1개 : 동사 + (명사구)
  동사변화 : 조동사 do(does) + 부사 not + 동사원형 mind ; 일반동사 부정문
속으로는 알고 싶으면서

just my talking about
내 말

But, I really can't go (on accepting gifts from you),
  수식어구[부사성분] : really
  동사 (연결마디) 1개 : 동사 + (명사성분 : 전치사구)
  동사변화 : 조동사 can(능력, 추측, 허가) + 부사 not + 동사원형 go ; 부정문
  (전치사구) on + (-ing구 : 명사적용법)
          (-ing구) accepting (gifts) (from you)
                동사 (연결마디) 2개 : 동사 + (명사) + (형용사성분 : 전치사구)
선물은 더 못 받겠어요

though you are awfully (kind).
  접속사 : though
  동사 (연결마디) 1개 : 동사 + (형용사)
  수식어구[부사성분] : awfully
친절은 고맙지만

I'm not (kind).
  동사 (연결마디) 1개 : 동사 + (형용사)
  동사변화 : be동사 am/are/is + 부사 not ; be동사 부정문
친절이 아니라

I'm just tempting (you).
  동사 (연결마디) 1개 : 동사 + (대명사)
  동사변화 : be동사 am/are/is + 현재분사 tempting ; 현재진행
  수식어구[부사성분] : just
유혹하는 거요

YouTube  해설 동영상

I never give (anything) (without expecting something in return).
　　동사 (연결마디) 2개 : 동사 + (명사) + (형용사성분 : 전치사구)
　　(전치사구) without + (-ing구 : 명사적용법)
　　　　　　(-ing구) expecting (something) (in return)
　　　　　　　　동사 (연결마디) 2개 : 동사 + (명사) + (형용사성분 : 전치사구)
난 대가 없이 뭘 주진 않소.

I always get paid.
　　동사변화 : get + 과거분사 paid ; (be동사보다 역동적) 수동태
늘 돌려 받지

If you think (I'll marry you to pay for the bonnet),
　　접속사 : if (if조건절)
　　동사 (연결마디) 1개 : 동사 + (명사절)
　　(명사절) I'll marry (you) (to pay for the bonnet)
　　　　　　동사 (연결마디) 2개 : 동사 + (대명사) + (to부정사구 : 형용사적 용법)
　　　　　　동사변화 : 조동사 will(의지, 습성, 요청) + 동사원형 marry
　　　　　　(to부정사구) to pay (for the bonnet)
　　　　　　　　동사 (연결마디) 1개 : 동사 + (형용사성분 : 전치사구)
모자 하나로 결혼 승낙을 받을 거라 생각한다면

I won't.
　　동사변화 : 조동사 will(의지, 습성, 요청) + 부사 not ; 부정문
그럴 일 없어요

Don't flatter (yourself).
　　동사 (연결마디) 1개 : 동사 + (재귀대명사)
　　동사변화 : 조동사 Do + 부사 not + 동사원형 flatter ; ~하지마라(명령문)
우쭐대긴!

I'm not (a marrying man).
난 독신주의자요

Well, I won't kiss (you) (for it) either.
　　동사 (연결마디) 2개 : 동사 + (대명사) + (형용사성분 : 전치사구)
　　동사변화 : 조동사 will(의지, 습성, 요청) + 부사 not + 동사원형 kiss ; 부정문
　　수식어구[부사성분] : either
키스도 못 해드려요

Open (your eyes)
　　동사 (연결마디) 1개 : 동사 + (명사구)
눈뜨고

and look (at me).
　　동사 (연결마디) 1개 : 동사 + (명사성분 : 전치사구)
날 봐요

No, I don't think (I will kiss you)...
　　동사 (연결마디) 1개 : 동사 + (명사절)
　　동사변화 : 조동사 do(does) + 부사 not + 동사원형 think ; 일반동사 부정문
　　(명사절) I will kiss (you)
　　　　　　동사변화 : 조동사 will(의지, 습성, 요청) + 동사원형 kiss
난 키스할 맘 없소

YouTube  해설 동영상

...although you need (kissing badly).
　접속사 : although
　동사 (연결마디) 1개 : 동사 + (-ing구 : 명사적용법)
　(-ing구) kissing (badly)
　　　　　　동사 (연결마디) 1개 : 동사 + (부사)
키스를 간절히 원하는 모양이지만,

That's (what's wrong with you).
　동사 (연결마디) 1개 : 동사 + (명사절)
　(명사절) what's (wrong) (with you)
　　　　　　동사 (연결마디) 2개 : 동사 + (형용사) + (부사성분 : 전치사구)
그래서 유감이오

You should be kissed and often.
　동사변화 : 조동사 should(~해야 한다, ~할 것이다) + be + 과거분사 kissed ; 수동태
당신은 키스를 받아야 해

And by someone (who knows how).
　(전치사구) by + 명사 someone + (형용사성분 : who-절)
　　　　　(who-절) who knows (how)
　　　　　　　　동사 (연결마디) 1개 : 동사 + (명사)
　　　　　　　　동사변화 : know 3인칭단수현재 knows
제대로 할 줄 아는 남자에게

Oh, and I suppose (you think you're the proper person).
　동사 (연결마디) 1개 : 동사 + (명사절)
　(명사절) you think (you're the proper person)
　　　　　　동사 (연결마디) 1개 : 동사 + (명사절)
　　　　　　(명사절) you're (the proper person)
　　　　　　　　동사 (연결마디) 1개 : 동사 + (명사구)
그게 당신이라고 생각하겠죠?

I might be,
　동사변화 : 조동사 might(능력, 추측, 허가) + be ; 예정
그럴 수도 있지

if the right moment ever came.
　접속사 : if (if조건절)
　동사 (연결마디) 없음 : 동사 단독
때가 되면

You're (a conceited, black-hearted varmint), Rhett Butler.
　동사 (연결마디) 1개 : 동사 + (명사구)
속이 시커먼 악당이에요

YouTube  해설 동영상

And I don't know why I let you come and see me.

I'll tell you why, Scarlett.

Because I'm the only man over 16 and under 60...

...who's around to show you a good time.

But cheer up, the war can't last much longer.

Oh really, Rhett? Why?

And I don't know (why I let you come and see me).
   동사 (연결마디) 1개 : 동사 + (why-절)
   동사변화 : 조동사 do(does) + 부사 not + 동사원형 know ; 일반동사 부정문
   (why-절) why I let (you) (come and see me)
         접속사 : why
         동사 (연결마디) 2개 : 동사 + (대명사) + (원형부정사구 : 형용사적용법)
         (원형부정사구) come and see (me)
             동사 (연결마디) 1개 : 동사 + (대명사)
왜 들어오게 했는지 몰라

I'll tell (you) (why), Scarlett.
   동사 (연결마디) 2개 : 동사 + (대명사) + (명사)
   동사변화 : 조동사 will(의지, 습성, 요청) + 동사원형 tell
내가 말해주지

Because I'm (the only man) (over 16 and under 60)...
   접속사 : because
   동사 (연결마디) 2개 : 동사 + (명사구) + (형용사성분 : 전치사구)
머리 큰 남자 중에 내가 유일하니까

...who's (around to show you a good time).
   동사 (연결마디) 1개 : 동사 + (명사성분 : 전치사구)
   (전치사구) around + (to부정사구 : 명사적용법)
        (to부정사구) to show (you) (a good time)
            동사 (연결마디) 2개 : 동사 + (대명사) + (명사구)
당신을 즐겁게 해주는 건

But cheer (up),
   접속사 : but
   동사 (연결마디) 1개 : 동사 + (부사 : 관용 동사구)
그래도 힘내시오.

the war can't last much (longer).
   동사 (연결마디) 1개 : 동사 + (형용사)
   동사변화 : 조동사 can(능력, 추측, 허가) + 부사 not + 동사원형 last ; 부정문
   수식어구[부사성분] : much
전쟁은 오래 안 갈 테니

Oh really, Rhett? Why?
정말이에요? 왜요?

YouTube  해설 동영상

There's (a battle going on right now)
  동사 (연결마디) 1개 : 동사 + (명사절)
  (명사절) a battle going (on right now)
      동사 (연결마디) 1개 : 동사 + (형용사성분 : 전치사구)
      동사변화 : go 현재분사 going ; 진행
전투가 지금 벌어지고 있소

that ought (to pretty well fix things)…
  동사 (연결마디) 1개 : 동사 + (to부정사구 : 명사적용법)
  (to부정사구) to pretty well fix (things)
          수식어구[부사성분] : pretty well
          동사 (연결마디) 1개 : 동사 + (명사)
결말을 지어야만 하는

…one way or the other.
어느 쪽으로든

Oh, Rhett. Is Ashley (in it)?
  be동사 의문문(주어, 동사 위치변경) : Ashley is… → Is Ashley…?
  동사 (연결마디) 1개 : 동사 + (형용사성분 : 전치사구)
애슐리도 거기 있나요?

You still haven't gotten (the wooden-headed Mr. Wilkes) (out of your mind).
  수식어구[부사성분] : still
  동사 (연결마디) 2개 : 동사 + (명사구) + (형용사성분 : 전치사구)
  동사변화 : have/has + 부사 not + 과거분사 gotten ; 현재완료부정
아직도 목석 윌크스를 잊지 못했군

Yes, I suppose (he's in it).
  동사 (연결마디) 1개 : 동사 + (명사절)
  (명사절) he's (in it)
          동사 (연결마디) 1개 : 동사 + (형용사성분 : 전치사구)
그래, 거기 있을 거요

Oh, but tell (me), Rhett,
  동사 (연결마디) 1개 : 동사 + (대명사)
말해줘요

where is it?
  의문사 Where + be동사 의문문
  be동사 의문문(주어, 동사 위치변경) : It is… → Is it…?
거기가 어딘데요?

YouTube  해설 동영상

Some little town in Pennsylvania (called Gettysburg).
　　명사구 Some little town in Pennsylvania + (형용사성분 : 과거분사구)
　　(과거분사구) called (Gettysburg)
　　　　　　　　동사 (연결마디) 1개 : 동사 + (고유명사)
펜실베이니아의 게티즈버그란 곳

Here you are, Miss Melanie.
　　동사 (연결마디) 없음 : 동사 단독
여기 있습니다.

They are fighting (for them)
　　동사 (연결마디) 1개 : 동사 + (명사성분 : 전치사구)
　　동사변화 : be동사 am/are/is + 현재분사 fighting ; 현재진행
서로 뺏느라고

so it just got tore (in half).
　　수식어구[부사성분] : just
　　동사 (연결마디) 1개 : 동사 + (형용사성분 : 전치사구)
　　동사변화 : got + 과거분사 tore ; (be동사보다 역동적) 과거수동태
반으로 찢어졌어요

Scarlett, you look.
　　동사 (연결마디) 없음 : 동사 단독
스칼렛이 뵈줘요.

The W's (at the end).
　　동사 (연결마디) 1개 : 동사 + (형용사성분 : 전치사구)
W는 뒤에 있을 거야

Wellman, Wendell, White, Whitner, Wilkins...
웰만... 화이트... 윌킨스,

...Williams, Woolsey, Workman.
윌리엄스...

YouTube  해설 동영상

Scarlett, you've passed (him).
　　동사 (연결마디) 1개 : 동사 + (대명사)
　　동사변화 : have/has + 과거분사 passed ; 일반동사 현재완료
스칼렛, 지나갔어요

Oh, he isn't (there)!
　　동사 (연결마디) 1개 : 동사 + (대명사)
　　동사변화 : be동사 am/are/is + 부사 not ; be동사 부정문
명단에 없어요

He isn't (there)!
　　동사 (연결마디) 1개 : 동사 + (대명사)
　　동사변화 : be동사 am/are/is + 부사 not ; be동사 부정문
명단에 없으니

Ashley's (safe).
　　동사 (연결마디) 1개 : 동사 + (형용사)
애슐리는 무사해요

He isn't (listed).
　　동사 (연결마디) 1개 : 동사 + (형용사)
　　동사변화 : be동사 am/are/is + 부사 not ; be동사 부정문
명단에 없어요

Oh, he's (safe), he's (safe).
　　동사 (연결마디) 1개 : 동사 + (형용사)
무사하군요

Oh, Scarlett, you're so (sweet) (to worry about Ashley like this for me).
　　동사 (연결마디) 2개 : 동사 + (형용사) + (to부정사구 : 부사적용법)
　　(to부정사구) to worry (about Ashley) (like this for me)
　　　　　　동사 (연결마디) 2개 : 동사 + (명사성분 : 전치사구) + (형용사성분 : 전치사구)
날 위해 그이를 걱정해 주다니 고마워요

YouTube  해설 동영상

I **must go** (to her).
   동사 (연결마디) 1개 : 동사 + (명사성분 : 전치사구)
   동사변화 : 조동사 must(의무, 강한 추측) + 동사원형 go
저기 가봐야 겠어요

Don't, my dear, not here.
여기선 울지 마시오

Let('s) (go home).
   동사 (연결마디) 2개 : 동사 + (대명사) + (원형부정사구 : 형용사적용법)
   (원형부정사구) go (home)
             동사 (연결마디) 1개 : 동사 + (명사)
집에 갑시다

Dr. Meade, not....
미드 박사님, 설마...

Yes, our boy, Darcy.
우리 아들, 달시가 전사했소

I **was making** (these mittens) (for him).
   동사 (연결마디) 2개 : 동사 + (명사구) + (형용사성분 : 전치사구)
   동사변화 : be동사과거 was/were + 현재분사 making ; 과거진행
그 애 줄 옷을 짜고 있는데

YouTube  해설 동영상

He won't need (them) now.
　동사 (연결마디) 1개 : 동사 + (대명사)
　동사변화 : 조동사 will(의지, 습성, 요청) + 부사 not + 동사원형 need ; 부정문
　수식어구[부사성분] : now
이젠 필요 없게 됐어요

Mother, I'm going (to enlist)!
　동사 (연결마디) 1개 : 동사 + (to부정사구 : 명사적용법)
　동사변화 : be동사 am/are/is + 현재분사 going ; 현재진행
　(to부정사구) to enlist
　　　　　동사 (연결마디) 없음 : 동사 단독
저도 지원해서

I'll show (them).
　동사 (연결마디) 1개 : 동사 + (대명사)
　동사변화 : 조동사 will(의지, 습성, 요청) + 동사원형 show
그들에게 본때를

I'll kill (all those Yankees).
　동사 (연결마디) 1개 : 동사 + (명사구)
　동사변화 : 조동사 will(의지, 습성, 요청) + 동사원형 kill
양키를 모두 죽이겠어요

Phil Meade, you hush (your mouth).
　동사 (연결마디) 1개 : 동사 + (명사구)
필, 그 입 닫지 않겠니

Do you think (it will help your mother to have you off getting shot too)?
　일반동사 의문문(조동사 Do/Does 사용) : You think → Do you think
　동사 (연결마디) 1개 : 동사 + (명사절)
　(명사절) it will help (your mother) (to have you off getting shot too)
　　　　　동사 (연결마디) 2개 : 동사 + (명사구) + (to부정사구 : 형용사적 용법)
　　　　　동사변화 : 조동사 will(의지, 습성, 요청) + 동사원형 help
　　　　　(to부정사구) to have (you) (off getting shot) too
　　　　　　　　　동사 (연결마디) 2개 : 동사 + (대명사) + (형용사성분 : 전치사구)
어머니는 너마저 총에 맞아 잃을 수 있다는 걸 생각해야지

I never heard (of anything) so (silly).
　동사 (연결마디) 2개 : 동사 + (명사성분 : 전치사구) + (형용사)
　수식어구[부사성분] : never, so
그런 어리석은 말은 첨 듣겠구나

It's (a black day), Scarlett.
　동사 (연결마디) 1개 : 동사 + (명사구)
우울한 날이군요.

You haven't had (bad news), have you?
　동사 (연결마디) 1개 : 동사 + (명사구)
　동사변화 : have/has + 부사 not + 과거분사 had ; 현재완료부정
　have you? : 부가의문문
나쁜 소식은 없겠죠?

YouTube  해설 동영상

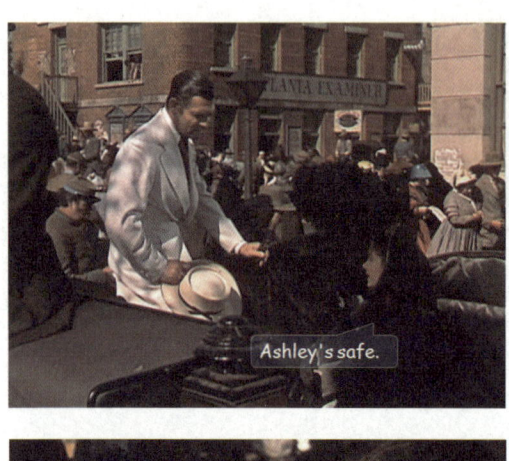
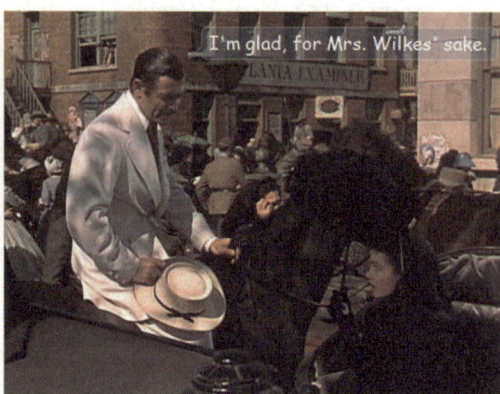

Ashley's (safe).
　　동사 (연결마디) 1개 : 동사 + (형용사)
애슐리는 무사해요

I'm (glad), (for Mrs. Wilkes' sake).
　　동사 (연결마디) 2개 : 동사 + (형용사) + (부사성분 : 전치사구)
윌크스 부인에게 다행이오

But, Rhett, there are so (many others).
　　동사 (연결마디) 1개 : 동사 + (명사구)
　　　수식어구[부사성분] : so
하지만 많이 죽었어요

Many of your friends?
당신 친구들도?

Just about every family (in the county).
거의 모든 가정에 한 명씩은요

The Tarleton boys, Rhett, both of them.
타알튼 형제도 전사했어요

Yes, look (at them).
　　동사 (연결마디) 1개 : 동사 + (명사성분 : 전치사구)
저 들을 보시오

All these poor tragic people.
저 가엾은 사람들

YouTube  해설 동영상

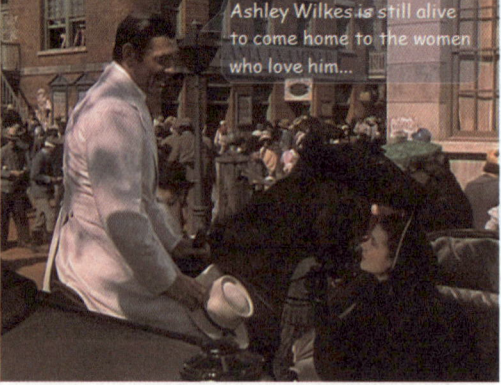

The South's sinking (to its knees).
    동사 (연결마디) 1개 : 동사 + (명사성분 : 전치사구)
    동사변화 : be동사 am/are/is + 현재분사 sinking ; 현재진행
남부는 무릎을 꿇고

It'll never rise again.
    동사변화 : 조동사 will(의지, 습성, 요청) + 동사원형 rise
    수식어구[부사성분] : never, again
다신 일어서지 못할 거요

The cause of living in the past is dying right (in front of us).
    [동사 앞 주어] The cause (of living in the past)
                명사 the cause + (형용사성분 : 전치사구)
    동사 (연결마디) 1개 : 동사 + (명사성분 : 전치사구)
    동사변화 : be동사 am/are/is + 현재분사 dying ; 현재진행
    수식어구[부사성분] : right
과거의 대의명분이 우리 앞에서 사라져 가고 있소

I never heard (you talk like that before).
    동사 (연결마디) 1개 : 동사 + (명사절)
    (명사절) you talk (like that) before
            동사 (연결마디) 1개 : 동사 + (명사성분 : 전치사구)
            수식어구[부사성분] : before
그렇게 말씀하시는 건 처음 듣네요

I'm (angry).
    동사 (연결마디) 1개 : 동사 + (형용사)
화가 나요.

Waste always makes (me) (angry).
    동사 (연결마디) 2개 : 동사 + (대명사) + (형용사)
    동사변화 : make 3인칭단수현재 makes
낭비하는 걸 보면 화가 나요

And that's (what all this is, sheer waste).
    동사 (연결마디) 1개 : 동사 + (what-절)
    (what-절) what all this is, (sheer waste)
            동사 (연결마디) 1개 : 동사 + (명사구)
이건 모두 낭비요

But don't you be (downcast).
    일반동사 부정의문문(조동사 Do + not사용) : You be → Don't you be
    동사 (연결마디) 1개 : 동사 + (형용사)
걱정 마시오,

Ashley Wilkes is still (alive) (to come home to the women who love him)...
    동사 (연결마디) 2개 : 동사 + (형용사) + (to부정사구 : 부사적용법)
    (to부정사구) to come home (to the women who love him)
            동사 (연결마디) 1개 : 동사 + (명사성분 : 전치사구)
            (전치사구) to + 명사 the women + (형용사성분 : who-절)
                  (who-절) who loves (him)
                        동사 (연결마디) 1개 : 동사 + (대명사)
윌크스 씨는 자신을 사랑하는 여인들을 위해 살아 있을 거요

YouTube  해설 동영상

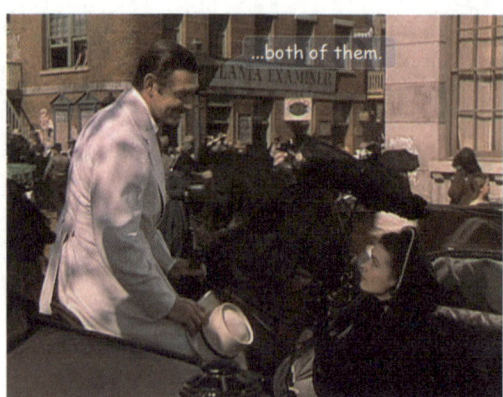

...both of them.

Oh, you're here.

Oh, you're here. You're really here at last.

Oh, my dear, I've waited so long.

Melanie, my dear, my darling wife.

...both of them.
두 여자 품으로

[애슐리가 3일간의 휴가를 얻어 애틀랜타로 오고...]

Oh, you're (here).
    동사 (연결마디) 1개 : 동사 + (부사)
오셨군요

Oh, you're (here).
    동사 (연결마디) 1개 : 동사 + (부사)
오셨어요

You're really (here) at last.
    동사 (연결마디) 1개 : 동사 + (부사)
    수식어구[부사성분] : really, at last
정말 오셨어요...

Oh, my dear, I've waited (so long).
    동사 (연결마디) 1개 : 동사 + (부사구)
    동사변화 : have/has + 과거분사 waited ; 일반동사 현재완료
얼마나 기다렸는지 몰라요

Melanie, my dear, my darling wife.
멜라니, 내 사랑 나의 아내

YouTube  해설 동영상

Oh, but we're forgetting (Scarlett).
    동사 (연결마디) 1개 : 동사 + (고유명사)
    동사변화 : be동사 am/are/is + 현재분사 forgetting ; 현재진행
스칼렛을 잊고 있었네요

Scarlett, dear.
스칼렛!

Why, is this (any way) (to greet a returning warrior)?
    be동사 의문문(주어, 동사 위치변경) : This is... → Is this...?
    동사 (연결마디) 2개 : 동사 + (명사구) + (to부정사구 : 형용사적 용법)
    (to부정사구) to greet (a returning warrior)
               동사 (연결마디) 1개 : 동사 + (명사구)
돌아온 용사에게 인사도 안 하오?

Ashley, I....
애슐리,...

Merry Christmas, Ashley.
메리 크리스마스!

Come (on), old gentleman, come (on).
    동사 (연결마디) 1개 : 동사 + (부사 : 관용 동사구)
착하지, 이리 온,

We've got (all your wives).
    동사 (연결마디) 1개 : 동사 + (명사구)
    동사변화 : have/has + 과거분사 got ; 일반동사 현재완료
네 마누라들은 다 잡았어,

YouTube  해설 동영상

We've got (all your little chicks).
 동사 (연결마디) 1개 : 동사 + (명사구)
 동사변화 : have/has + 과거분사 got ; 일반동사 현재완료
네 새끼들도 다 잡았으니

You got (nobody) (to worry your head about leaving).
 동사 (연결마디) 2개 : 동사 + (명사) + (to부정사구 : 형용사적 용법)
 동사변화 : get 과거형 got ; 과거지사
 (to부정사구) to worry (your head) (about leaving)
     동사 (연결마디) 2개 : 동사 + (명사구) + (형용사성분 : 전치사구)
너 죽어도 슬퍼할 닭은 없다

Come (on).
 동사 (연결마디) 1개 : 동사 + (부사 : 관용 동사구)
거기 서!

Now you just stand still
이제 서서!

so you can be (a Christmas gift) (for the white folks).
 접속사 : so
 동사 (연결마디) 2개 : 동사 + (명사구) + (형용사성분 : 전치사구)
 동사변화 : 조동사 can(능력, 추측, 허가) + be ; 예정
백인들을 위해 크리스마스 선물이 되어라

Now hold (on).
 동사 (연결마디) 1개 : 동사 + (부사 : 관용 동사구)
거기 서!

Hold (on)!
 동사 (연결마디) 1개 : 동사 + (부사 : 관용 동사구)
서!

YouTube  해설 동영상

Don't go **(getting so uppity)**...
 동사 (연결마디) 1개 : 동사 + (-ing구 : 명사적용법)
 동사변화 : 조동사 Do + 부사 not + 동사원형 go ; ~하지마라(명령문)
 (-ing구) getting so (uppity)
   동사 (연결마디) 1개 : 동사 + (형용사)
   수식어구[부사성분] : so
잘난 척 마라,

...**even if you are** **(the last chicken)** **(in Atlanta)**.
 접속사구 : even if (~일지라도)
 동사 (연결마디) 2개 : 동사 + (명사구) + (형용사성분 : 전치사구)
네가 애틀랜타 최후의 닭일지라도

Let('s) **(not talk about the war)**.
 동사 (연결마디) 2개 : 동사 + (대명사) + (원형부정사구 : 형용사적용법)
 (원형부정사구) not talk (about the war)
   동사 (연결마디) 1개 : 동사 + (형용사성분 : 전치사구)
우리 전쟁 얘긴 말아요

It's **(Christmas)**.
 동사 (연결마디) 1개 : 동사 + (명사)
크리스마스니까

Let('s) **(talk about Twelve Oaks, and Tara)**
 동사 (연결마디) 2개 : 동사 + (대명사) + (원형부정사구 : 형용사적용법)
 (원형부정사구) talk (about Twelve Oaks, and Tara)
   동사 (연결마디) 1개 : 동사 + (형용사성분 : 전치사구)
열두 참나무 집과 타라 얘길 해요

and all the times **(before the war)**.
전쟁이 있기 전

Can we **have** **(the wine)**, Aunt Pittypat?
 조동사 의문문(주어, 조동사 위치변경) : We can have → Can we have
 동사 (연결마디) 1개 : 동사 + (명사)
와인 있어요, 고모님?

Why did you **say** **(there wasn't enough)**, Uncle Peter?
 의문사 Why + 일반동사 과거의문문
 일반동사 과거의문문(조동사 Do/Does과거 Did 사용) : You said → Did you say
 동사 (연결마디) 1개 : 동사 + (명사절)
 (명사절) there wasn't (enough)
   동사 (연결마디) 1개 : 동사 + (형용사)
   동사변화 : be동사 was/were + 부사 not ; be동사 과거 부정문
왜 모자르다고 했지, 피터?

YouTube  해설 동영상

There's (plenty).
　동사 (연결마디) 1개 : 동사 + (형용사)
아직 많은데,

It's (the very last) (of my father's fine Madeira).
　동사 (연결마디) 2개 : 동사 + (명사구) + (형용사성분 : 전치사구)
아버님의 마지막 마데이라야

He got (it) (from his uncle, Admiral Will Hamilton of Savannah)...
　동사 (연결마디) 2개 : 동사 + (대명사) + (형용사성분 : 전치사구)
　동사변화 : get 과거형 got ; 과거지사
아버님이 서배너의 윌 해밀턴제독한테 받은

...who married (his cousin, Jessica Carroll of Carrollton)...
　동사 (연결마디) 1개 : 동사 + (명사구)
　동사변화 : marry 과거형 married ; 과거지사
윌 제독은 사촌인 제시카 캐롤과 결혼했지

...who was (his second cousin) (once removed)
　동사 (연결마디) 2개 : 동사 + (명사구) + (과거분사구 : 형용사적 용법)
　동사변화 : be동사 am/is 과거형 was ; 과거지사
　(과거분사구) once removed
　　　　　동사 (연결마디) 없음 : 동사 단독
제시카는 한 때 사라졌던 둘째 사촌이고

and a kin (to the Wilkeses) too.
역시 윌크스에게 친척이지

I saved (it) (to wish Ashley a Merry Christmas).
　동사 (연결마디) 2개 : 동사 + (대명사) + (to부정사구 : 형용사적 용법)
　동사변화 : save 과거형 saved ; 과거지사
　(to부정사구) to wish (Ashley) (a Merry Christmas)
　　　　　동사 (연결마디) 2개 : 동사 + (고유명사) + (명사구)
내가 애슐리 위해 남겨뒀어

But you mustn't drink (it) all at once
　접속사 : but
　동사 (연결마디) 1개 : 동사 + (대명사)
　동사변화 : 조동사 must(의무, 강한 추측) + not + 동사원형 drink ; 부정
　수식어구[부사성분] : all, at once
한꺼번에 마시면 안 돼.

because it is (the last).
　접속사 : because
　동사 (연결마디) 1개 : 동사 + (명사)
이 것 뿐이니까

YouTube  해설 동영상

I meant (it), my dear.
　동사 (연결마디) 1개 : 동사 + (대명사)
　동사변화 : mean 과거형 meant ; 과거지사
정말

It was (a lovely Christmas gift).
　동사 (연결마디) 1개 : 동사 + (명사구)
　동사변화 : be동사 am/is 과거형 was ; 과거지사
멋진 크리스마스 선물이오

Only generals have (tunics) (like this), nowadays.
　동사 (연결마디) 2개 : 동사 + (명사) + (형용사성분 : 전치사구)
　수식어구[부사성분] : nowadays
요즘엔 장군들만 이런 튜닉을 입지

I'm so (happy) (you like it), dear.
　동사 (연결마디) 2개 : 동사 + (형용사) + (부사절)
　(부사절) you like (it)
　　　　동사 (연결마디) 1개 : 동사 + (대명사)
맘에 드신다니 기뻐요

Where did you get (the cloth)?
　의문사 Where + 일반동사 과거의문문
　일반동사 과거의문문(조동사 Do/Does과거 Did 사용) : You got → Did you get
　동사 (연결마디) 1개 : 동사 + (명사)
옷감은 어디서 구했소?

It was sent (to me) (by a Charleston lady).
　동사 (연결마디) 2개 : 동사 + (명사성분 : 전치사구) + (형용사성분 : 전치사구)
　동사변화 : be동사과거 was/were + 과거분사 sent ; 과거수동태
찰스턴의 어떤 부인이 줬어요

I nursed (her son)
　동사 (연결마디) 1개 : 동사 + (명사구)
　동사변화 : nurse 과거형 nursed ; 과거지사
그 부인의 아들을 간호했거든요

while he was (in the hospital), Ashley,
　접속사 : while
　동사 (연결마디) 1개 : 동사 + (형용사성분 : 전치사구)
　동사변화 : be동사 am/is 과거형 was ; 과거지사
병원에서

before he died and....
　접속사 :
　동사 (연결마디) 없음 : 동사 단독
　동사변화 : die 과거형 died ; 과거지사
죽었지만...

YouTube  해설 동영상

Oh, you will take (good care) (of it), won't you?
  동사 (연결마디) 2개 : 동사 + (명사구) + (형용사성분 : 전치사구)
  동사변화 : 조동사 will(의지, 습성, 요청) + 동사원형 take
   won't you? : 부가의문문
잘 간수해야 해요

You won't let (it) (get torn).
  동사 (연결마디) 2개 : 동사 + (대명사) + (원형부정사구 : 형용사적용법)
  동사변화 : 조동사 will(의지, 습성, 요청) + 부사 not + 동사원형 let ; 부정문
  (원형부정사구) get torn
            동사 (연결마디) 없음 : 동사 단독
            동사변화 : get + 과거분사 torn ; (be동사보다 역동적) 수동태
찢어지지 않게 한다고

Promise (me).
  동사 (연결마디) 1개 : 동사 + (대명사)
약속해줘요

You mustn't worry.
  동사 (연결마디) 없음 : 동사 단독
  동사변화 : 조동사 must(의무, 강한 추측) + not + 동사원형 worry ; 부정
걱정말아요

I'll bring (it) (back to you) without any holes in it,
  동사 (연결마디) 2개 : 동사 + (대명사) + (형용사구)
  동사변화 : 조동사 will(의지, 습성, 요청) + 동사원형 bring
  수식어구[부사성분] : without any holes in it
구멍 하나 내지 않으리다.

I promise.
약속하오

Good night, my dear.
잘 자요

YouTube  해설 동영상

Good night, Scarlett, darling.
잘 자요, 스칼렛

Is it (time) yet, Uncle Peter, (for Mr. Ashley to leave)?
   be동사 의문문(주어, 동사 위치변경) : It is... → Is it...?
   동사 (연결마디) 2개 : 동사 + (명사) + (형용사성분 : 전치사구)
   수식어구[부사성분] : yet
   (전치사구) for + 고유명사 Mr. Ashley + (to부정사구 : 형용사적 용법)
           (to부정사구) to leave
                동사 (연결마디) 없음 : 동사 단독
애슐리씨 떠날 때 안 됐어?

Pretty quick now, Miss Scarlett.
곧 나오실 겁니다

She isn't going (to the depot with him)?
   동사 (연결마디) 1개 : 동사 + (명사성분 : 전치사구)
   동사변화 : am/are/is + 부사 not + 현재분사 going ; 현재진행부정
멜라니는 역에 가려나?

She hasn't changed (her mind)?
   동사 (연결마디) 1개 : 동사 + (명사구)
   동사변화 : have/has + 부사 not + 과거분사 changed ; 현재완료부정
여전히 배웅하겠대?

No, ma'am. She's laying (down).
   동사 (연결마디) 1개 : 동사 + (부사 : 관용 동사구)
   동사변화 : be동사 am/are/is + 현재분사 laying ; 현재진행
아씨는 몸져 누우셔서

YouTube  해설 동영상

She's so (upset) (Mister Wilkes told her she can't even come downstairs).
   동사 (연결마디) 2개 : 동사 + (형용사) + (부사절)
   수식어구[부사성분] : so
   (부사절) Mister Wilkes told (her) (she can't even come downstairs)
       동사 (연결마디) 2개 : 동사 + (대명사) + (명사절)
       동사변화 : tell 과거형 told ; 과거지사
       (명사절) she can't even come (downstairs)
            동사 (연결마디) 1개 : 동사 + (명사)
            동사변화 : 조동사 can(능력, 추측, 허가) + 부사 not + 동사원형 come ; 부정문
아래층에도 내려오지 말라 하셔서 속상해 해요

Ashley!
애슐리!

Ashley, let (me) (go to the depot with you).
   동사 (연결마디) 2개 : 동사 + (대명사) + (원형부정사구 : 형용사적용법)
   (원형부정사구) go (to the depot) (with you)
       동사 (연결마디) 2개 : 동사 + (명사성분 : 전치사구) + (형용사성분 : 전치사구)
제가 역까지 배웅할게요

Oh, Scarlett, I'd rather remember (you) (as you are now)...
   동사 (연결마디) 2개 : 동사 + (대명사) + (형용사성분 : 전치사구)
   동사변화 : 조동사구 would rather(차라리 ~하고 싶다) + 동사원형 remember
   (전치사구) as + (명사절)
       (명사절) you are (now)
            동사 (연결마디) 1개 : 동사 + (부사)
지금 모습을 기억하고 싶소

...not shivering (at the depot).
   동사 (연결마디) 1개 : 동사 + (형용사성분 : 전치사구)
   동사변화 : 부사 not + 현재분사 shivering ; 현재진행부정
역에서 떠는 것보다

All right.
알겠어요

YouTube  해설 동영상

Oh, Ashley, I've got (a present) (for you), too.
　　동사 (연결마디) 2개 : 동사 + (명사) + (형용사성분 : 전치사구)
　　동사변화 : have/has + 과거분사 got ; 일반동사 현재완료
저도 선물을 마련했어요

Why, Scarlett, it's (beautiful).
　　동사 (연결마디) 1개 : 동사 + (형용사)
스칼렛, 참 아름답군요

Tie (it) (on me), my dear.
　　동사 (연결마디) 2개 : 동사 + (대명사) + (형용사성분 : 전치사구)
둘러줘요

While Melly was making (your new tunic),
　　접속사 : while
　　동사 (연결마디) 1개 : 동사 + (명사구)
　　동사변화 : be동사과거 was/were + 현재분사 making ; 과거진행
멜라니가 옷을 짓는 동안

I made (this) (to go with it).
　　동사 (연결마디) 2개 : 동사 + (대명사) + (to부정사구 : 형용사적 용법)
　　동사변화 : make 과거형 made ; 과거지사
　(to부정사구) to go (with it)
　　　　　　동사 (연결마디) 1개 : 동사 + (형용사성분 : 전시사구)
같이 입도록 난 이걸 만들었어요

You made (it) (yourself)?
　　동사 (연결마디) 2개 : 동사 + (대명사) + (재귀대명사)
　　동사변화 : make 과거형 made ; 과거지사
직접 만들었다 구요

Well, then I shall value (it) (all the more).
　　수식어구[부사성분] : then
　　동사 (연결마디) 2개 : 동사 + (대명사) + (형용사구)
　　동사변화 : 조동사 shall(단순미래, 의지 등) + 동사원형 value
그럼 더 소중히 여겨야겠군

YouTube  해설 동영상

You know (there's nothing I wouldn't do for you).
　동사 (연결마디) 1개 : 동사 + (명사절)
　(명사절) there's (nothing) (I wouldn't do for you)
　　　　동사 (연결마디) 2개 : 동사 + (명사) + (형용사절)
　　　　(형용사절) I wouldn't do (for you)
　　　　　　　동사 (연결마디) 1개 : 동사 + (형용사성분 : 전치사구)
　　　　　　　동사변화 : 조동사 would(과거시점미래, 습관, 의지) + not + 동사원형 do ; 부정
당신을 위해서라면 뭐든 하겠어요

There's (something) (you can do for me).
　동사 (연결마디) 2개 : 동사 + (명사) + (형용사절)
　(형용사절) you can do (for me)
　　　　동사 (연결마디) 1개 : 동사 + (명사성분 : 전치사구)
　　　　동사변화 : 조동사 can(능력, 추측, 허가) + 동사원형 do
날 위해 할 수 있는 일이 있소

What is it?
　의문사 What + be동사 의문문
　be동사 의문문(주어, 동사 위치변경) : It is... → Is it...?
뭔데요?

Will you look (after) (Melanie) for me?
　조동사 의문문(주어, 조동사 위치변경) : you will look → Will you look
　동사 (연결마디) 2개 : 동사 + (부사 : 관용 동사구) + (고유명사)
　수식어구[부사성분] : for me
나 대신 멜라니를 돌봐주겠소?

She's so (frail and gentle)
　동사 (연결마디) 1개 : 동사 + (형용사구)
무척 연약한 사람이오

and she loves (you) so (much).
　동사 (연결마디) 2개 : 동사 + (대명사) + (형용사)
　동사변화 : love 3인칭단수현재 loves
그리고 당신을 많이 사랑하더군

You see, if I were killed and she—
　접속사 : if (if조건절)
　동사 (연결마디) 없음 : 동사 단독
　동사변화 : be동사과거 was/were + 과거분사 killed ; 과거수동태
　was → were : 가정법
만일 내가 전사한다면…

YouTube  해설 동영상

Oh, you mustn't say (that).
    동사 (연결마디) 1개 : 동사 + (대명사)
    동사변화 : 조동사 must(의무, 강한 추측) + not + 동사원형 say ; 부정
그런 말하면 안되요

It's (bad luck).
    동사 (연결마디) 1개 : 동사 + (명사구)
불행해져요

Say (a prayer) quickly.
    동사 (연결마디) 1개 : 동사 + (명사)
    수식어구[부사성분] : quickly
어서 기도 드리세요

You say (one) (for me).
    동사 (연결마디) 2개 : 동사 + (명사) + (형용사성분 : 전치사구)
당신이 해줘요

We shall need (all our prayers) now (the end is coming).
    동사 (연결마디) 2개 : 동사 + (명사구) + (형용사절)
    동사변화 : 조동사 shall(단순미래, 의지 등) + 동사원형 need
    (형용사절) the end is coming
            동사변화 : be동사 am/are/is + 현재분사 coming ; 현재진행
종말이 오니 모두 기도해야 하오

The end?
종말이요?

The end (of the war).
전쟁의 종말

And the end (of our world), Scarlett.
다음은 세상의 종말이지

YouTube  해설 동영상

But, Ashley, you don't think (the Yankees are beating us)?
　동사 (연결마디) 1개 : 동사 + (명사절)
　동사변화 : 조동사 do(does) + 부사 not + 동사원형 think ; 일반동사 부정문
　(명사절) the Yankees are beating (us)
　　　　동사 (연결마디) 1개 : 동사 + (대명사)
　　　　동사변화 : be동사 am/are/is + 현재분사 beating ; 현재진행
우리가 양키한테 질 거라고 생각하진 않죠?

Oh, Scarlett, my men are bare (footed) now...
　동사 (연결마디) 1개 : 동사 + (형용사)
　동사변화 : be동사 am/are/is + 과거분사 bare ; 수동태
　수식어구[부사성분] : now
부하 중엔 맨발인 사람도 있는데

...and the snow in Virginia is (deep).
　동사 (연결마디) 1개 : 동사 + (형용사)
버지니아엔 눈이 잔뜩 쌓였소

When I see (them)...
　의문사 When + 평서문
　동사 (연결마디) 1개 : 동사 + (대명사)
그들을 보고

...and I see (the Yankees coming and coming, always more and more)....
　동사 (연결마디) 1개 : 동사 + (명사절)
　(명사절) the Yankees coming and coming, always (more and more)
　　　　동사 (연결마디) 1개 : 동사 + (형용사구)
양키군이 점점 늘어나는 걸 보면...

Well, when the end does come
　의문사 When + 평서문
　동사변화 : 조동사 do/does/did + 일반동사 come ; 강조
종말이 왔을 땐

I shall be (far away).
　동사 (연결마디) 1개 : 동사 + (부사구)
　동사변화 : 조동사 shall(단순미래, 의지 등) + be ; 예정
난 멀리 있을 거요

YouTube  해설 동영상

It'll be (a comfort) to me (to know that she has you).
    동사 (연결마디) 2개 : 동사 + (명사) + (to부정사구 : 형용사적 용법)
    동사변화 : 조동사 will(의지, 습성, 요청) + be ; 예정
    수식어구[부사성분] : to me
    (to부정사구) to know (that she has you)
            동사 (연결마디) 1개 : 동사 + (that-절)
            (that-절) that she has (you)
                  접속사 : that
                  동사 (연결마디) 1개 : 동사 + (대명사)
                  동사변화 : have 3인칭단수현재 has
멜라니에게 당신이 있어서 위안이 되오,

You will promise, won't you?
    동사변화 : 조동사 will(의지, 습성, 요청) + 동사원형 promise
    won't you? : 부가의문문
약속해 주겠소?

Yes.
그럼요

Is that (all), Ashley?
    be동사 의문문(주어, 동사 위치변경) : That is... → Is that...?
    동사 (연결마디) 1개 : 동사 + (명사)
그게 전부인가요?

All except, goodbye.
작별인사 외엔

Oh, Ashley, I can't let (you) (go).
    동사 (연결마디) 2개 : 동사 + (대명사) + (원형부정사구 : 형용사적용법)
    동사변화 : 조동사 can(능력, 추측, 허가) + 부사 not + 동사원형 let ; 부정문
    (원형부정사구) go
            동사 (연결마디) 없음 : 동사 단독
당신을 보낼 수가 없어요

YouTube  해설 동영상

You must be (brave) -No....
   동사 (연결마디) 1개 : 동사 + (형용사)
   동사변화 : 조동사 must(의무, 강한 추측) + be ; 예정
용기를 내요. -싫어요

You must.
당신은

How else can I bear (going)?
   의문사구 How else + 조동사 의문문
   조동사 의문문(주어, 조동사 위치변경) : I can bear → Can I bear
   동사 (연결마디) 1개 : 동사 + (동명사)
내가 갈 수 있도록...

Oh, Scarlett, you are so (fine and strong and beautiful).
   동사 (연결마디) 1개 : 동사 + (형용사구)
   수식어구[부사성분] : so
당신은 아름답고 강한 여자요

Not just your sweet face, my dear...
얼굴만 아름다울 뿐 아니라...

...but you.
당신은

YouTube  해설 동영상

Oh, Ashley, kiss (me).
    동사 (연결마디) 1개 : 동사 + (대명사)
애슐리, 키스해줘요

Kiss (me) (goodbye)!
    동사 (연결마디) 2개 : 동사 + (대명사) + (명사)
작별키스요

No, Scarlett.
이러면 안 돼요

Oh, Ashley, I love (you).
    동사 (연결마디) 1개 : 동사 + (대명사)
애슐리, 사랑해요

I've always loved (you).
    동사 (연결마디) 1개 : 동사 + (대명사)
    동사변화 : have/has + 과거분사 loved ; 일반동사 현재완료
언제나 당신을 사랑했어요

I never loved (anyone else).
    동사 (연결마디) 1개 : 동사 + (명사구)
    동사변화 : love 과거형 loved ; 과거지사
    수식어구[부사성문] : never
당신뿐 이었어요

I only married (Charles) just (to hurt you).
    동사 (연결마디) 2개 : 동사 + (고유명사) + (to부정사구 : 형용사적 용법)
    동사변화 : marry 과거형 married ; 과거지사
    (to부정사구) to hurt (you)
               동사 (연결마디) 1개 : 동사 + (대명사)
    수식어구[부사성문] : only, just
찰스와 결혼한 것도 당신을 아프게 하기 위해서 였어요

YouTube  해설 동영상

Oh, Ashley. Tell (me) (you love me).
　　동사 (연결마디) 2개 : 동사 + (대명사) + (명사절)
　(명사절) you love (me)
　　　　　동사 (연결마디) 1개 : 동사 + (대명사)
사랑한다고 말해줘요

I'll live (on it) (the rest of my life).
　　동사 (연결마디) 2개 : 동사 + (명사성분 : 전치사구) + (명사구)
　　동사변화 : 조동사 will(의지, 습성, 요청) + 동사원형 live
평생 그 말에 의지하며 살도록…

Goodbye.
잘 있어요

When the war is (over), Ashley.
　　의문사 When + 평서문
　　동사 (연결마디) 1개 : 동사 + (형용사)
전쟁이 끝나기만 하면…

When the war is (over).
　　의문사 When + 평서문
　　동사 (연결마디) 1개 : 동사 + (형용사)
전쟁만 끝나면…

애틀랜타인의 기도에도 불구하고 양키는 승승장구했다
지혜는 뛰어났지만 열정이 부족했던 사람들…
그 가운데 부상병과 피난민들이 불운의 땅 조지아로 밀려들었다

YouTube  해설 동영상

And there's (a place) (back home)...
  동사 (연결마디) 2개 : 동사 + (명사) + (명사구)
고향에는

...where a wild plum tree comes (to flower) (in the springtime).
  의문사 Where + 평서문
  동사 (연결마디) 2개 : 동사 + (명사성분 : 전치사구) + (형용사성분 : 전치사구)
  동사변화 : come 3인칭단수현재 comes
봄이면 자두나무에 꽃이 폈어요

Down (by the creek), you know.
  동사 (연결마디) 1개 : 동사 + (형용사성분 : 전치사구)
강가에서요

Yes, I know, I know.
네, 알고 있어요

When we were (little),
  의문사 When + 평서문
  동사 (연결마디) 1개 : 동사 + (형용사)
  동사변화 : be동사 are 과거형 were ; 과거지사
어릴 때

my brother, Jeff, and I used to....
  동사변화 : 조동사 used to(~하곤 했었다) + 동사원형
제프와 난...

I told (you) (about my brother, Jeff), didn't I, ma'am?
  동사 (연결마디) 2개 : 동사 + (명사) + (명사성분 : 전치사구)
  동사변화 : tell 과거형 told ; 과거지사
  didn't I : 부가의문문
제가 동생 제프 얘기를 했던가요?

YouTube  해설 동영상

I know (I did).
 동사 (연결마디) 1개 : 동사 + (명사절)
 (명사절) I did
했었군요

He....
그는

We don't know (where Jeff is now), ma'am.
 동사 (연결마디) 1개 : 동사 + (where-절)
 동사변화 : 조동사 do(does) + 부사 not + 동사원형 know ; 일반동사 부정문
 (where-절) where Jeff is (now)
  접속사 : where
  동사 (연결마디) 1개 : 동사 + (부사)
지금은 어디 있는지도 몰라요

Since Bull Run we haven't heard (anything) and....
 수식어구[부사성분] : since Bull Run
 동사 (연결마디) 1개 : 동사 + (명사)
 동사변화 : have/has + 부사 not + 과거분사 heard ; 현재완료부정
불런 전투 이후 소식을 못 들었어요 ...

Please, we must have (your temperature) now.
 동사 (연결마디) 1개 : 동사 + (명사구)
 동사변화 : 조동사 must(의무, 강한 추측) + 동사원형 have
 수식어구[부사성분] : now
체온을 재야 하니까

Just take (this) (in your mouth)
 동사 (연결마디) 2개 : 동사 + (대명사) + (형용사성분 : 전치사구)
 수식어구[부사성분] : just
잠시만 입에 물고

and not talk (anymore).
 동사 (연결마디) 1개 : 동사 + (부사)
말하지 마세요

YouTube  해설 동영상

Not just now.
지금은 아냐

Melanie, I'm so (tired)
   동사 (연결마디) 1개 : 동사 + (형용사)
   수식어구[부사성분] : so
난 너무 피곤해서

I've (going to go home).
   동사 (연결마디) 1개 : 동사 + (-ing구 : 명사적용법)
   (-ing구) going (to go home)
         동사 (연결마디) 1개 : 동사 + (to부정사구 : 명사적용법)
         (to부정사구) to go (home)
               동사 (연결마디) 1개 : 동사 + (명사)
집에 가야겠어요

Aren't you (tired), Melanie?
   be동사 부정의문문(주어, 동사 위치변경) : you aren't → aren't you...?
   동사 (연결마디) 1개 : 동사 + (형용사)
멜라니는 괜찮아요?

No, I'm not (tired), Scarlett.
   동사 (연결마디) 1개 : 동사 + (형용사)
   동사변화 : be동사 am/are/is + 부사 not ; be동사 부정문
난 괜찮아요

This might be...
   동사변화 : 조동사 might(능력, 추측, 허가) + be ; 예정
이분이

...Ashley.
애슐리 일 수도 있어요

YouTube  해설 동영상

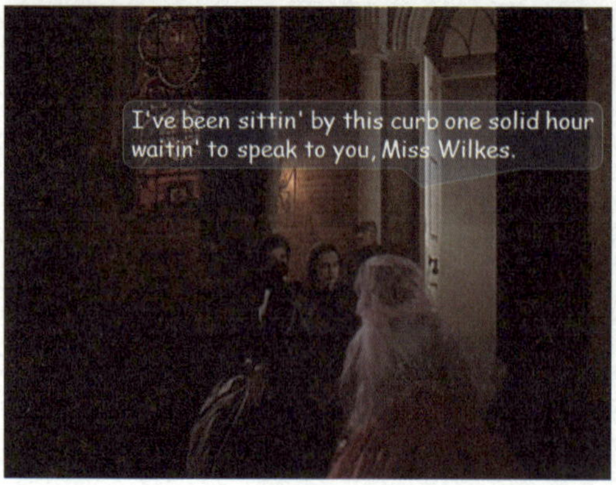

And only strangers here (to comfort him).
　접속사 : and
　명사구 only strangers + (to부정사구 : 형용사적 용법)
　수식어구[부사성분] : here
　(to부정사구) to comfort (him)
　　　　　　동사 (연결마디) 1개 : 동사 + (대명사)
낯선 사람들 뿐인 곳에서…

No, I'm not (tired), Scarlett.
　동사 (연결마디) 1개 : 동사 + (형용사)
　동사변화 : be동사 am/are/is + 부사 not ; be동사 부정문
난 피곤하지 않아요

They could all be…
　동사변화 : 조동사 could(능력, 추측, 허가) + be ; 예정
　수식어구[부사성분] : all
그들 모두가

…Ashley.
애슐리 같은 걸요

I've been sitting (by this curb) one solid hour (waiting to speak to you), Miss Wilkes.
　동사 (연결마디) 2개 : 동사 + (형용사성분 : 전치사구) + (-ing구 : 부사적용법)
　동사변화 : have(has) + been + 현재분사 sitting ; (be동사 현재완료) 진행
　수식어구[부사성분] : one solid hour
　(-ing구) waiting (to speak to you)
　　　　　　동사 (연결마디) 1개 : 동사 + (to부정사구 : 형용사적 용법)
　　　　　(to부정사구) to speak (to you)
　　　　　　　　　　동사 (연결마디) 1개 : 동사 + (명사성분 : 전치사구)
윌크스 부인과 얘기하려고 한 시간이나 기다렸어요

Go (on), you trash,
　동사 (연결마디) 1개 : 동사 + (부사 : 관용 동사구)
저리 꺼져!

don't you be pestering (these ladies).
　일반동사 부정의문문(조동사 Do + not사용) : You don't be pestering → Don't you be pestering
　동사 (연결마디) 1개 : 동사 + (명사구)
숙녀분 들에게 무슨 짓이야?

YouTube  해설 동영상

Don't talk (to her), Melly.
　　동사 (연결마디) 1개 : 동사 + (명사성분 : 전치사구)
　　동사변화 : 조동사 Do + 부사 not + 동사원형 talk ; ~하지마라(명령문)
대꾸하지 마요, 멜라니

It's (all right), Scarlett.
　　동사 (연결마디) 1개 : 동사 + (형용사구)
괜찮아요, 스칼렛

Who are you?
　　의문사 Who + be동사 의문문
　　be동사 의문문(주어, 동사 위치변경) : You are... → Are you...?
누구시죠?

My name's (Belle Watling).
　　동사 (연결마디) 1개 : 동사 + (고유명사)
벨 와틀링이에요

But that don't matter.
　　동사 (연결마디) 없음 : 동사 단독
　　동사변화 : 조동사 do(does) + 부사 not + 동사원형 matter ; 일반동사 부정문
그게 중요한 건 아니구요

I expect (you think I've got no business here).
　　동사 (연결마디) 1개 : 동사 + (명사절)
　　(명사절) you think (I've got no business here)
　　　　동사 (연결마디) 1개 : 동사 + (명사절)
　　　　(명사절) I've got (no business) here
　　　　　　동사 (연결마디) 1개 : 동사 + (명사구)
　　　　　　동사변화 : have/has + 과거분사 got ; 일반동사 현재완료
내가 온 게 이상하겠죠?

Hadn't you best tell (me) (what you want to see me about)?
　　조동사과거 부정의문문(have동사 위치변경) : You had not tell... → Hadn't you tell...?
　　동사 (연결마디) 2개 : 동사 + (대명사) + (what-절)
　　(what-절) what you want (to see me about)
　　　　동사 (연결마디) 1개 : 동사 + (to부정사구 : 명사적용법)
　　　　(to부정사구) to see (me) (about)
　　　　　　동사 (연결마디) 2개 : 동사 + (대명사) + (형용사성분 : 전치사구)
무슨 일로 저 한테 오셨나요?

First time I come (here),
　　수식어구[부사성분] : Frist time
　　동사 (연결마디) 1개 : 동사 + (부사)
처음 여기 왔을 땐

I say, "(Belle, you're a nurse)."
　　동사 (연결마디) 1개 : 동사 + (명사절)
　　(명사절) Belle, you're (a nurse)
　　　　동사 (연결마디) 1개 : 동사 + (명사)
간호해주려 했는데

YouTube  해설 동영상

But the ladies didn't want (my kind) (of nursing).
   동사 (연결마디) 2개 : 동사 + (명사구) + (형용사성분 : 전치사구)
   동사변화 : 조동사과거 did + 부사 not + 동사원형 want ; 과거부정
부인들이 허락을 안 하더군요

Well, they were (more than likely right).
   동사 (연결마디) 1개 : 동사 + (형용사구)
   동사변화 : be동사 are 과거형 were ; 과거지사
물론 이해합니다

Then I tried (giving them money).
   동사 (연결마디) 1개 : 동사 + (-ing구 : 명사적용법)
   동사변화 : try 과거형 tried ; 과거지사
   (-ing구) giving (them) (money)
        동사 (연결마디) 2개 : 동사 + (대명사) + (명사)
그래서 돈을 주려는데

My money wasn't (good enough) (for them), either.
   동사 (연결마디) 2개 : 동사 + (형용사구) + (부사성분 : 전치사구)
   동사변화 : be동사 was/were + 부사 not ; be동사 과거 부정문
   수식어구[부사성분] : either
그것도 안 받더군요,

Old pea-hens!
망할 할망구들!

I know (a gentleman) (who says you're a human being).
   동사 (연결마디) 2개 : 동사 + (명사) + (형용사성분 : who-절)
   (who-절) who says (you're a human being)
        동사 (연결마디) 1개 : 동사 + (명사절)
        동사변화 : say 3인칭단수현재 says
   (명사절) you're (a human being)
        동사 (연결마디) 1개 : 동사 + (명사구)
그런데 어떤 신사가 당신은 인간적 이랬어요

YouTube  해설 동영상

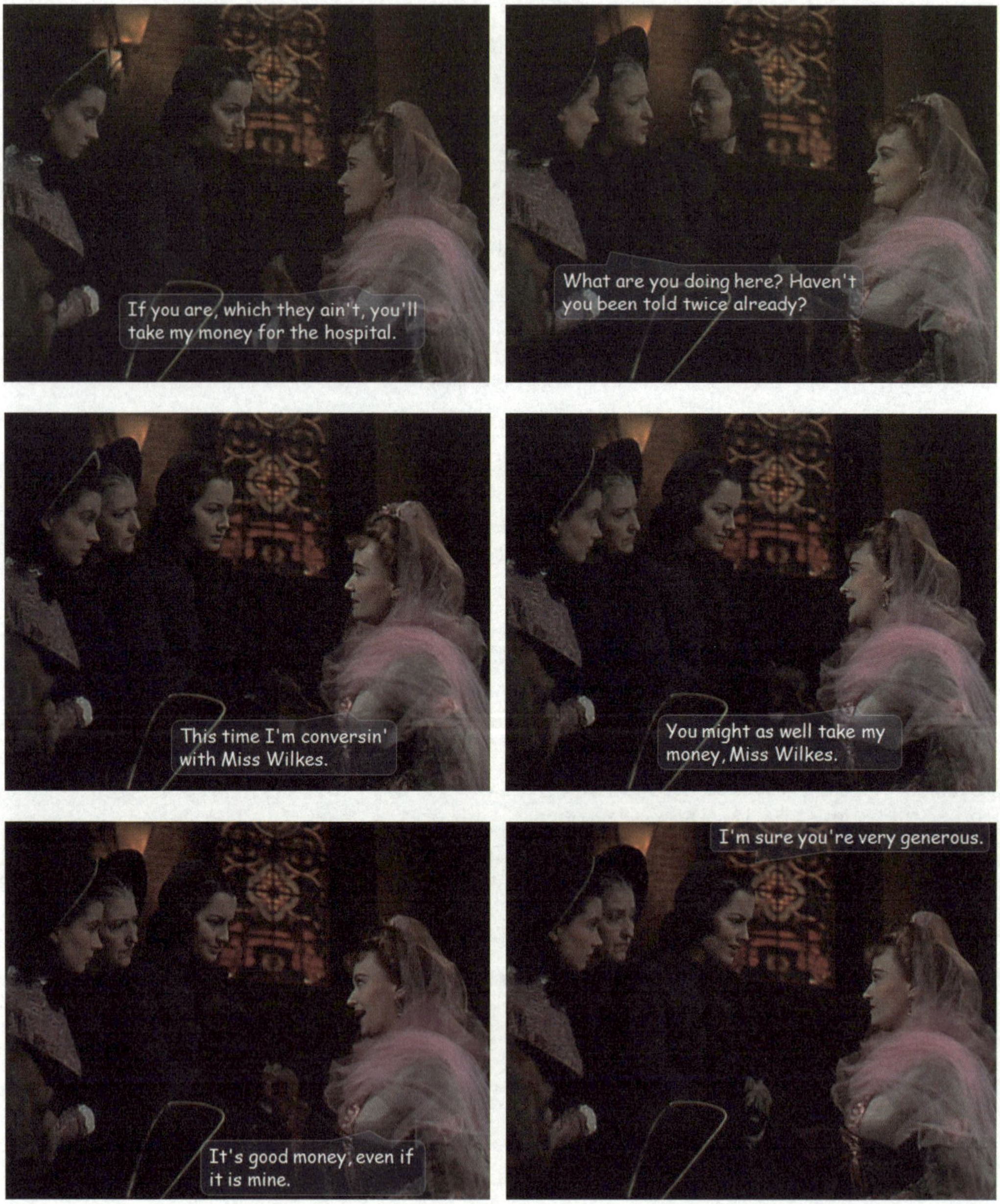

If you are, (which they ain't),
- 접속사 : if (if조건절)
- 동사 (연결마디) 1개 : 동사 + (which-절)
- (which-절) which they ain't
  - 동사변화 : be동사 am/are/is + 부사 not ; be동사 부정문

당신이 그들과 다르다면

you'll take (my money) (for the hospital).
- 동사 (연결마디) 2개 : 동사 + (명사구) + (형용사성분 : 전치사구)
- 동사변화 : 조동사 will(의지, 습성, 요청) + 동사원형 take

이 돈을 병원을 위해 써주세요

What are you doing (here)?
- 의문사 What + be동사 의문문
- be동사 의문문(주어, 동사 위치변경) : You are doing ... → Are you doing...?
- 동사 (연결마디) 1개 : 동사 + (부사)

여기서 뭐 하는 거요?

Haven't you been told (twice) already?
- 현재완료 부정의문문(have동사 위치변경) : You haven't been told... → Haven't you been told...?
- 동사 (연결마디) 1개 : 동사 + (형용사)
- 수식어구[부사성분] : already

이미 여러 번 얘기 했잖아요?

This time I'm conversing (with Miss Wilkes).
- 수식어구[부사성분] : this time
- 동사 (연결마디) 1개 : 동사 + (명사성분 : 전치사구)
- 동사변화 : be동사 am/are/is + 현재분사 conversing ; 현재진행

윌크스 부인과 얘기 중 이에요

You might as well take (my money), Miss Wilkes.
- 동사 (연결마디) 1개 : 동사 + (명사구)
- 동사변화 : 조동사 might(능력, 추측, 허가) + 동사원형 take
- 수식어구[부사성분] : as well

돈을 받아줘요

It's (good money),
- 동사 (연결마디) 1개 : 동사 + (명사구)

깨끗한 돈이에요

even if it is (mine).
- 접속사구 : even if (~일지라도)
- 동사 (연결마디) 1개 : 동사 + (대명사)

내 돈이지만

I'm (sure) (you're very generous).
- 동사 (연결마디) 2개 : 동사 + (부사) + (부사절)
- (부사절) you're very (generous)
  - 동사 (연결마디) 1개 : 동사 + (형용사)

정말 관대 하시군요

YouTube  해설 동영상

No, I'm not.
　동사변화 : be동사 am/are/is + 부사 not ; be동사 부정문
아뇨,

I'm (a Confederate) (like everybody else),
　동사 (연결마디) 2개 : 동사 + (명사) + (형용사구)
여러분과 같은 남부인이죠

that's (all).
　동사 (연결마디) 1개 : 동사 + (형용사)
그게 다에요

Of course you are.
물론이에요

There's (some folks here wouldn't feel that way).
　동사 (연결마디) 1개 : 동사 + (명사절)
　(명사절) some folks here wouldn't feel (that way)
　　　동사 (연결마디) 1개 : 동사 + (명사구)
　　　동사변화 : 조동사 would(과거시점미래, 습관, 의지) + not + 동사원형 feel ; 부정
그렇게 생각 안 하는 사람도 있어요

But maybe they ain't (as good Christians) (as you).
　수식어구[부사성분] : maybe
　동사 (연결마디) 2개 : 동사 + (형용사성분 : 전치사구) + (부사성분 : 전치사구)
　동사변화 : be동사 am/are/is + 부사 not ; be동사 부정문
모두가 당신처럼 착한 기독교인은 아니죠

Look, Mrs. Meade.
보세요,

It's (a great deal of money).
　동사 (연결마디) 1개 : 동사 + (명사구)
큰돈이에요

Ten, $20, $30, $50.
10, 20... 50달러씩이나!

YouTube  해설 동영상

And it's not (our paper money).
　　동사 (연결마디) 1개 : 동사 + (명사구)
　　동사변화 : be동사 am/are/is + 부사 not ; be동사 부정문
지폐도 아니고

It's (gold).
　　동사 (연결마디) 1개 : 동사 + (명사)
금화예요

Let (me) (see that handkerchief).
　　동사 (연결마디) 2개 : 동사 + (대명사) + (원형부정사구 : 형용사적용법)
　　(원형부정사구) see (that handkerchief)
　　　　　　　동사 (연결마디) 1개 : 동사 + (명사구)
손수건 좀 봐요

"R. B."
R.B.

And she's driving (away) (in Rhett Butler's carriage)!
　　동사 (연결마디) 2개 : 동사 + (부사 : 관용 동사구) + (명사성분 : 전치사구)
　　동사변화 : be동사 am/are/is + 현재분사 driving ; 현재진행
레트의 마차를 타고 가는군

Oh, if I just wasn't (a lady)
　　접속사 : if (if조건절)
　　동사 (연결마디) 1개 : 동사 + (명사)
　　동사변화 : be동사 was/were + 부사 not ; be동사 과거 부정문
내가 숙녀만 아니면

what wouldn't I tell (that varmint)!
　　의문사 What + 조동사 부정의문문
　　조동사 부정의문문(주어, 조동사 위치변경) : I would not tell → Wouldn't I tell
　　동사 (연결마디) 1개 : 동사 + (명사구)
그 악당에게 욕을 해줬을 거야

YouTube  해설 동영상

"The Lord is (my Shepherd).
　　동사 (연결마디) 1개 : 동사 + (명사구)
주님은 나의 목자시니

I shall not want.
　　동사변화 : 조동사 shall(단순미래, 의지 등) + 부사 not + 동사원형 want ; 부정문
내가 부족함이 없으리로다

"He makes (me) (to lie downing green pastures).
　　동사 (연결마디) 2개 : 동사 + (대명사) + (to부정사구 : 명사적용법)
　　동사변화 : make 3인칭단수현재 makes
　　(to부정사구) to lie (downing green pastures)
　　　　　　동사 (연결마디) 1개 : 동사 + (-ing구 : 명사적용법)
　　　　　　(-ing구) downing (green pastures)
　　　　　　　　　동사 (연결마디) 1개 : 동사 + (명사구)
그가 나를 푸른 초장에 누이시며

"He leads....
　　동사변화 : lead 3인칭단수현재 leads
인도하시고

"He restores (my soul).
　　동사 (연결마디) 1개 : 동사 + (명사구)
　　동사변화 : restore 3인칭단수현재 restores
내 영혼을 회복시키시며

"He leads (me) (in the paths of righteousness for His name's sake).
　　동사 (연결마디) 2개 : 동사 + (대명사) + (형용사성분 : 전치사구)
　　동사변화 : lead 3인칭단수현재 leads
　　(전치사구) in + 명사구 the paths of righteousness + (형용사성분 : 전치사구)
주의 이름으로 정의의 길로 인도하시며

"Yeah, though I walk (through) (the valley of the shadow of death)...
　　접속사 : though
　　동사 (연결마디) 2개 : 동사 + (부사 : 관용 동사구) + (명사구)
내가 사망의 음침한 골짜기로 다닐지라도

YouTube  해설 동영상

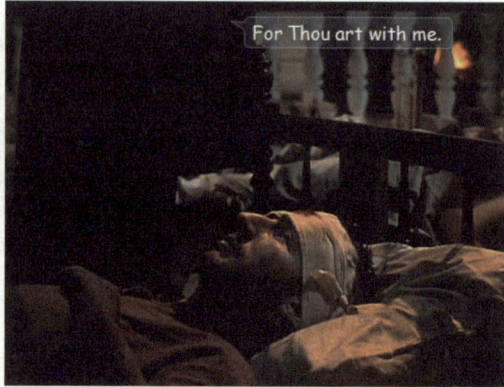
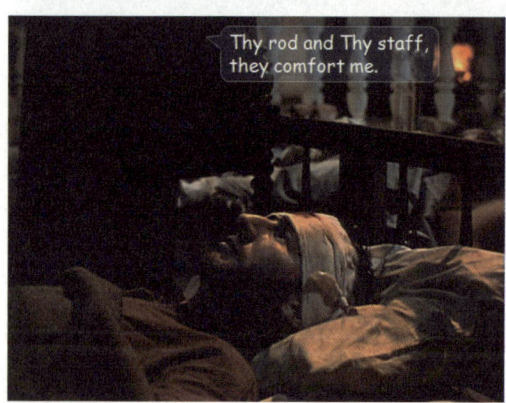

"...I will fear (no evil).
   동사 (연결마디) 1개 : 동사 + (명사구)
   동사변화 : 조동사 will(의지, 습성, 요청) + 동사원형 fear
해를 두려워하지 않을 것은

"For Thou art (with me).
   동사 (연결마디) 1개 : 동사 + (형용사성분 : 전치사구)
주께서 나와 함께 하심이라

"Thy rod and Thy staff, they comfort (me)."
   동사 (연결마디) 1개 : 동사 + (대명사)
주의 지팡이와 막대기가 나를 안위 하시나이다

Yankees!
양키다

The Yankees! Dr. Meade, they're getting (closer).
   동사 (연결마디) 1개 : 동사 + (형용사)
   동사변화 : be동사 am/are/is + 현재분사 getting ; 현재진행
미드 박사님, 양키가 가까이 와요

They'll never get (into Atlanta).
   동사 (연결마디) 1개 : 동사 + (명사성분 : 전치사구)
   동사변화 : 조동사 will(의지, 습성, 요청) + 동사원형 get
   수식어구[부사성분] : never
애틀랜타에는 못 와,

They'll never get (through) (old Peg-Leg Hood).
   동사 (연결마디) 2개 : 동사 + (부사 : 관용 동사구) + (명사구)
   동사변화 : 조동사 will(의지, 습성, 요청) + 동사원형 get
   수식어구[부사성분] : never
페그레그후드를 뚫진 못할 테니

YouTube  해설 동영상

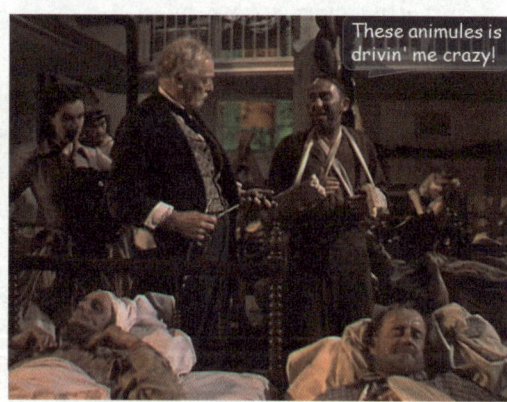

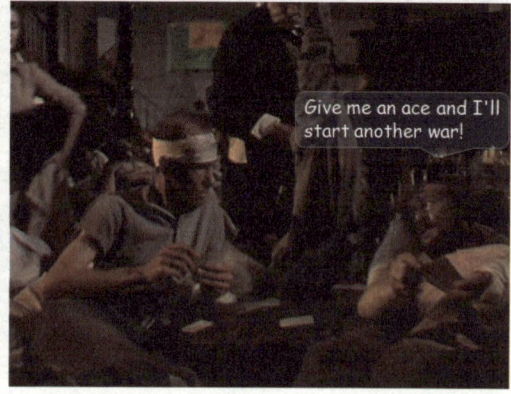

Give (me) (something for the pain).
    동사 (연결마디) 2개 : 동사 + (대명사) + (명사구)
진통제 좀 주세요

Give (me) (something for the pain).
    동사 (연결마디) 2개 : 동사 + (대명사) + (명사구)
진통제 좀 놔 주세요

Sorry, son, we **haven't got** (anything) (to give you).
    동사 (연결마디) 2개 : 동사 + (명사) + (to부정사구 : 형용사적 용법)
    동사변화 : have/has + 부사 not + 과거분사 got ; 현재완료부정
    (to부정사구) to **give** (you)
            동사 (연결마디) 1개 : 동사 + (대명사)
미안 하네 이미 바닥 난지 오래야

These animals **is driving** (me) (crazy)!
    동사 (연결마디) 2개 : 동사 + (대명사) + (형용사)
    동사변화 : be동사 am/are/is + 현재분사 driving ; 현재진행
이것 때문에 답답해 죽겠어요

What luck! You**'ve got** (my jack)...!
    동사 (연결마디) 1개 : 동사 + (명사구)
    동사변화 : have/has + 과거분사 got ; 일반동사 현재완료
행운은 무슨! 내 잭을 가졌으면서

Give (me) (an ace)
    동사 (연결마디) 2개 : 동사 + (대명사) + (명사)
에이스 주면

and I**'ll start** (another war)!
    동사 (연결마디) 1개 : 동사 + (명사구)
    동사변화 : 조동사 will(의지, 습성, 요청) + 동사원형 start
다른 전쟁이라도 하지

YouTube  해설 동영상

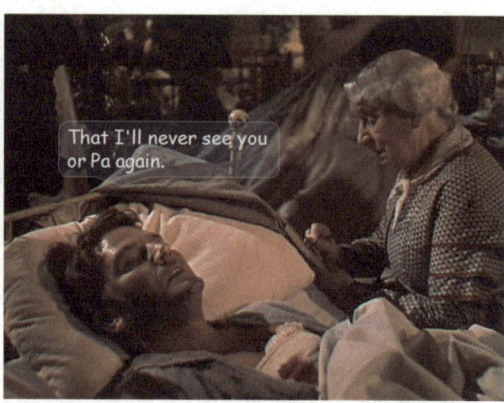

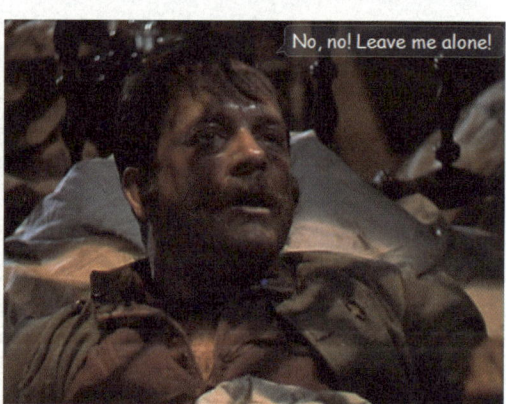

I'**ll bid** (the moon)!
    동사 (연결마디) 1개 : 동사 + (명사)
    동사변화 : 조동사 will(의지, 습성, 요청) + 동사원형 bid
난 달을 걸게

That I'**ll** never **see** (you or Pa) again.
    동사 (연결마디) 1개 : 동사 + (명사)
    동사변화 : 조동사 will(의지, 습성, 요청) + 동사원형 see
    수식어구[부사성분] : never
다시는 당신과 아버지를 못 만날 것 같아요

This leg'**s got** (to come off), soldier.
    동사 (연결마디) 1개 : 동사 + (to부정사구 : 명사적용법)
    동사변화 : be동사 am/are/is + 과거분사 got ; 수동태
    (to부정사구) to come (off)
            동사 (연결마디) 1개 : 동사 + (부사 : 관용 동사구)
다리를 절단해야 하네

No, no! **Leave** (me) (alone)!
    동사 (연결마디) 2개 : 동사 + (대명사) + (형용사)
그건 안 돼요

I'**m** (sorry), soldier.
    동사 (연결마디) 1개 : 동사 + (형용사)
미안하이

We'**re** all **run** (out of chloroform), Dr. Meade.
    동사 (연결마디) 1개 : 동사 + (형용사성분 : 전치사구)
    동사변화 : be동사 am/are/is + 과거분사 run ; 수동태
    수식어구[부사성분] : all
마취약이 떨어졌습니다

YouTube  해설 동영상

Then we'll have (to operate without it).
    동사 (연결마디) 1개 : <u>동사</u> + (to부정사구 : 명사적용법)
    동사변화 : 조동사 will(의지, 습성, 요청) + 동사원형 have
    (to부정사구) to <u>operate</u> (without it)
              동사 (연결마디) 1개 : <u>동사</u> + (형용사성분 : 전치사구)
그럼 마취없이 수술하지

No, no! Leave (me) (alone)!
    동사 (연결마디) 2개 : <u>동사</u> + (대명사) + (형용사)
안 돼요,

You can't do (it).
    동사 (연결마디) 1개 : <u>동사</u> + (대명사)
    동사변화 : 조동사 can(능력, 추측, 허가) + 부사 not + 동사원형 do ; 부정문
그렇게 못해

I won't let (you) (do it to me)!
    동사 (연결마디) 2개 : <u>동사</u> + (대명사) + (원형부정사구 : 형용사적용법)
    동사변화 : 조동사 will(의지, 습성, 요청) + 부사 not + 동사원형 let ; 부정문
    (원형부정사구) <u>do</u> (it) (to me)
              동사 (연결마디) 2개 : 동사 + (대명사) + (형용사성분 : 전치사구)
내 다리는 절대로 못 잘라!

Tell (Dr. WIlson) (to take this leg off immediately).
    동사 (연결마디) 2개 : <u>동사</u> + (명사구) + (to부정사구 : 명사적용법)
    (to부정사구) to <u>take</u> (this leg) (off) immediately
              동사 (연결마디) 2개 : <u>동사</u> + (명사구) + (부사 : 관용 동사구)
              수식어구[부사성분] : immediately
닥터 윌슨에게 다리를 절단하라고 해,

It's (gangrene).
    동사 (연결마디) 1개 : <u>동사</u> + (형용사)
썩고 있어

No, no! Don't!
안 돼요!

I haven't seen (my family) (in three days).
    동사 (연결마디) 2개 : <u>동사</u> + (대명사) + (형용사성분 : 전치사구)
    동사변화 : have/has + 부사 not + 과거분사 seen ; 현재완료부정
난 사흘 째 식구들 못 봤으니

YouTube  해설 동영상

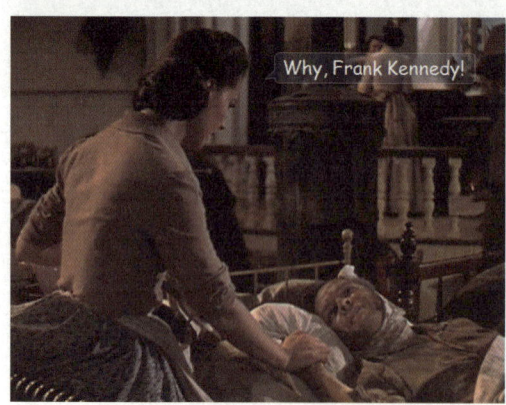

I'm going (home) (for half an hour).
   동사 (연결마디) 2개 : 동사 + (명사) + (형용사성분 : 전치사구)
   동사변화 : be동사 am/are/is + 현재분사 going ; 현재진행
잠깐 다녀 옴세

Orderly! Give (me) (a lift).
   동사 (연결마디) 2개 : 동사 + (대명사) + (명사)
간호병, 들것 가져와

Nurse, you can free (this bed).
   동사 (연결마디) 1개 : 동사 + (명사구)
   동사변화 : 조동사 can(능력, 추측, 허가) + 동사원형 free
간호사, 이 침대는 정리하게

Miss Scarlett!
스칼렛!

Why, Frank Kennedy!
프랭크 케네디!

Miss Suellen, is she (well)?
   be동사 의문문(주어, 동사 위치변경) : she is... → Is she...?
   동사 (연결마디) 1개 : 동사 + (형용사)
수엘렌은 잘 있어요?

YouTube  해설 동영상

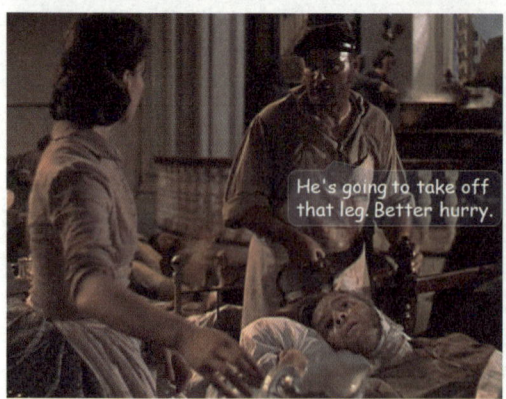

When did they bring (you) (in bed)?
    의문사 When + 일반동사 과거의문문
    일반동사 과거의문문(조동사 Do/Does과거 Did 사용) : they brought → Did they bring
    동사 (연결마디) 2개 : 동사 + (대명사) + (형용사성분 : 전치사구)
언제 왔어요?

You all right?
괜찮아요?

Are you badly (hurt)?
    be동사 의문문(주어, 동사 위치변경) : You are… → Are you…?
    동사 (연결마디) 1개 : 동사 + (형용사)
    수식어구[부사성분] : badly
많이 다쳤나요?

But Miss Suellen, is she?
    be동사 의문문(주어, 동사 위치변경) : she is… → Is she…?
수엘렌은요

She's (all right), but I—
    동사 (연결마디) 1개 : 동사 + (형용사구)
무사해요

Dr. Wilson needs (you) (in the operating room).
    동사 (연결마디) 2개 : 동사 + (대명사) + (형용사성분 : 전치사구)
    동사변화 : need 3인칭단수현재 needs
닥터 윌슨이 수술실에서 찾아요.

He's going (to take off that leg).
    동사 (연결마디) 1개 : 동사 + (to부정사구 : 명사적용법)
    동사변화 : be동사 am/are/is + 현재분사 going ; 현재진행
    (to부정사구) to take (off) (that leg)
            동사 (연결마디) 2개 : 동사 + (부사 : 관용 동사구) + (명사구)
다리 절단 수술 한답니다

Better hurry.
서두르세요

I'll be (back).
    동사 (연결마디) 1개 : 동사 + (형용사)
    동사변화 : 조동사 will(의지, 습성, 요청) + be ; 예정
다녀 올 게요

YouTube  해설 동영상

No, no, leave (me) (alone)!
   동사 (연결마디) 2개 : 동사 + (대명사) + (형용사)
안 돼, 내버려둬

No, no, I can't stand (it)!
   동사 (연결마디) 1개 : 동사 + (대명사)
   동사변화 : 조동사 can(능력, 추측, 허가) + 부사 not + 동사원형 stand ; 부정문
안 돼! 못 견뎌!

No don't! Don't cut!
   동사변화 : 조동사 do(does) + 부사 not + 동사원형 cut ; 일반동사 부정문
안 돼! 자르지 말아

Don't cut!
   동사변화 : 조동사 do(does) + 부사 not + 동사원형 cut ; 일반동사 부정문
자르지 말아

Don't, don't!
안 돼,

Please!
제발

YouTube  해설 동영상

Where's (the nurse)?
　의문사 Where + be동사 의문문
　be동사 의문문(주어, 동사 위치변경) : the nurse is... → Is the nurse...?
간호사는 어디 있지?

Mrs. Hamilton, Dr. Wilson's waiting.
　동사변화 : be동사 am/are/is + 현재분사 wating ; 현재진행
해밀턴 부인, 윌슨 박사가 기다려요

Let (him) (wait)!
　동사 (연결마디) 2개 : 동사 + (대명사) + (원형부정사구 : 형용사적용법)
　(원형부정사구) wait
　　　　　　동사 (연결마디) 없음 : 동사 단독
기다리시라지

I'm going (home)!
　동사 (연결마디) 1개 : 동사 + (명사)
　동사변화 : be동사 am/are/is + 현재분사 going ; 현재진행
집에 갈래요

I've done (enough).
　동사 (연결마디) 1개 : 동사 + (형용사)
　동사변화 : have/has + 과거분사 done ; 일반동사 현재완료
할 만큼 했어요,

I don't want (any more men dying)!
　동사 (연결마디) 1개 : 동사 + (명사구)
　동사변화 : 조동사 do(does) + 부사 not + 동사원형 want ; 일반동사 부정문
죽는 사람 보는 거 이젠 그만 할래요

I don't want (any more)!
　동사 (연결마디) 1개 : 동사 + (형용사구)
　동사변화 : 조동사 do(does) + 부사 not + 동사원형 want ; 일반동사 부정문
그만 할래요

Big Sam!
빅 샘!

Big Sam! Big Sam!
빅 샘!

YouTube  해설 동영상

Almighty Moses, it's (Miss Scarlett)!
　동사 (연결마디) 1개 : 동사 + (고유명사)
맙소사, 스칼렛 아씨!

Big Sam!
빅 샘!

Big Sam!
빅 샘,

Sam, 'Lige, 'Postel, Prophet! I'm so (glad) (to see you)!
　동사 (연결마디) 2개 : 동사 + (형용사) + (to부정사구 : 부사적용법)
　수식어구[부사성분] : so
　(to부정사구) to see (you)
　　　　　　동사 (연결마디) 1개 : 동사 + (대명사)
리지, 포스텔, 프로펫 반가워,

Tell (me) (about Tara, about my mother).
　동사 (연결마디) 2개 : 동사 + (대명사) + (명사성분 : 전치사구)
타라 얘길 해줘,

She didn't write (me).
　동사 (연결마디) 1개 : 동사 + (대명사)
　동사변화 : 조동사과거 did + 부사 not + 동사원형 write ; 과거부정
어머니는 편지도 안 하셔

She's gone
　동사변화 : be동사 am/are/is + 과거분사 gone ; 수동태
마님은 쓰러져

and got (sick), Miss Scarlett.
　동사 (연결마디) 1개 : 동사 + (형용사)
　동사변화 : get 과거형 got ; 과거지사
병이 나셨어요

Sick?
병이 나셔?

YouTube  해설 동영상

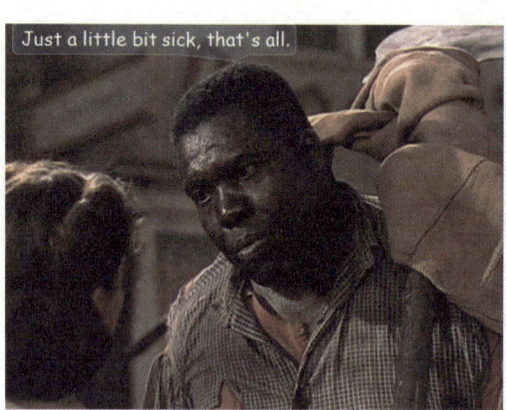

Just a little bit sick, that's (all), Miss Scarlett.
    동사 (연결마디) 1개 : 동사 + (형용사)
좀 아프시다고요

Your pa, he was (wild)
    동사 (연결마디) 1개 : 동사 + (형용사)
    동사변화 : be동사 am/is 과거형 was ; 과거지사
주인님은 화가 나셨죠

when they wouldn't let (him) (fight)
    접속사 : when
    동사 (연결마디) 2개 : 동사 + (대명사) + (원형부정사구 : 형용사적용법)
    동사변화 : 조동사 would(과거시점미래, 습관, 의지) + not + 동사원형 let ; 부정
    (원형부정사구) fight
            동사 (연결마디) 없음 : 동사 단독
참전을 허용하지 않았을 때

'cause of his broken knee).
다친 무릎 때문에

He had fit
    동사변화 : had + 과거분사 fit ; 일반동사 과거완료
주인님은 순응하셨죠

when they took (us field hands) (to dig ditches for white soldiers to hide in).
    동사 (연결마디) 2개 : 동사 + (명사구) + (to부정사구 : 형용사적 용법)
    동사변화 : take 과거형 took ; 과거지사
    (to부정사구) to dig (ditches) (for white soldiers to hide in)
            동사 (연결마디) 2개 : 동사 + (명사) + (형용사성분 : 전치사구)
            (전치사구) for + 명사구 white soldiers + (to부정사구 : 형용사적 용법)
                  (to부정사구) to hide (in)
                      동사 (연결마디) 1개 : 동사 + (형용사성분 : 전치사구)
군인들이 참호 파는 일을 시킬 때도

But your ma says (the Confederacy needs us).
    동사 (연결마디) 1개 : 동사 + (명사절)
    (명사절) the Confederacy need (us)
        동사 (연결마디) 1개 : 동사 + (대명사)
마님이 말씀하시길 남부가 원하니

So we're going (to dig for the South).
    동사 (연결마디) 1개 : 동사 + (to부정사구 : 명사적용법)
    동사변화 : be동사 am/are/is + 현재분사 going ; 현재진행
    (to부정사구) to dig (for the South)
            동사 (연결마디) 1개 : 동사 + (형용사성분 : 전치사구)
우린 참호를 파야해요

Sam, was there (a doctor)?
    be동사과거 의문문(주어, 동사 위치변경) : there was → Was there
    동사 (연결마디) 1개 : 동사 + (명사)
의사는 왔어?

YouTube  해설 동영상

Sorry, ma'am, we've got (to march).
　　동사 (연결마디) 1개 : 동사 + (to부정사구 : 명사적용법)
　　동사변화 : have/has + 과거분사 got ; 일반동사 현재완료
　　(to부정사구) to march
　　　　　　　동사 (연결마디) 없음 : 동사 단독
마담, 미안하지만 행진해야 합니다

　　Goodbye, Miss Scarlett. Don't worry,
　　　동사변화 : 조동사 Do + 부사 not + 동사원형 worry ; ~하지마라(명령문)
걱정 마세요.

we'll stop (them Yankees).
　　동사 (연결마디) 1개 : 동사 + (명사구)
　　동사변화 : 조동사 will(의지, 습성, 요청) + 동사원형 stop
양키를 무찌를게요

Goodbye, Big Sam. Goodbye, boys.
잘 가, 모두들

If any of you get (sick or hurt),
　　접속사 : if (if조건절)
　　동사 (연결마디) 1개 : 동사 + (형용사구)
누구든지 다치거나 아프면

let (me) (know).
　　동사 (연결마디) 2개 : 동사 + (대명사) + (원형부정사구 : 형용사적용법)
　　(원형부정사구) know
　　　　　　　동사 (연결마디) 없음 : 동사 단독
연락해

Goodbye, Miss Scarlett. Goodbye.
안녕히 계세요!

Goodbye. Goodbye.
잘 가

Scarlett!
스칼렛,

YouTube  해설 동영상

Scarlett!
스칼렛!

Climb (into this buggy).
   동사 (연결마디) 1개 : 동사 + (명사성분 : 전치사구)
어서 타요,

This is (no day) (for walking).
   동사 (연결마디) 2개 : 동사 + (명사구) + (형용사성분 : 전치사구)
이런 날은 산책 나오는 게 아니오

You'll get run (over).
   동사 (연결마디) 1개 : 동사 + (부사 : 관용 동사구)
   동사변화 : 조동사 will(의지, 습성, 요청) + get + 과거분사 run ; (be동사보다 역동적)수동태
다치겠소

Oh, Rhett!
레트,

Drive (me) (to Aunt Pitty's), please.
   동사 (연결마디) 2개 : 동사 + (대명사) + (형용사성분 : 전치사구)
고모님 댁까지 태워다줘요

Panic's (a pretty sight), isn't it?
   동사 (연결마디) 1개 : 동사 + (명사구)
   isn't it? : 부가의문문
굉장한 소란이군

YouTube  해설 동영상

That's just another of General Sherman's calling cards.

He'll be paying us a visit soon.

I've gotta get out of here before the Yankees come!

And leave your work at the hospital?

Or have you had enough of death and lice and men chopped up?

I suppose you weren't meant for sick men, Scarlett.

That's just (another of General Sherman's calling cards).
   동사 (연결마디) 1개 : 동사 + (명사구)
   수식어구[부사성분] : just
셔먼 장군의 예고편이오

He'll be paying (us) (a visit) soon.
   동사 (연결마디) 2개 : 동사 + (대명사) + (명사구)
   동사변화 : 조동사 will(의지, 습성, 요청) + be + 현재분사 paying ; 진행예정
   수식어구[부사성분] : soon
곧 우릴 방문하겠지

I've got (to get out of here before the Yankees come)!
   동사 (연결마디) 1개 : 동사 + (to부정사구 : 명사적용법)
   동사변화 : have/has + 과거분사 got ; 일반동사 현재완료
   (to부정사구) to get (out) (of here)
      동사 (연결마디) 2개 : 동사 + (부사 : 관용 동사구) + (명사성분 : 전치사구)

      before the Yankees come
      접속사 : before
      동사 (연결마디) 없음 : 동사 단독
양키가 오기 전에 이곳을 떠나야겠어요

And leave (your work) (at the hospital)?
   동사 (연결마디) 2개 : 동사 + (명사구) + (형용사성분 : 전치사구)
병원 일은 관두고?

Or have you had (enough) (of death and lice)
   현재완료 의문문(have동사 위치변경) : You have had... → Have you had...?
   동사 (연결마디) 2개 : 동사 + (형용사) + (부사성분 : 전치사구)
시체와 이에 질렸소?

and men (chopped up)?
   명사 men + (형용사성분 : 과거분사구)
   (과거분사구) chopped (up)
      동사 (연결마디) 1개 : 동사 + (부사 : 관용 동사구)
신체 절단된 남자들과

I suppose (you weren't meant for sick men, Scarlett.)
   동사 (연결마디) 1개 : 동사 + (명사절)
   (명사절) you weren't meant (for sick men), Scarlett
      동사 (연결마디) 1개 : 동사 + (명사성분 : 전치사구)
      동사변화 : was/were + 부사 not + 과거분사 meant ; 과거수동태부정
간호 일은 당신과 어울리지 않아

YouTube  해설 동영상

Don't talk (to me) (like that).
    동사 (연결마디) 2개 : 동사 + (형용사성분 : 전치사구) + (부사성분 : 전치사구)
    동사변화 : 조동사 Do + 부사 not + 동사원형 talk ; ~하지마라(명령문)
그런 얘기 그만해요,

I'm so (scared).
    동사 (연결마디) 1개 : 동사 + (형용사)
    수식어구[부사성분] : so
무서워요

I wish (I could get out of here).
    동사 (연결마디) 1개 : 동사 + (명사절)
  (명사절) I could get (out of here)
        동사 (연결마디) 1개 : 동사 + (형용사성분 : 전치사구)
        동사변화 : 조동사 could(능력, 추측, 허가) + 동사원형 get
어서 여길 빠져나가요

Let (us) (get out of here together).
    동사 (연결마디) 2개 : 동사 + (대명사) + (원형부정사구 : 형용사적용법)
  (원형부정사구) get (out) (of here) together
        동사 (연결마디) 2개 : 동사 + (부사 : 관용 동사구) + (명사성분 : 전치사구)
        수식어구[부사성분] : together
함께 빠져 나갑시다

No use (staying here)
    동사 (연결마디) 1개 : 동사 + (-ing구 : 명사적용법)
  (-ing구) staying (here)
        동사 (연결마디) 1개 : 동사 + (부사)
여기 머물 필요는 없소

and letting (the South come down around your ears).
    동사 (연결마디) 1개 : 동사 + (명사절)
    동사변화 : let 현재분사 letting ; 진행형
  (명사절) the South come (down) (around your ears)
        동사 (연결마디) 2개 : 동사 + (부사 : 관용 동사구) + (형용사성분 : 전치사구)
여기서 남부가 무너지는 소릴 들으면서

There are too (many nice places) (to go and visit).
    동사 (연결마디) 2개 : 동사 + (명사구) + (to부정사구 : 형용사적 용법)
    수식어구[부사성분] : too
  (to부정사구) to go and visit
        동사 (연결마디) 없음 : 동사 단독
좋은 덴 너무나 많죠

Mexico, London, Paris....
멕시코, 런던, 파리

YouTube  해설 동영상

With you?
당신과?

Yes, ma'am.
그렇소,

With a man (who understands you and admires you for just what you are).
  (전치사구) with + 명사 a man + (형용사성분 : who-절)
    (who-절) who understands (you)
      동사 (연결마디) 1개 : 동사 + (대명사)
      동사변화 : understand 3인칭단수현재 understands
      and admires (you) (for just what you are)
      동사 (연결마디) 2개 : 동사 + (대명사) + (형용사성분 : 전치사구)
      동사변화 : admire 3인칭단수현재 admires
      (전치사구) for + (what-절)
        (what-절) what you are
있는 그대로의 당신을 좋아하는 사나이와 함께

I figure (we belong together, being the same sort).
  동사 (연결마디) 1개 : 동사 + (명사절)
  (명사절) we belong (together),
    동사 (연결마디) 1개 : 동사 + (부사)
    being (the same sort)
    동사 (연결마디) 1개 : 동사 + (명사구)
    동사변화 : be 현재분사 being ; 진행
우린 비슷한 종류의 사람이오

I've been waiting (for you) (to grow up and get that sad-eyed Ashley out of your heart).
  동사 (연결마디) 2개 : 동사 + (명사성분 : 전치사구) + (to부정사구 : 형용사적 용법)
  동사변화 : have(has) + been + 현재분사 waiting ; (be동사 현재완료) 진행
  (to부정사구) to grow (up)
    동사 (연결마디) 1개 : 동사 + (부사 : 관용 동사구)
    and get (that sad-eyed Ashley) (out of your heart)
    동사 (연결마디) 2개 : 동사 + (명사구) + (형용사성분 : 전치사구)
난 당신이 철들어 애슐리 윌크스를 잊을 때를 기다렸소

Well, I hear (Mrs. Wilkes is going to have a baby in another month or so).
  동사 (연결마디) 1개 : 동사 + (명사절)
  (명사절) Mrs. Wilkes is going (to have a baby in another month or so)
    동사 (연결마디) 1개 : 동사 + (to부정사구 : 명사적용법)
    동사변화 : be동사 am/are/is + 현재분사 going ; 현재진행
    (to부정사구) to have (a baby) (in another month or so)
      동사 (연결마디) 2개 : 동사 + (명사) + (형용사성분 : 전치사구)
윌크스 부인이 한 달 후면 아기를 낳아요

YouTube  해설 동영상

It'll be (hard) (loving a man with a wife and baby clinging to him).
    동사 (연결마디) 2개 : 동사 + (형용사) + (-ing구 : 부사적용법)
    동사변화 : 조동사 will(의지, 습성, 요청) + be ; 예정
      (-ing구) loving (a man) (with a wife and baby clinging to him)
          동사 (연결마디) 2개 : 동사 + (명사) + (형용사성분 : 전치사구)
          (전치사구) with + 명사구 a wife and baby + (-ing구 : 형용사적 용법)
              (-ing구) clinging (to him)
                  동사 (연결마디) 1개 : 동사 + (명사성분 : 전치사구)
처자식이 딸린 남자를 사랑하기는 어렵지

Well, here we are.
다 왔는데,

Are you going (with me),
    be동사 의문문(주어, 동사 위치변경) : You are going ... → Are you going...?
    동사 (연결마디) 1개 : 동사 + (형용사성분 : 전치사구)
나와 가겠소?

or are you getting (out)?
    be동사 의문문(주어, 동사 위치변경) : You are getting ... → Are you getting...?
    동사 (연결마디) 1개 : 동사 + (부사 : 관용 동사구)
아니면 내리겠소?

I hate and despise (you), Rhett Butler,
    동사 (연결마디) 1개 : 동사 + (대명사)
당신을 경멸해요.

and I'll hate and despise (you) (till I die).
    동사 (연결마디) 2개 : 동사 + (대명사) + (형용사성분 : 전시사구)
    동사변화 : 조동사 will(의지, 습성, 요청) + 동사원형 hate and despise
    (전치사구) till + (명사절)
          (명사절) I die
죽을 때까지 그럴 거예요

Oh no, you won't, Scarlett. Not that long.
    동사변화 : 조동사 will(의지, 습성, 요청) + 부사 not ; 부정문
머지 않아 맘이 바뀔 거요

Miss Scarlett! Miss Scarlett!
스칼렛 아씨!

Folks are all going (to Macon)
    동사 (연결마디) 1개 : 동사 + (명사성분 : 전치사구)
    동사변화 : be동사 am/are/is + 현재분사 going ; 현재진행
    수식어구[부사성분] : all
모두들 메이콘으로 가요.

and folks are running (away) and running (away).
    동사 (연결마디) 1개 : 동사 + (부사 : 관용 동사구)
    동사변화 : be동사 am/are/is + 현재분사 running ; 현재진행
다 도망쳤어요

YouTube  해설 동영상

I can't bear (it)!
   동사 (연결마디) 1개 : 동사 + (대명사)
   동사변화 : 조동사 can(능력, 추측, 허가) + 부사 not + 동사원형 bear ; 부정문
참을 수가 없어,

Those cannon balls right (in my ears)!
   동사 (연결마디) 1개 : 동사 + (명사성분 : 전치사구)
대포소리를

I faint (every time) (I hear one)!
   동사 (연결마디) 2개 : 동사 + (명사구) + (형용사절)
   (형용사절) I hear (one)
         동사 (연결마디) 1개 : 동사 + (대명사)
들을 때마다 기절할 것 같아

Uncle Peter, look (out) (for that trunk)!
   동사 (연결마디) 2개 : 동사 + (부사 : 관용 동사구) + (명사성분 : 전치사구)
엉클 피터, 짐 잘 챙겨

But, Aunt Pitty, you aren't leaving?
   동사 (연결마디) 없음 : 동사 단독
   동사변화 : am/are/is + 부사 not + 현재분사 leaving ; 현재진행부정
고모님, 가시려구요

I may be (a coward), but oh dear!
   동사 (연결마디) 1개 : 동사 + (명사)
   동사변화 : 조동사 may(능력, 추측, 허가) + be ; 예정
겁쟁이라고 해도 좋다

Yankees in Georgia!
조지아에 양키라니!

YouTube  해설 동영상

How did they ever get (in)?
 의문사 how + 일반동사 과거의문문
 일반동사 과거의문문(조동사 Do/Does과거 Did 사용) : They got → Did they get
 동사 (연결마디) 1개 : 동사 + (부사 : 관용 동사구)
 수식어구[부사성분] : ever
어떻게 왔을까?

I'm going, too.
 동사 (연결마디) 없음 : 동사 단독
 동사변화 : be동사 am/are/is + 현재분사 going ; 현재진행
나도 갈래요.

Prissy, go pack (my things).
 동사 (연결마디) 1개 : 동사 + (명사구)
 동사변화 : (help / go / come 등) + 동사원형 pack
프리시, 짐 챙겨라

Get (them), quick!
 동사 (연결마디) 1개 : 동사 + (대명사)
어서

Wait, Aunt Pitty,
같이 가요,

I won't take (a minute).
 동사 (연결마디) 1개 : 동사 + (명사)
 동사변화 : 조동사 will(의지, 습성, 요청) + 부사 not + 동사원형 take ; 부정문
오래 안 걸려요

Scarlett, do you really think (you ought to)?
 일반동사 의문문(조동사 Do/Does 사용) : You think → Do you think
 동사 (연결마디) 1개 : 동사 + (명사절)
 수식어구[부사성분] : really
 (명사절) you ought to
  동사 (연결마디) 없음 : 동사 단독
스칼렛, 정말 갈 거냐?

Scarlett!
스칼렛!

What is this?
 의문사 What + be동사 의문문
 be동사 의문문(주어, 동사 위치변경) : This is... → Is this...?
무슨 일이지?

You ain't planning (on running away)?
 동사 (연결마디) 1개 : 동사 + (명사성분 : 전치사구)
 동사변화 : am/are/is + 부사 not + 현재분사 planning ; 현재진행부정
 (전치사구) on + (-ing구 : 명사적용법)
    (-ing구) running (away)
     동사 (연결마디) 1개 : 동사 + (부사 : 관용 동사구)
도망가려고?

YouTube  해설 동영상

And don't you dare try (to stop me).
   일반동사 부정의문문(조동사 Do + not사용) : You dare try → Don't you dare try
   동사 (연결마디) 1개 : 동사 + (to부정사구 : 명사적용법)
   동사변화 : 조동사 dare(감히 ~하다) + 동사원형 try
   (to부정사구) to stop (me)
            동사 (연결마디) 1개 : 동사 + (대명사)
말리지 마세요.

I'm never going (back) (to that hospital).
   동사 (연결마디) 2개 : 동사 + (부사 : 관용 동사구) + (명사성분 : 전치사구)
   동사변화 : be동사 am/are/is + 현재분사 going ; 현재진행
   수식어구[부사성분] : never
병원에는 안 가요

I've had (enough) (of smelling death and rot and death).
   동사 (연결마디) 2개 : 동사 + (형용사) + (부사성분 : 전치사구)
   동사변화 : have/has + 과거분사 had ; 일반동사 현재완료
   (전치사구) of + (-ing구 : 명사적용법)
       (-ing구) smelling (death and rot and death)
            동사 (연결마디) 1개 : 동사 + (명사구)
시체 썩는 냄새에 질렸어요

I'm going (home).
   동사 (연결마디) 1개 : 동사 + (부사)
집에 갈래요

I want (my mother).
   동사 (연결마디) 1개 : 동사 + (명사구)
어머니 계신

My mother needs (me).
   동사 (연결마디) 1개 : 동사 + (대명사)
어머니도 제가 필요해요

Now you've got (to listen to me).
   동사 (연결마디) 1개 : 동사 + (to부정사구 : 명사적용법)
   동사변화 : have/has + 과거분사 got ; 일반동사 현재완료
   (to부정사구) to listen (to me)
내 말을 들어요.

You must stay (here)!
   동사 (연결마디) 1개 : 동사 + (부사)
   동사변화 : 조동사 must(의무, 강한 추측) + 동사원형 stsy
여기 있어야 해

Without a chaperon, Dr. Meade? It simply isn't done!
   동사변화 : am/are/is + 부사 not + 과거분사 done ; 수동태부정
보호자도 없는데요? 그럴 순 없어요

Good heavens, woman, this is (war),
이건 전쟁 이에요!

not a garden party!
파티가 아니고

YouTube  해설 동영상

You've got (to stay).
　　동사 (연결마디) 1개 : 동사 + (to부정사구 : 명사적용법)
　　동사변화 : have/has + 과거분사 got ; 일반동사 현재완료
　　(to부정사구) to stay
　　　　　　　동사 (연결마디) 없음 : 동사 단독
남아서

Melanie needs (you).
　　동사 (연결마디) 1개 : 동사 + (대명사)
　　동사변화 : need 3인칭단수현재 needs
멜라니를 도와야지

Oh, bother Melanie.
오! 멜라니!

She's (ill) already.
　　동사 (연결마디) 1개 : 동사 + (형용사)
　　수식어구[부사성분] : already
몸이 허약해서

She shouldn't even be having (a baby).
　　동사 (연결마디) 1개 : 동사 + (명사)
　　동사변화 : 조동사 should(~해야 한다, ~할 것이다) + not + be + 현재분사 having ; 진행예정부정
출산은 무리야.

She may have (a difficult time).
　　동사 (연결마디) 1개 : 동사 + (명사구)
　　동사변화 : 조동사 may(능력, 추측, 허가) + 동사원형 have
많이 힘들 거요

Well, can't we take (her) (along)?
　　조동사 부정의문문(주어, 조동사 위치변경) : we can't take → Can't we take...
　　동사 (연결마디) 2개 : 동사 + (대명사) + (형용사성분 : 전치사구)
데리고 가면 안 될까요?

Do you want (her) (to take that chance)?
　　일반동사 의문문(조동사 Do/Does 사용) : You want → Do you want
　　동사 (연결마디) 2개 : 동사 + (대명사) + (to부정사구 : 형용사적 용법)
　　(to부정사구) to take (that chance)
　　　　　　　동사 (연결마디) 1개 : 동사 + (명사구)
그녀에게 무슨 일이라도 생기면

YouTube  해설 동영상

Do you want (her) (to be jounced over rough roads)...
   일반동사 의문문(조동사 Do/Does 사용) : You want → Do you want
   동사 (연결마디) 2개 : 동사 + (대명사) + (to부정사구 : 형용사적 용법)
   (to부정사구) to be jounced (over rough roads)
            동사 (연결마디) 1개 : 동사 + (형용사성분 : 전치사구)
            동사변화 : be + 과거분사 jounced ; 수동태(예정)
험한 길에 덜컥거리다

...and have (her baby) (ahead of time), in a buggy?
   동사 (연결마디) 2개 : 동사 + (명사구) + (형용사성분 : 전치사구)
마차에서 조산할 수도 있어,

It isn't (my baby)!
   동사 (연결마디) 1개 : 동사 + (명사구)
   동사변화 : be동사 am/are/is + 부사 not ; be동사 부정문
내 아기가 아니니

You take (care) (of her)!
   동사 (연결마디) 2개 : 동사 + (명사) + (형용사성분 : 전치사구)
박사님이 신경 쓰세요

Scarlett! We haven't (enough doctors)...
   동사 (연결마디) 1개 : 동사 + (명사구)
   동사변화 : 농사 have + 부사 not ; 부정문
우린 의사도 모자라고

...much less nurses (to look after a sick woman).
   명사구 much less nurses + (to부정사구 : 형용사적 용법)
   (to부정사구) to look (after) (a sick woman)
            동사 (연결마디) 2개 : 동사 + (부사 : 관용 동사구) + (명사구)
산모를 돌 볼 간호사는 더더욱 없으니

You've got (to stay for Melanie).
   동사 (연결마디) 1개 : 동사 + (to부정사구 : 명사적용법)
   동사변화 : have/has + 과거분사 got ; 일반동사 현재완료
   (to부정사구) to stay (for Melanie)
            동사 (연결마디) 1개 : 동사 + (형용사성분 : 전치사구)
스칼렛이 돌봐 줘야만 하네

YouTube  해설 동영상

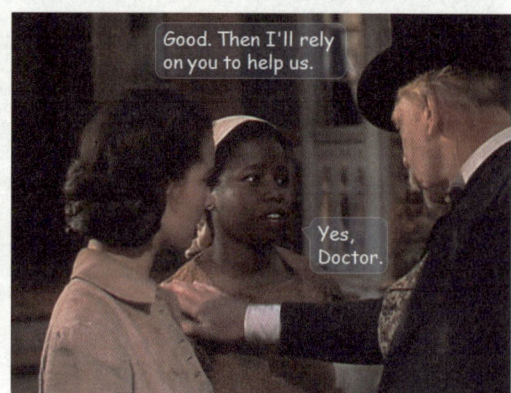

What for?
무엇을요?

I don't know (anything) (about babies being born)!
   동사 (연결마디) 2개 : 동사 + (명사) + (형용사성분 : 전치사구)
   동사변화 : 조동사 do(does) + 부사 not + 동사원형 know ; 일반동사 부정문
   (전치사구) about + (명사절)
         (명사절) babies being born
               동사 (연결마디) 없음 : 동사 단독
               동사변화 : being + 과거분사 born ; 수동태현재진행
저는 출산에 대해 아무것도 몰라요

I know, I know.
제가 알아요

I know (how to do it).
   동사 (연결마디) 1개 : 동사 + (to부정사구 : 명사적용법)
   (의문사 how + to부정사구) how to do (it)
               동사 (연결마디) 1개 : 동사 + (대명사)
어떻게 하는지 알아요

I have done (it) (lots and lots).
   동사 (연결마디) 2개 : 동사 + (대명사) + (형용사구)
   동사변화 : have/has + 과거분사 done , 일반동사 현재완료
아주 많이 해 봤어요

Let (me), Doctor, let (me).
박사님, 제게 맡겨 주세요

I can do (everything).
   동사 (연결마디) 1개 : 동사 + (명사)
   동사변화 : 조동사 can(능력, 추측, 허가) + 동사원형 do
다 할 수 있어요

Good. Then I'll rely (on you to help us).
   동사 (연결마디) 1개 : 동사 + (명사성분 : 전치사구)
   동사변화 : 조동사 will(의지, 습성, 요청) + 동사원형 rely
   (전치사구) on + 대명사 you+ (to부정사구 : 형용사적 용법)
       (to부정사구) to help (us)
               동사 (연결마디) 1개 : 동사 + (대명사)
그럼 네가 도와다오

Yes, Doctor.
넵

YouTube  해설 동영상

Ashley's fighting (in the field),
    동사 (연결마디) 1개 : 동사 + (형용사성분 : 전치사구)
    동사변화 : be동사 am/are/is + 현재분사 fighting ; 현재진행
애슐리는 전장에서 싸우고 있는데

fighting (for the cause).
    동사 (연결마디) 1개 : 동사 + (명사성분 : 전치사구)
    동사변화 : fight 현재분사 fighting ; 진행
남부를 위해

He may never come (back).
    동사 (연결마디) 1개 : 동사 + (부사 : 관용 동사구)
    동사변화 : 조동사 may(능력, 추측, 허가) + 동사원형 come
    수식어구[부사성분] : never
못 돌아올지도 몰라

He may die.
    동사변화 : 조동사 may(능력, 추측, 허가) + 동사원형 die
살아서는

Scarlett, we owe (him) (a well-born child).
    동사 (연결마디) 2개 : 동사 + (대명사) + (명사구)
우린 그의 아이를 잘 받아 줘야 해

Ashley.
애슐리

If you're coming, Scarlett, hurry!
    접속사 : if (if조건절)
    동사변화 : be동사 am/are/is + 현재분사 coming ; 현재진행
스칼렛, 갈 거면 서둘러라

I promised (Ashley)...
    동사 (연결마디) 1개 : 동사 + (고유명사)
    동사변화 : promise 과거형 promised ; 과거지사
애슐리와 한 약속이

YouTube  해설 동영상

...something.
있어요

Then you'll stay?
   접속사 : then
   동사 (연결마디) 없음 : 동사 단독
   동사변화 : 조동사 will(의지, 습성, 요청) + 동사원형 stay
그럼 남을 거지?

Good. Go (along), Miss Pittypat.
   동사 (연결마디) 1개 : 동사 + (부사 : 관용 동사구)
좋아, 먼저 가세요

Scarlett's staying.
   동사 (연결마디) 없음 : 동사 단독
   동사변화 : be동사 am/are/is + 현재분사 staying ; 현재진행
스칼렛은 남을 겁니다

Go (on), Uncle Peter.
   동사 (연결마디) 1개 : 동사 + (부사 : 관용 동사구)
출발해, 엉클 피터.

Oh dear, I don't know (what to do).
   동사 (연결마디) 1개 : 동사 + (to무성사구 : 명사적용법)
   동사변화 : 조동사 do(does) + 부사 not + 동사원형 know ; 일반동사 부정문
   (의문사 what + to부정사구) what to do
                     동사 (연결마디) 없음 : 동사 단독
이게 무슨 일 이래!

It's (like the end of the world).
   동사 (연결마디) 1개 : 동사 + (명사성분 : 전치사구)
세상이 끝장난 것 같아

Uncle Peter, my smelling salts.
엉클 피터, 내 약?

YouTube  해설 동영상

Melanie, it's (all your fault)!
    동사 (연결마디) 1개 : 동사 + (명사구)
멜라니, 모든 게 당신 탓이야

I hate (you), I hate (you)!
    동사 (연결마디) 1개 : 동사 + (대명사)
당신이 미워

And I hate (your baby)!
    동사 (연결마디) 1개 : 동사 + (명사구)
당신 아기도 미워

If only I hadn't promised (Ashley)!
    접속사구 : if only
    동사 (연결마디) 1개 : 동사 + (고유명사)
    동사변화 : had + 부사 not + 과거분사 promised ; 일반동사 과거완료부정
애슐리와의 약속만 없었다면

If only I hadn't promised (him)!
    접속사구 : if only
    동사 (연결마디) 1개 : 동사 + (대명사)
    동사변화 : had + 부사 not + 과거분사 promised ; 일반동사 과거완료부정
약속만 안 했더라면…

포위 공격, 하늘에서 죽음이 내렸다
35일 동안 짓밟힌 애틀랜타는 기적을 갈구하고 있었다
그리고 대포소리보다 무서운 침묵이 흘렀다

YouTube  해설 동영상

Stop! Stop, please stop!
  동사 (연결마디) 없음 : 동사 단독
이봐요, 멈춰요

Is it (true)?
  be동사 의문문(주어, 동사 위치변경) : It is... → Is it...?
  동사 (연결마디) 1개 : 동사 + (형용사)
정말 인가요

Are the Yankees coming?
  be동사 의문문(주어, 동사 위치변경) : the Yankees are coming ... → Are the Yankees coming...?
  동사변화 : be동사 am/are/is + 현재분사 coming ; 현재진행
양키들이 오는 게

I'm (afraid) so, ma'am.
  동사 (연결마디) 1개 : 동사 + (형용사)
  수식어구[부사성분] : so
그런 것 같습니다.

The Army's pulling (out).
  동사 (연결마디) 1개 : 동사 + (부사 : 관용 동사구)
  동사변화 : be동사 am/are/is + 현재분사 pulling ; 현재진행
군대도 철수 합니다

Pulling (out) (of Atlanta)?
  동사 (연결마디) 2개 : 동사 + (부사 : 관용 동사구) + (명사성분 : 전치사구)
  동사변화 : pull 현재분사 pulling ; 진행형
애틀랜타에서 철수한다고요

Leaving (us) (to the Yankees)?
  동사 (연결마디) 2개 : 동사 + (대명사) + (형용사성분 : 전치사구)
  동사변화 : leave 현재분사 leaving ; 진행형
우릴 양키 손에 내버려두고?

Not leaving, ma'am,
남지 말고

evacuating.
떠나세요

We've got (to before Sherman cuts the McDonough Road and catches us).
  동사 (연결마디) 1개 : 동사 + (형용사성분 : 전치사구)
  동사변화 : have/has + 과거분사 got ; 일반동사 현재완료
  (전치사구) to before + (명사절)
    (명사절) Sherman cuts (the McDonough Road)
      동사 (연결마디) 1개 : 동사 + (명사구)
      동사변화 : cut 3인칭단수현재 cuts
    and catches (us)
      접속사 : and
      동사 (연결마디) 1개 : 동사 + (대명사)
      동사변화 : catch 3인칭단수현재 catches
셔먼이 맥도나우를 차단하고 우릴 잡기 전에요

YouTube  해설 동영상

It can't be (true)!
- 동사 (연결마디) 1개 : 동사 + (형용사)
- 동사변화 : 조동사 can(능력, 추측, 허가) + 부사 not + be ; 예정부정

말도 안 돼,

It can't be (true)!
- 동사 (연결마디) 1개 : 동사 + (형용사)
- 동사변화 : 조동사 can(능력, 추측, 허가) + 부사 not + be ; 예정부정

그럴 리가요!

What'll I do?
- 의문사 What + 조동사 의문문
- 조동사 의문문(주어, 조동사 위치변경) : I shall → Shall I
- 동사변화 : 조동사 shall(단순미래, 의지 등) + 동사원형 do

어쩌면 좋죠?

Better (refugee south) right quick, ma'am.

남쪽으로 피하십시오.

If you'll excuse (me), ma'am.
- 접속사 : if (if조건절)
- 동사 (연결마디) 1개 : 동사 + (대명사)
- 동사변화 : 조동사 will(의지, 습성, 요청) + 동사원형 excuse

실례합니다

Prissy!

프리시,

Prissy, come (here)!
- 동사 (연결마디) 1개 : 동사 + (부사)

이리 와라

Go pack (my things and Miss Melanie's) too.
- 동사 (연결마디) 1개 : 동사 + (명사구)
- 동사변화 : (help / go / come 등) + 동사원형 pack
- 수식어구[부사성분] : too

짐을 싸라.

We're going (to Tara) right away.
- 동사 (연결마디) 1개 : 동사 + (명사성분 : 전치사구)
- 동사변화 : be동사 am/are/is + 현재분사 going ; 현재진행
- 수식어구[부사성분] : right away

당장 타라로 가야겠다

The Yankees are coming!
- 동사변화 : be동사 am/are/is + 현재분사 coming ; 현재진행

양키들이 온대

YouTube  해설 동영상

Yes, ma'am.
넵

Scarlett!
스칼렛!

Scarlett!
스칼렛...

Melly, we're going (to....)
   동사 (연결마디) 1개 : 동사 + (to부정사구 : 명사적용법)
   동사변화 : be동사 am/are/is + 현재분사 going ; 현재진행
멜라니, 피난을...

Melly!
멜라니...

I'm (sorry) (to be such a bother), Scarlett.
   동사 (연결마디) 2개 : 동사 + (형용사) + (to부정사구 : 부사적용법)
   (to부정사구) to be (such a bother)
             동사 (연결마디) 1개 : 동사 + (명사구)
자꾸 짐이 돼서 미안해요

YouTube  해설 동영상

It began (at daybreak).
   동사 (연결마디) 1개 : 동사 + (형용사성분 : 전치사구)
   동사변화 : begin 과거형 began ; 과거지사
새벽부터 진통이야

But, but....
그런데

But the Yankees are coming.
   동사 (연결마디) 없음 : 동사 단독
   동사변화 : be동사 am/are/is + 현재분사 coming ; 현재진행
지금 양키들이 오고 있는데...

Poor Scarlett.
가엾은 스칼렛

You'd be (at Tara) now (with your mother), wouldn't you...
   동사 (연결마디) 2개 : 동사 + (명사성분 : 전치사구) + (형용사성분 : 전치사구)
   동사변화 : 조동사 would(과거시점미래, 습관, 의지) + be ; 예정
   수식어구[부사성분] : now
   wouldn't you? : 부가의문문
지금쯤 타라에서 어머니와 있었겠죠?

...if it weren't (for me)?
   접속사 : if (가정법if절), if ~ were + not (가정법과거부정)
   동사 (연결마디) 1개 : 동사 + (형용사성분 : 전치사구)
나만 아니었다면

YouTube  해설 동영상

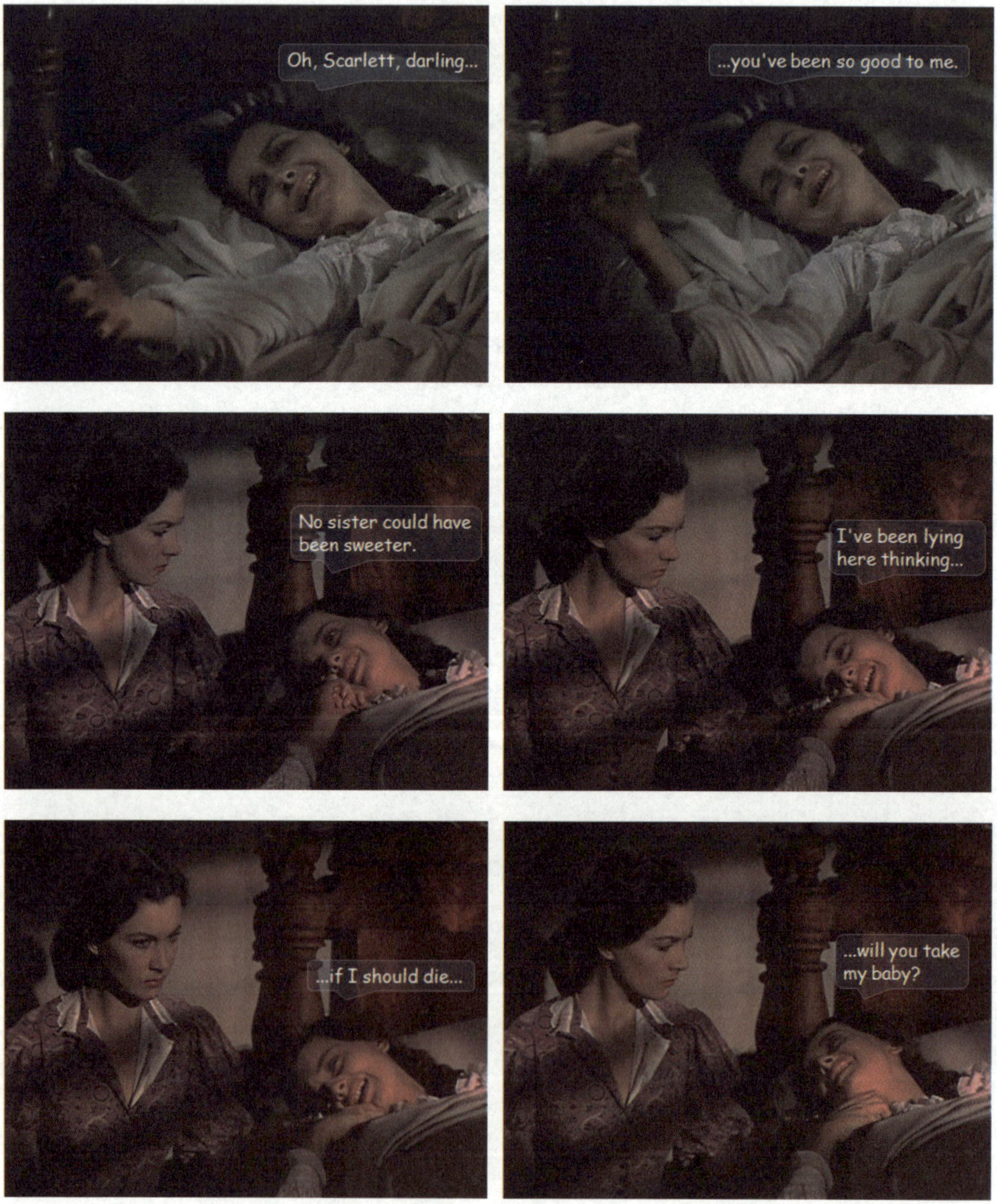

Oh, Scarlett, darling...
스칼렛,

...you've been so (good) (to me).
    동사 (연결마디) 2개 : 동사 + (형용사) + (부사성분 : 전치사구)
    동사변화 : have/has + 과거분사 been ; be동사 현재완료
    수식어구[부사성분] : so
내게 너무 잘해줬어요

No sister could have been (sweeter).
    동사 (연결마디) 1개 : 동사 + (형용사)
    동사변화 : could(능력, 추측, 허가) + have been ; be동사 현재완료
친자매라도 그러기 쉽지 않은데...

I've been lying here (thinking)...
    동사 (연결마디) 1개 : 동사 + (-ing구 : 형용사적 용법)
    동사변화 : have(has) + been + 현재분사 lying ; (be동사 현재완료) 진행
    수식어구[부사성분] : here
    (-ing구) thinking
           동사 (연결마디) 없음 : 동사 단독
누워서 생각했는데

...if I should die...
    접속사 : if (if조건절)
    동사 (연결마디) 없음 : 동사 단독
    동사변화 : 조동사 should(~해야 한다, ~할 것이다) + 동사원형 die
내가 죽으면

...will you take (my baby)?
    조동사 의문문(주어, 조동사 위치변경) : You will → Will you
    동사 (연결마디) 1개 : 동사 + (명사구)
우리 아기를 맡아주겠어요?

YouTube  해설 동영상

Oh, fiddle-dee-dee, Melly.
무서워요

Aren't things (bad enough) (without you talking about dying)?
   be동사 부정의문문(주어, 동사 위치변경) : things aren't → aren't things...?
   동사 (연결마디) 2개 : 동사 + (형용사구) + (부사성분 : 전치사구)
   (전치사구) without + (명사절)
         (명사절) you talking (about dying)
              동사 (연결마디) 1개 : 동사 + (전치사구)
              동사변화 : talk 현재분사 talking ; 진행
자꾸 죽는다는 말 말아요

I'll send (for Dr. Meade) right now.
   동사 (연결마디) 1개 : 동사 + (명사성분 : 전치사구)
   동사변화 : 조동사 will(의지, 습성, 요청) + 동사원형 send
   수식어구[부사성분] : right now
미드 박사님 모시러 보낼 게요.

Not yet, Scarlett.
아직 그러지 말아요

I couldn't let (Dr. Meade) (sit here for hours), while...
   동사 (연결마디) 2개 : 동사 + (명사구) + (원형부정사구 : 형용사적용법)
   동사변화 : 조동사 could(능력, 추측, 허가) + not + 동사원형 let ; 부정문
   (원형부정사구) sit (here) (for hours)
              동사 (연결마디) 2개 : 동사 + (부사) + (부사성분 : 전치사구)
박사님이 너무 일찍 오시면

...while all those poor, wounded boys -Melly,
불쌍한 부상병들이... -멜라니...

YouTube  해설 동영상

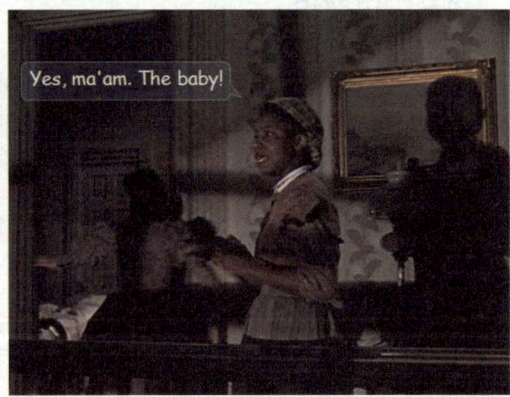

Prissy!
프리시!

Prissy! Prissy! Come (here), quick!
    동사 (연결마디) 1개 : 동사 + (부사)
프리시, 이리 와!

Go get (Dr. Meade)! Run quick!
    동사 (연결마디) 1개 : 동사 + (명사구)
    동사변화 : (help / go / come 등) + 동사원형 get
가서 미드 박사님을 모셔와, 뛰어

Yes, ma'am. The baby!
넵, 아기다

Well, don't stand (there) (like a scared goat). Run!
    동사 (연결마디) 2개 : 동사 + (부사) + (부사성분 : 전치사구)
    동사변화 : 조동사 Do + 부사 not + 동사원형 stand ; ~하지마라(명령문)
멍청히 섰지 말고 뛰어가!

Hurry! I'll sell (you) (South),
    동사 (연결마디) 2개 : 동사 + (대명사) + (형용사)
    동사변화 : 조동사 will(의지, 습성, 요청) + 동사원형 sell
서두르지 않으면 팔아버릴 거야

I will! I swear (I will)!
    동사 (연결마디) 1개 : 동사 + (명사절)
    (명사절) I will
맹세할 수 있어

YouTube  해설 동영상

Where's that Prissy?
  의문사 Where + be동사 의문문
  be동사 의문문(주어, 동사 위치변경) : That prissy is... → Is that Prissy...?
얘는 왜 안 오는 거야?

This room's (like an oven) already...
  동사 (연결마디) 1개 : 동사 + (명사성분 : 전치사구)
  수식어구[부사성분] : already
방이 찜통 같아

...and it isn't (noon) yet.
  동사 (연결마디) 1개 : 동사 + (명사)
  동사변화 : be동사 am/are/is + 부사 not ; be동사 부정문
  수식어구[부사성분] : yet
정오도 안 됐는데

Oh, don't worry, Melly.
  동사 (연결마디) 없음 : 동사 단독
  동사변화 : 조동사 Do + 부사 not + 동사원형 worry ; ~하지마라(명령문)
걱정 말아요, 멜러니

Mother says (it always seems like the doctor'll never come).
  동사 (연결마디) 1개 : 동사 + (명사절)
  동사변화 : say 3인칭단수현재 says
  (명사절) it always seem (like the doctor'll never come)
      동사 (연결마디) 1개 : 동사 + (명사성분 : 전치사구)
      수식어구[부사성분] : always
      (전치사구) like + (명사절)
          (명사절) doctor'll never come
              동사변화 : 조동사 will(의지, 습성, 요청) + 동사원형 come
              수식어구[부사성분] : never
어머니 말이 의사는 늘 늑장부린 댔어요

If I don't take (a strap) (to that Prissy)!
  접속사 : if (if조건절)
  동사 (연결마디) 2개 : 동사 + (명사) + (형용사성분 : 전치사구)
  동사변화 : 조동사 do(does) + 부사 not + 동사원형 take ; 일반동사 부정문
프리시는 매질을 안할 수 없어

YouTube  해설 동영상

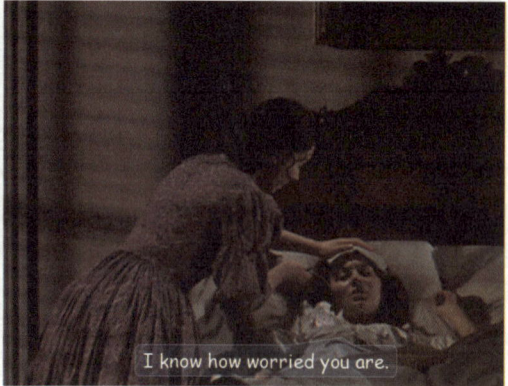

Oh, Melly.
멜라니,

You know (what I heard about Maybelle Merriwether)?
   동사 (연결마디) 1개 : 동사 + (what-절)
  (what-절) what I heard (about Maybelle Merriwether)
        접속사 : what
        동사 (연결마디) 1개 : 동사 + (명사성분 : 전치사구)
        동사변화 : hear 과거형 heard ; 과거지사
메이벨 메리웨더 얘길 알아요?

You remember (that funny-looking beau of hers)?
   동사 (연결마디) 1개 : 동사 + (명사구)
그녀의 우스꽝스런 애인 생각나요

The one (with a uniform like ladies' red flannel underdrawers).
   명사 The one + (형용사성분 : 전치사구)
   (전치사구) with + 명사 a uniform + (형용사성분 : 전치사구)
부인 속옷 같은 제복을 입은 사람

You don't have (to keep on talking for my sake), Scarlett.
   동사 (연결마디) 1개 : 동사 + (to부정사구 : 명사적용법)
   동사변화 : 조동사 do(does) + 부사 not + 동사원형 have ; 일반동사 부정문
   (to부정사구) to keep (on talking for my sake)
        동사 (연결마디) 1개 : 동사 + (명사성분 : 전치사구)
        (전치사구) on + 명사 talking + (형용사성분 : 전치사구)
날 안심시키려 애쓰지 말아요

I know (how worried you are).
   동사 (연결마디) 1개 : 동사 + (how-절)
   감탄문 = How + (형용사) + you are
속으론 걱정하는 거 알아요

YouTube  해설 동영상

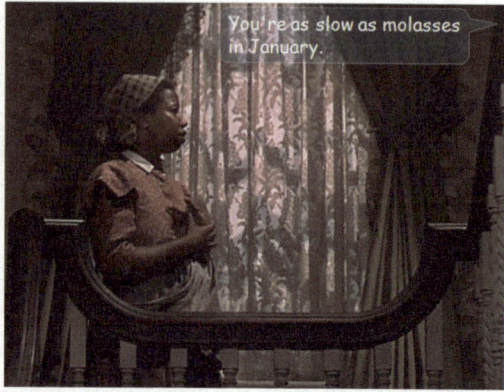

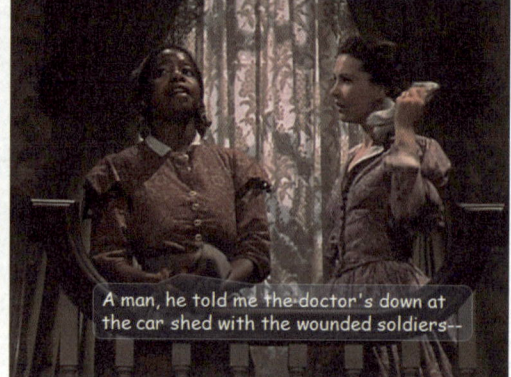

Oh, Melly, I'll just go and fetch (you) (some cooler water).
　동사 (연결마디) 2개 : 동사 + (대명사) + (명사구)
　동사변화 : 조동사 will(의지, 습성, 요청) + 동사원형 go and fetch
멜라니, 찬물 좀 가져 올게요

You're (as slow) (as molasses in January).
　동사 (연결마디) 2개 : 동사 + (형용사성분 : 전치사구) + (부사성분 : 전치사구)
굼벵이처럼 느려 터졌어.

And where's (Dr. Meade)?
　접속사 : and
　의문사 Where + be동사 의문문
　be동사 의문문(주어, 동사 위치변경) : Dr. Meade is... → Is Dr. Meade...?
미드 박사님은?

I ain't never seen (him), Miss Scarlett. -What?
　동사 (연결마디) 1개 : 동사 + (대명사)
　동사변화 : am/are/is + 부사 not + 과거분사 seen ; 수동태부정
만나지도 못 했어요. -뭐?

No, ma'am. He ain't (at the hospital).
　동사 (연결마디) 1개 : 동사 + (형용사성분 : 전치사구)
　동사변화 : be동사 am/are/is + 부사 not ; be동사 부정문
병원에 안 계세요

A man, he told (me) (the doctor's down at the car shed with the wounded soldiers)—
　동사 (연결마디) 2개 : 동사 + (대명사) + (명사절)
　(명사절) the doctor's (down) (at the car shed with the wounded soldiers)
　　　　동사 (연결마디) 2개 : 동사 + (형용사) + (부사성분 : 전치사구)
　　　　　　　　(전치사구) at + 명사구 car shed + (형용사성분 : 전치사구)
어떤 사람이 그러는데 부상병들과 정거장에 계신대요

YouTube  해설 동영상

Well, why didn't you go (after him)?
　의문사 Why + 일반동사과거 부정의문문
　일반동사과거 부정의문문(조동사 Do/Does과거 Did + not사용) : You went → Didn't you go
　동사 (연결마디) 1개 : 동사 + (명사성분 : 전치사구)
그럼 그리로 가봤어야지

Miss Scarlett.
아씨,

I was (scared) (to go down there to the car shed).
　동사 (연결마디) 2개 : 동사 + (형용사) + (to부정사구 : 부사적용법)
　동사변화 : be동사 am/is 과거형 was ; 과거지사
　(to부정사구) to go (down) there (to the car shed)
　　　　　동사 (연결마디) 2개 : 동사 + (부사 : 관용 동사구) + (명사성분 : 전치사구)
　　　　　수식어구[부사성분] : there
무서워서 정거장엔 못 가겠어요

There are (folks) (dying down there)
　동사 (연결마디) 2개 : 동사 + (명사) + (-ing구 : 형용사적 용법)
　(-ing구) dying (down there)
　　　　　동사 (연결마디) 1개 : 동사 + (부사구)
죽어 가는 사람이 많다는데

and I'm (scared) (of dead folks).
　접속사 : and
　동사 (연결마디) 2개 : 동사 + (형용사) + (부사성분 : 전치사구)
전 무서워요

Oh, you go sit (by Miss Melly).
　동사 (연결마디) 1개 : 동사 + (명사성분 : 전치사구)
　동사변화 : (help / go / come 등) + 동사원형 sit
멜라니 곁에 있어

And don't you be upsetting (her),
　조동사 부정의문문(주어, 조동사 위치변경) : You don't be upsetting → Don't you be upsetting
　동사 (연결마디) 1개 : 동사 + (대명사)
　동사변화 : be + 현재분사 upsetting ; 진행예정
멜라니를 힘들게 하면

or I'll whip (the hide off you)!
　접속사 : or
　동사 (연결마디) 1개 : 동사 + (명사구)
　동사변화 : 조동사 will(의지, 습성, 요청) + 동사원형 whip
죽도록 채찍질할 거야

YouTube  해설 동영상

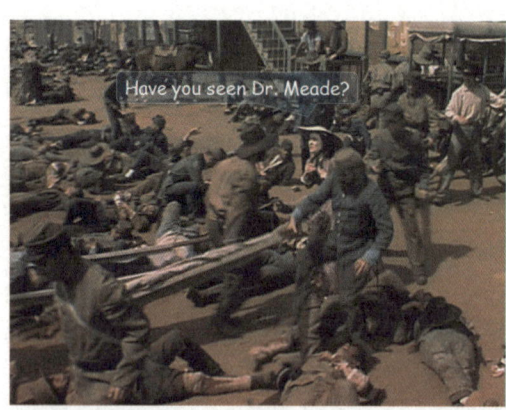
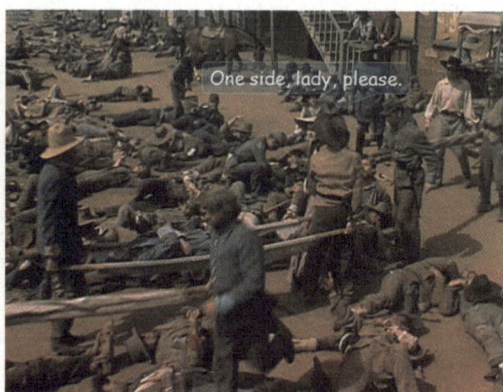

Have you seen (Dr. Meade)?
  현재완료 의문문(have동사 위치변경) : You have seen... → Have you seen...?
  동사 (연결마디) 1개 : 동사 + (명사구)
  동사변화 : have/has + 과거분사 seen ; 일반동사 현재완료
미드 박사님 보셨나요?

One side, lady, please.
좀 비켜주세요

[부상병으로 뒤덮인 역]

Dr. Meade!
미드 박사님!

Dr. Meade! At last!
여기 계셨군요

Oh, thank (heavens) (you're here).
  동사 (연결마디) 2개 : 동사 + (명사) + (형용사절)
  (형용사절) you are (here)
          동사 (연결마디) 1개 : 동사 + (부사)
잘 왔네.

I need (every pair of hands).
  동사 (연결마디) 1개 : 동사 + (명사구)
일손이 필요했는데

YouTube  해설 동영상

Come, child!
어서 와

Wake (up)!
   동사 (연결마디) 1개 : 동사 + (부사 : 관용 동사구)
서둘러,

We'**ve got** (work) (to do).
   동사 (연결마디) 2개 : 동사 + (명사구) + (to부정사구 : 형용사적 용법)
   동사변화 : have/has + 과거분사 got ; 일반동사 현재완료
   (to부정사구) to do
할 일이 많아

But Melly'**s having** (her baby).
   동사 (연결마디) 1개 : 동사 + (명사구)
   동사변화 : be동사 am/are/is + 현재분사 having ; 현재진행
멜라니가 진통을 해요.

You'**ve got** (to come with me)!
   동사 (연결마디) 1개 : 동사 + (to부정사구 : 명사적용법)
   동사변화 : have/has + 과거분사 got ; 일반동사 현재완료
   (to부정사구) to come (with me)
          동사 (연결마디) 1개 : 동사 + (형용사성분 : 전치사구)
같이 가주세요

Are you (crazy)?
   be동사 의문문(주어, 동사 위치변경) : You are... → Are you...?
   동사 (연결마디) 1개 : 동사 + (형용사)
정신 나갔나?

I can't leave (these men) (for a baby)!
   동사 (연결마디) 2개 : 동사 + (명사구) + (형용사성분 : 전치사구)
   동사변화 : 조동사 can(능력, 추측, 허가) + 부사 not + 동사원형 leave ; 부정문
저들을 두고 아기 받으러 못가지

They'**re** (dying hundreds of them)!
   동사 (연결마디) 1개 : 동사 + (명사구)
수백 명이 죽어가고 있어!

Get (some woman) (to help you).
   동사 (연결마디) 2개 : 동사 + (명사구) + (to부정사구 : 형용사적 용법)
   (to부정사구) to help (you)
다른 사람에게 부탁해

But there isn't (anybody).
   동사 (연결마디) 1개 : 동사 + (명사)
   동사변화 : be동사 am/are/is + 부사 not ; be동사 부정문
아무도 없어요.

And, Dr. Meade, she might die!
   동사변화 : 조동사 might(능력, 추측, 허가) + 동사원형 die
이러다 죽을 지도 몰라요

Die?
죽어?

YouTube  해설 동영상

Look (at them)!
　　동사 (연결마디) 1개 : 동사 + (명사성분 : 전치사구)
저들을 봐

Bleeding (to death in front of my eyes)!
　　동사 (연결마디) 1개 : 동사 + (형용사성분 : 전치사구)
　　동사변화 : bleed 현재분사 bleeding ; 진행
　　(전치사구) to + 명사 death + (형용사성분 : 전치사구)
눈 앞에서 죽어가며 피 흘리는

No chloroform! No bandages! Nothing! Nothing (to even ease their pain)!
　　명사 nothing + (to부정사구 : 형용사적 용법)
　　(to부정사구) to even ease (their pain)
　　　　　　동사 (연결마디) 1개 : 동사 + (명사구)
　　　　　수식어구[부사성분] : even
마취제도 붕대도 심지어 진통제도 없어

Now run along
그러니 어서 가

and don't bother (me).
　　동사 (연결마디) 1개 : 동사 + (대명사)
　　동사변화 : 조동사 Do + 부사 not + 동사원형 bother ; ~하지마라(명령문)
날 조르지 말고

Now don't worry, child.
　　동사변화 : 조동사 Do + 부사 not + 동사원형 worry ; ~하지마라(명령문)
걱정 마.

There's (nothing) (to bringing a baby).
　　동사 (연결마디) 2개 : 동사 + (명사) + (형용사성분 : 전치사구)
　　(전치사구) to + (-ing구 : 명사적용법)
　　　　　(-ing구) bringing (a baby)
　　　　　　　　동사 (연결마디) 1개 : 동사 + (명사)
아이 받는 일은 어렵지 않으니까

Now bring (those stretchers) (in here)!
　　동사 (연결마디) 2개 : 동사 + (명사구) + (형용사성분 : 전치사구)
들것 가져오게!

Dr. Meade!
박사님!

YouTube  해설 동영상

Here. I'm coming.
   동사 (연결마디) 없음 : <u>동사</u> 단독
   동사변화 : be동사 am/are/is + 현재분사 coming ; 현재진행
내가 가지

Is (the doctor come)?
   be동사 의문문(주어, 동사 위치변경) : the doctor come <u>is</u>... → <u>Is</u> the doctor come...?
   (명사절) the doctor <u>come</u>
박사님은요?

No, he can't come.
   동사 (연결마디) 없음 : <u>동사</u> 단독
   동사변화 : 조동사 can(능력, 추측, 허가) + 부사 not + 동사원형 come ; 부정문
못 오신다

Oh, Miss Scarlett, Miss Melly bad off.
어쩌죠? 더 심해지셨어요

He can't come.
   동사 (연결마디) 없음 : <u>동사</u> 단독
   동사변화 : 조동사 can(능력, 추측, 허가) + 부사 not + 동사원형 come ; 부정문
박사님도 못 오시고

There's (nobody) (to come).
   동사 (연결마디) 2개 : <u>동사</u> + (명사) + (to부정사구 : 형용사적 용법)
   (to부정사구) to <u>come</u>
와줄 사람도 없어

Prissy, you've got (to manage without the doctor).
   동사 (연결마디) 1개 : <u>동사</u> + (to부정사구 : 명사적용법)
   동사변화 : have/has + 과거분사 got ; 일반동사 현재완료
   (to부정사구) to <u>manage</u> (without the doctor)
              동사 (연결마디) 1개 : <u>동사</u> + (형용사성분 : 전치사구)
프리시가 의사 없이 해야 해

I'll help (you).
   동사 (연결마디) 1개 : <u>동사</u> + (대명사)
   동사변화 : 조동사 will(의지, 습성, 요청) + 동사원형 help
내가 도울께

YouTube  해설 동영상

Oh, lordy, Miss Scarlett.
안 돼요, 아씨

Well, what is it?
    의문사 What + be동사 의문문
    be동사 의문문(주어, 동사 위치변경) : It is... → Is it...?
왜 그러니?

Lordy, we've got (to have a doctor).
    동사 (연결마디) 1개 : 동사 + (to부정사구 : 명사적용법)
    동사변화 : have/has + 과거분사 got ; 일반동사 현재완료
    (to부정사구) to have (a doctor)
              동사 (연결마디) 1개 : 동사 + (명사)
의사가 있어야 해요

I don't know (nothing) (about birthing babies).
    동사 (연결마디) 2개 : 동사 + (명사) + (형용사성분 : 전치사구)
    동사변화 : 조동사 do(does) + 부사 not + 동사원형 know ; 일반동사 부정문
    (전치사구) about + (-ing구 : 명사적용법)
          (-ing구) birthing (babies)
              동사 (연결마디) 1개 : 동사 + (명사)
저는 아기 받을 줄 몰라요

What do you mean?
    의문사 What + 일반동사 의문문
    일반동사 의문문(조동사 Do/Does 사용) : You mean → Do you mean
    동사 (연결마디) 없음 : 동사 단독
무슨 뜻이야?

I don't know—
    동사 (연결마디) 없음 : 동사 단독
    동사변화 : 조동사 do(does) + 부사 not + 동사원형 know ; 일반동사 부정문
모르겠어요

YouTube  해설 동영상

You told (me) (you knew everything about it).
　　동사 (연결마디) 2개 : 동사 + (대명사) + (명사절)
　　동사변화 : tell 과거형 told ; 과거지사
　　(명사절) you knew (everything) (about it)
　　　　　　동사 (연결마디) 2개 : 동사 + (명사) + (형용사성분 : 전치사구)
　　　　　　동사변화 : know 과거형 knew ; 과거지사
잘 안다고 했잖아?

I don't know (how come I tell such a lie).
　　동사 (연결마디) 1개 : 동사 + (how-절)
　　(how-절) how come I tell (such a lie)
　　　　　의문사구 how come + 평서문
　　　　　동사 (연결마디) 1개 : 동사 + (명사성분 : 전치사구)
왜 거짓말을 했는지 저도 모르겠어요

Ma doesn't never let (me) (around)
　　동사 (연결마디) 2개 : 동사 + (대명사) + (형용사성분 : 전치사구)
　　동사변화 : 조동사 do(does) + 부사 not + 동사원형 let ; 일반동사 부정문
　　수식어구[부사성분] : never
엄마는 저를 쫓아 냈어요

when folks were having (them).
　　접속사 : when
　　동사 (연결마디) 1개 : 동사 + (대명사)
　　동사변화 : be동사과거 was/were + 현재분사 having ; 과거진행
아기가 나올 때는

Scarlett!
스칼렛...

Scarlett!
스칼렛!

Oh, Miss Scarlett....
스칼렛 아씨...

YouTube  해설 동영상

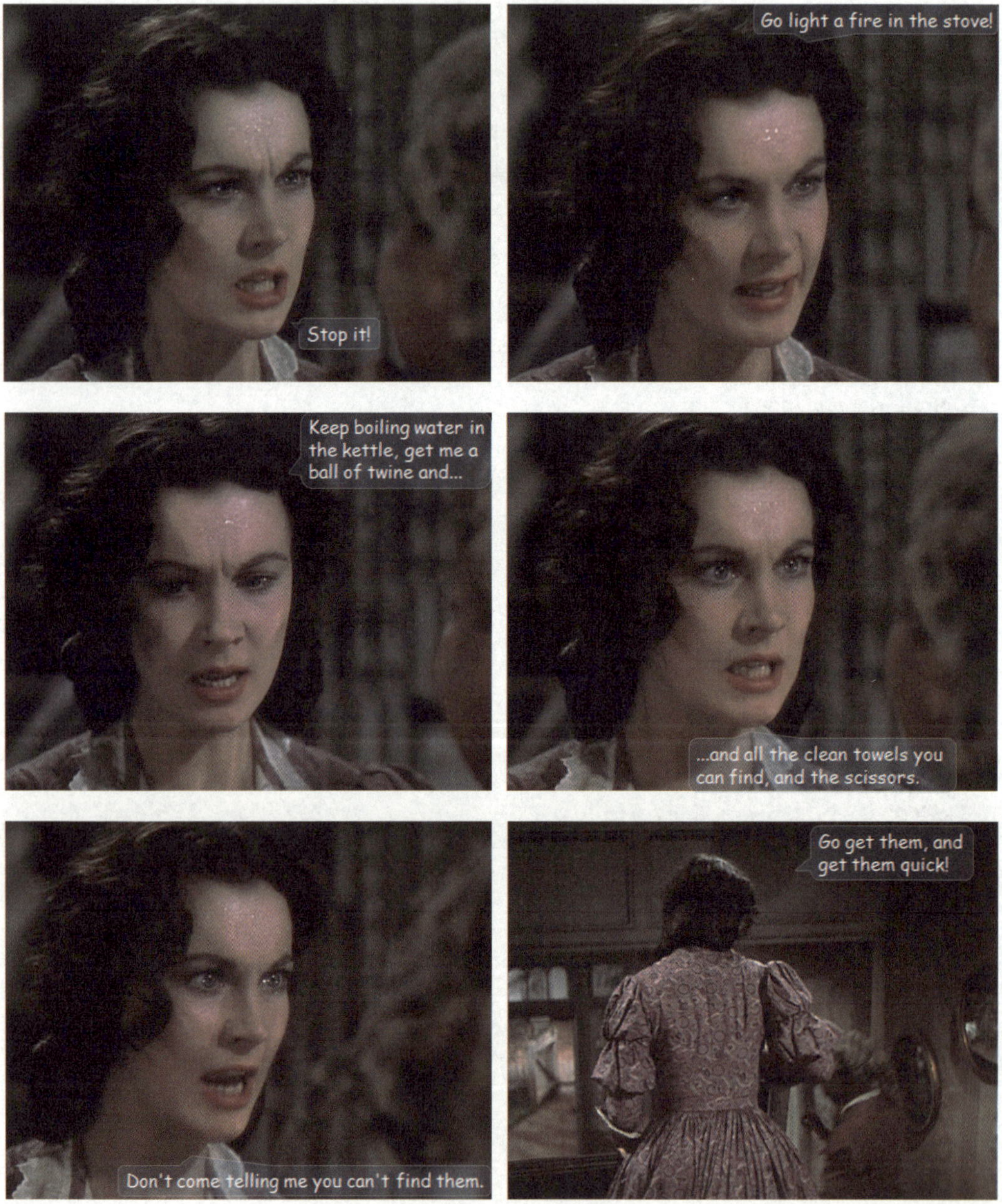

Stop it!

Go light a fire in the stove!

Keep boiling water in the kettle, get me a ball of twine and...

...and all the clean towels you can find, and the scissors.

Don't come telling me you can't find them.

Go get them, and get them quick!

Stop (it)!
   동사 (연결마디) 1개 : 동사 + (대명사)
조용해!

Go light (a fire) (in the stove)!
   동사 (연결마디) 2개 : 동사 + (명사) + (형용사성분 : 전치사구)
   동사변화 : (help / go / come 등) + 동사원형 light
불을 피우고

Keep (boiling water in the kettle),
   동사 (연결마디) 1개 : 동사 + (-ing구 : 명사적용법)
   (-ing구) boiling (water) (in the kettle)
            동사 (연결마디) 2개 : 동사 + (명사) + (형용사성분 : 전치사구)
주전자에 물을 끓여라.

get (me) (a ball of twine) and...
   동사 (연결마디) 2개 : 동사 + (대명사) + (명사구)
실 좀 가져다 주고

...and all the clean towels (you can find), and the scissors.
   명사구 all the clean towels + (형용사절)
   (형용사절) you can find
            동사변화 : 조동사 can(능력, 추측, 허가) + 동사원형 find
깨끗한 수건 전부 다 그리고 가위

Don't come telling (me) (you can't find them).
   동사 (연결마디) 2개 : 동사 + (대명사) + (명사절)
   동사변화 : 조동사 Do + 부사 not + 동사원형 come ; ~하지마라(명령문)
   동사변화 : (help / go / come 등) + 진행형 telling
   (명사절) you can't find (them)
            동사 (연결마디) 1개 : 동사 + (대명사)
            동사변화 : 조동사 can(능력, 추측, 허가) + 부사 not + 동사원형 find ; 부정문
못 찾겠다고 하면 안 돼

Go get (them), and **get** (them) quick!
   동사 (연결마디) 1개 : 동사 + (대명사)
   동사변화 : (help / go / come 등) + 동사원형 get
   수식어구[부사성분] : quick
어서 가져와!

YouTube  해설 동영상

Scarlett!
스칼렛!

Coming, Melly.
멜라니 가고 있어요

Coming.
지금 가요,

Go, Scarlett,
스칼렛, 피해요

before the Yankees get (here).
   접속사 : before
   동사 (연결마디) 1개 : 동사 + (부사)
양키가 오기 전에

I'm not (afraid).
   동사 (연결마디) 1개 : 동사 + (형용사)
   동사변화 : be동사 am/are/is + 부사 not ; be동사 부정문
난 괜찮아요

You know (I won't leave you).
   동사 (연결마디) 1개 : 동사 + (명사절)
   (명사절) I won't leave (you)
         동사 (연결마디) 1개 : 동사 + (대명사)
         동사변화 : 조동사 will(의지, 습성, 요청) + not + 동사원형 leave ; 부정
안 떠날 줄 알잖아요

It's (no use).
   동사 (연결마디) 1개 : 동사 + (명사구)
소용없어요

I'm going (to die).
   동사 (연결마디) 1개 : 동사 + (to부정사구 : 명사적용법)
   동사변화 : be동사 am/are/is + 현재분사 going ; 현재진행
   (to부정사구) to die
         동사 (연결마디) 없음 : 동사 단독
난 죽을 거예요

YouTube  해설 동영상

Don't be (a goose), Melly.
   동사 (연결마디) 1개 : <u>동사</u> + (명사)
   동사변화 : 조동사 Do + 부사 not + 동사원형 be ; ~하지마라(명령문)
마음 굳게 먹고

Hold (on) (to me). Hold (on) (to me).
   동사 (연결마디) 2개 : <u>동사</u> + (부사 : 관용 동사구) + (명사성분 : 전치사구)
날 믿어요

Talk (to me), Scarlett.
   동사 (연결마디) 1개 : <u>동사</u> + (명사성분 : 전치사구)
떠나요, 스칼렛

Please talk (to me).
   동사 (연결마디) 1개 : <u>동사</u> + (명사성분 : 전치사구)
어서 떠나요

Don't try (to be brave), Melly.
   동사 (연결마디) 1개 : <u>동사</u> + (to부정사구 : 명사적용법)
   동사변화 : 조동사 Do + 부사 not + 동사원형 try ; ~하지마라(명령문)
   (to부정사구) to be (brave)
          동사 (연결마디) 1개 : <u>동사</u> + (형용사)
용감한 척 말고

Yell (all you want to),
   동사 (연결마디) 1개 : <u>동사</u> + (형용사절)
   (형용사절) all you want (to)
          동사 (연결마디) 1개 : <u>동사</u> + (명사성분 : 전치사구)
맘껏 소리 질러요

there's (nobody) (to hear).
   동사 (연결마디) 2개 : <u>동사</u> + (명사) + (to부정사구 : 형용사적 용법)
   (to부정사구) to hear
들을 사람 없으니

Ma says (that if you puts a knife under the bed it cuts the pain in two).
   동사 (연결마디) 1개 : <u>동사</u> + (that-절)
   (that-절) that if you put (a knife) (under the bed)
        접속사 : if (if조건절)
        동사 (연결마디) 2개 : <u>동사</u> + (명사) + (형용사성분 : 전치사구)
         it cut (the pain) (in two)
        동사 (연결마디) 2개 : <u>동사</u> + (명사) + (형용사성분 : 전치사구)
엄마는 침대 밑에 칼을 두면 아프지 않댔어요

YouTube  해설 동영상

Captain Butler!
버틀러 씨!

Captain Butler!
버틀러 씨!

What do you want?
 의문사 What + 일반동사 의문문
 일반동사 의문문(조동사 Do/Does 사용) : You want → Do you want
누굴 찾니?

Captain Butler.
버틀러 씨요

He's (upstairs).
 동사 (연결마디) 1개 : 동사 + (형용사)
위층에 계신다.

Belle Watling's giving (a party).
 동사 (연결마디) 1개 : 동사 + (명사)
 동사변화 : be동사 am/are/is + 현재분사 giving ; 현재진행
벨 와틀링의 파티가 있어서

Thank (you).
 동사 (연결마디) 1개 : 동사 + (대명사)
고마워요

YouTube  해설 동영상

Captain Butler! Oh, Captain Butler!
버틀러 씨! 버틀러 씨!

What's all the rumpus (about)?
  의문사 What + be동사 의문문
  be동사 의문문(주어, 동사 위치변경) : all the rumpus is... → Is all the rumpus...?
  동사 (연결마디) 1개 : 동사 + (형용사성분 : 전치사구)
웬 소란이냐?

I've got (a message) (for Captain Butler), Miss Watling!
  동사 (연결마디) 2개 : 동사 + (명사) + (형용사성분 : 전치사구)
  동사변화 : have/has + 과거분사 got ; 일반동사 현재완료
버틀러 씨에게 할 말이 있어요

Captain Butler, you come (out) here (in the streets) to me.
  동사 (연결마디) 2개 : 동사 + (부사 : 관용 동사구) + (명사성분 : 전치사구)
  수식어구[부사성분] : here, to me
좀 나와 보세요

What is it, Prissy?
  의문사 What + be동사 의문문
  be동사 의문문(주어, 동사 위치변경) : It is... → Is it...?
무슨 일이냐, 프리시?

Miss Scarlett, she has sent (me) (for you).
  동사 (연결마디) 2개 : 동사 + (대명사) + (형용사성분 : 전치사구)
  동사변화 : have/has + 과거분사 sent ; 일반동사 현재완료
스칼렛 아씨가 보냈어요

YouTube  해설 동영상

Miss Melly, she has had (her baby) today.
   동사 (연결마디) 1개 : 동사 + (명사구)
   동사변화 : have/has + 과거분사 had ; 일반동사 현재완료
   수식어구[부사성분] : today
멜라니 아씨가 아기를 낳았거든요

And a fine baby boy...
잘 생긴 아들이에요

...and Miss Scarlett and me, we bring (him).
   동사 (연결마디) 1개 : 동사 + (대명사)
스칼렛 아씨랑 제가 받았죠

Do you mean (to tell me that Scarlett)—
   일반동사 의문문(조동사 Do/Does 사용) : You mean → Do you mean
   동사 (연결마디) 1개 : 동사 + (to부정사구 : 명사적용법)
   (to부정사구) to tell (me) (that Scarlett)
            동사 (연결마디) 2개 : 동사 + (대명사) + (that-절)
스칼렛이 아기를 받았다고?

Well, it was mostly (me), Cap'n Butler, only Miss Scarlett...
   동사 (연결마디) 1개 : 동사 + (대명사)
   동사변화 : be동사 am/is 과거형 was ; 과거지사
   수식어구[부사성분] : mostly
주로 제가 했고 아씨는

...she helped (me) (a little),
   동사 (연결마디) 2개 : 동사 + (대명사) + (형용사)
   동사변화 : help 과거형 helped ; 과거지사
아씨는 돕기만 했어요

but I don't expect (no doctor could have done no better)!
   접속사 : but
   동사 (연결마디) 1개 : 동사 + (명사절)
   동사변화 : 조동사 do(does) + 부사 not + 동사원형 expect ; 일반동사 부정문
   (명사절) no doctor could have done (no better)
         동사 (연결마디) 1개 : 동사 + (부사구)
         동사변화 : could(능력, 추측, 허가) + have + 과거분사 done ; 현재완료
하지만 어느 의사보다 잘 해낸 걸요

YouTube  해설 동영상

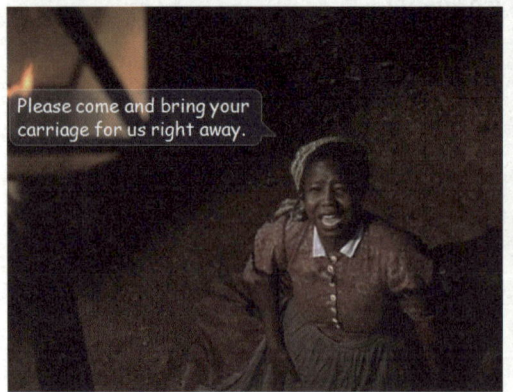

Only Miss Melly, she feeling (kind a poorly)
　　동사 (연결마디) 1개 : 동사 + (명사구)
　　동사변화 : feel 현재분사 feeling ; 진행형
멜라니 아가씨가 힘들어했지만

now it's (all over)!
　　접속사 : Now
　　동사 (연결마디) 1개 : 동사 + (형용사구)
지금은 괜찮아요

Yes, I can believe (that)!
　　동사 (연결마디) 1개 : 동사 + (대명사)
　　동사변화 : 조동사 can(능력, 추측, 허가) + 동사원형 believe
짐작이 간다

And the Yankees is coming
　　동사변화 : be동사 am/are/is + 현재분사 coming ; 현재진행
양키가 온다고

and Miss Scarlett she said....
　　동사변화 : say 과거형 said ; 과거지사
스칼렛 아씨는...

Oh, Captain Butler, the Yankees is (here)!
　　동사 (연결마디) 1개 : 동사 + (부사)
양키가 벌써 왔어요

Please come and bring (your carriage) (for us) right away.
　　동사 (연결마디) 2개 : 동사 + (명사구) + (형용사성분 : 전치사구)
　　수식어구[부사성분] : right away
마차를 갖고 와주세요

I'm (sorry), Prissy,
　　동사 (연결마디) 1개 : 동사 + (형용사)
안 됐지만

but the Army took (my horse and carriage).
　　접속사 : but
　　동사 (연결마디) 1개 : 동사 + (명사구)
　　동사변화 : take 과거형 took ; 과거지사
군대에서 마차를 가져 갔단다

YouTube  해설 동영상

You'd better come (upstairs).
  동사 (연결마디) 1개 : 동사 + (형용사)
  동사변화 : 조동사구 would better(차라리 ~하는 게 낫겠다) + 동사원형 come
올라오너라,

I'll see (what I can do).
  동사 (연결마디) 1개 : 동사 + (what-절)
  동사변화 : 조동사 will(의지, 습성, 요청) + 동사원형 see
  (what-절) what I can do
         접속사 : what
         동사 (연결마디) 없음 : 동사 단독
         동사변화 : 조동사 can(능력, 추측, 허가) + 동사원형 do
궁리를 해보자

Oh, no, Captain Butler!
안돼요. 버틀러씨

My ma would wear (me) (out with a corns talk)
  동사 (연결마디) 2개 : 동사 + (대명사) + (형용사성분 : 전치사구)
  동사변화 : 조동사 would(과거시점미래, 습관, 의지) + 동사원형 wear
엄마한테 옥수숫대로 맞아요

if I have (to go into Miss Watling's).
  접속사 : if (if조건설)
  동사 (연결마디) 1개 : 동사 + (to부정사구 : 명사적용법)
  (to부정사구) to go (into Miss Watling's)
         동사 (연결마디) 1개 : 동사 + (명사성분 : 전치사구)
와틀링의 집에 들어가면

Any of you beauties know (where I can steal a horse for a good cause)?
  동사 (연결마디) 1개 : 동사 + (where-절)
  (where-절) where I can steal (a horse) (for a good cause)
         접속사 : where
         동사 (연결마디) 2개 : 동사 + (명사) + (형용사성분 : 전치사구)
         동사변화 : 조동사 can(능력, 추측, 허가) + 동사원형 steal
어디 말 훔칠 만한데 없나?

Whoa, Marse Robert.
멈춰, 마스 로버트.

Is that (you), Rhett?
  be동사 의문문(주어, 동사 위치변경) : That is... → Is that...?
당신이에요, 레트?

YouTube  해설 동영상

We're (here), Miss Scarlett. We're (here)!
　동사 (연결마디) 1개 : 동사 + (부사)
우리가 왔어요, 아씨

Rhett, I knew (you'd come).
　동사 (연결마디) 1개 : 동사 + (명사절)
　동사변화 : know 과거형 knew ; 과거지사
　(명사절) you'd come
　　　동사 (연결마디) 없음 : 동사 단독
　　　동사변화 : 조동사 would(과거시점미래, 습관, 의지) + 동사원형 come
올 줄 알았어요

Good evening. Nice weather (we're having).
　명사구 Nice weather + (형용사절)
　(형용사절) we're having
　　　동사 (연결마디) 없음 : 동사 단독
　　　동사변화 : be동사 am/are/is + 현재분사 having ; 현재진행
잘 지냈소? 날씨가 좋군

Prissy tells (me) (you're planning on taking a trip).
　동사 (연결마디) 2개 : 동사 + (대명사) + (명사절)
　동사변화 : tell 3인칭단수현재 tells
　(명사절) you're planning (on taking a trip)
　　　동사 (연결마디) 1개 : 동사 + (명사성분 : 전치사구)
　　　동사변화 : be동사 am/are/is + 현재분사 planning ; 현재진행
　　　(전치사구) on + (-ing구 : 명사적용법)
　　　　　(-ing구) taking (a trip)
　　　　　　　동사 (연결마디) 1개 : 동사 + (명사)
여행을 준비하신다 구요?

If you make (any jokes)
　접속사 : if (if조건절)
　동사 (연결마디) 1개 : 동사 + (명사구)
계속 농담하면

now I'll kill (you)!
　접속사 : now
　동사 (연결마디) 1개 : 동사 + (대명사)
　동사변화 : 조동사 will(의지, 습성, 요청) + 동사원형 kill
죽여 버릴 거예요

Don't tell (me) (you're frightened).
　동사 (연결마디) 2개 : 동사 + (대명사) + (명사절)
　동사변화 : 조동사 Do + 부사 not + 동사원형 tell ; ~하지마라(명령문)
　(명사절) you're frightened
　　　동사 (연결마디) 없음 : 동사 단독
　　　동사변화 : be동사 am/are/is + 과거분사 frightened ; 수동태
무섭다는 뜻은 아니겠죠?

YouTube  해설 동영상

I'm (scared) (to death).
    동사 (연결마디) 2개 : 동사 + (형용사) + (부사성분 : 전치사구)
무서워 죽겠어요

If you had (the sense of a goat),
    접속사 : if (if조건절)
    동사 (연결마디) 1개 : 동사 + (명사구)
    동사변화 : have 과거형 had ; 과거지사
당신도 느낌이 있다면

you'd be (scared) too.
    동사 (연결마디) 1개 : 동사 + (형용사)
    동사변화 : 조동사 would(과거시점미래, 습관, 의지) + be ; 예정
    수식어구[부사성분] : too
두려울 거 에요

Oh, the Yankees.
양키예요?
No, not yet.
아직 아니오,

That's (what's left of our Army),
    동사 (연결마디) 1개 : 동사 + (명사절)
    (명사절) what's (left of our Army)
          동사 (연결마디) 1개 : 동사 + (명사구)
그건 남아있는 아군들

blowing (up) (the ammunition)...
    동사 (연결마디) 2개 : 동사 + (부사 : 관용 동사구) + (명사)
    동사변화 : blow 현재분사 blowing ; 진행
탄약을 폭파하는

...so the Yankees won't get (it).
    접속사 : so
    동사 (연결마디) 1개 : 동사 + (대명사)
    동사변화 : 조동사 will(의지, 습성, 요청) + not + 동사원형 get ; 부정
양키가 손에 넣지 못하도록

We've got (to get out of here).
    동사 (연결마디) 1개 : 동사 + (to부정사구 : 명사적용법)
    동사변화 : have/has + 과거분사 got ; 일반동사 현재완료
    (to부정사구) to get (out) (of here)
          동사 (연결마디) 2개 : 동사 + (부사 : 관용 동사구) + (명사성분 : 전치사구)
여길 떠나야 겠어요

YouTube  해설 동영상

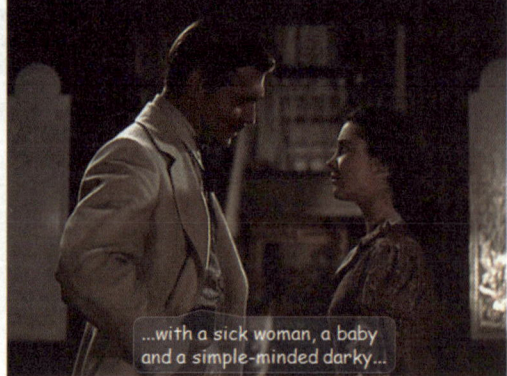

At your service, Madam.
그리하시지요

Just where are you figuring (on going)?
    수식어구[부사성분] : just
    의문사 Where + be동사 의문문
    be동사 의문문(주어, 동사 위치변경) : You are figuring ... → Are you figuring...?
    동사 (연결마디) 1개 : 동사 + (명사성분 : 전치사구)
그런데 어디로 가시는지?

Home, to Tara.
타라에 있는 집으로요

Don't you know (that they've been fighting all day around Tara)?
    일반동사 부정의문문(조동사 Do + not사용) : You know → Don't you know
    동사 (연결마디) 1개 : 동사 + (명사절)
    (명사절) that they've been fighting all day (around Tara)
        접속사 : that
        동사 (연결마디) 1개 : 동사 + (명사성분 : 전치사구)
        동사변화 : have(has) + been + 현재분사 fighting ; (be동사 현재완료) 진행
        수식어구[부사성분] : all day
타라가 격전지인 걸 모르오?

Do you think (you can parade through the Yankee Army)...
    일반동사 의문문(조동사 Do/Does 사용) : You think → Do you think
    동사 (연결마디) 1개 : 동사 + (명사절)
    (명사절) you can parade (through the Yankee Army)
        동사 (연결마디) 1개 : 동사 + (형용사성분 : 전치사구)
        동사변화 : 조동사 can(능력, 추측, 허가) + 동사원형 parade
양키군에게 간다고?

...with a sick woman, a baby and a simple-minded darky...
산모와 핏덩이, 멍청이를 데리고

YouTube  해설 동영상

...or do you intend (leaving them behind)?
　　일반동사 의문문(조동사 Do/Does 사용) : You intend → Do you intend
　　동사 (연결마디) 1개 : 동사 + (-ing구 : 명사적용법)
　　(-ing구) leaving (them) (behind)
　　　　　　동사 (연결마디) 2개 : 동사 + (대명사) + (형용사)
아니면 혼자 갈 거요?

They're going (with me)
　　동사 (연결마디) 1개 : 동사 + (형용사성분 : 전치사구)
　　동사변화 : be동사 am/are/is + 현재분사 going ; 현재진행
저들도 같이

and I'm going (home)
　　동사 (연결마디) 1개 : 동사 + (부사)
　　동사변화 : be동사 am/are/is + 현재분사 going ; 현재진행
집에 가야죠

and you can't stop (me)!
　　동사 (연결마디) 1개 : 동사 + (대명사)
　　동사변화 : 조동사 can(능력, 추측, 허가) + 부사 not + 동사원형 stop ; 부정문
날 막을 생각은 말아요

Don't you know (it's dangerous jouncing Mrs. Wilkes over miles of open country)?
　　일반동사 부정의문문(조동사 Do + not사용) : You know → Don't you know
　　동사 (연결마디) 1개 : 동사 + (명사절)
　　(명사절) it's (dangerous) (jouncing Mrs. Wilkes over miles of open country)
　　　　　　동사 (연결마디) 2개 : 동사 + (형용사) + (-ing구 : 부사적용법)
　　　　　　(-ing구) jouncing (Mrs. Wilkes) (over miles of open country)
　　　　　　　　　　동사 (연결마디) 2개 : 동사 + (명사구) + (형용사성분 : 전치사구)
산모를 데리고 먼 길을 가는 건 위험해요

I want (my mother)!
　　동사 (연결마디) 1개 : 동사 + (명사구)
어머니가 보고 싶어요

I want (to go home to Tara)!
　　동사 (연결마디) 1개 : 동사 + (to부정사구 : 명사적용법)
　　(to부정사구) to go (home) (to Tara)
　　　　　　동사 (연결마디) 2개 : 동사 + (명사) + (형용사성분 : 전치사구)
타라로 갈래요

Tara's probably been burned (to the ground).
　　동사 (연결마디) 1개 : 동사 + (형용사성분 : 전치사구)
　　동사변화 : have/has + been (be동사 현재완료) + 과거분사 burned ; 수동태현재완료
　　　수식어구[부사성분] : probably
타라가 불타 버렸을지도 모르고

YouTube  해설 동영상

The woods are (full of stragglers) (from both armies).
    동사 (연결마디) 2개 : 동사 + (명사구) + (형용사성분 : 전치사구)
숲은 도망병들로 가득 찼고

The least they'll do is (take the horse away from you)...
    [동사 앞 주어] The least (they'll do)
              명사 The least + (형용사절)
               (형용사절) they'll do
                      동사변화 : 조동사 will(의지, 습성, 요청) + 동사원형 do
    동사 (연결마디) 1개 : 동사 + (원형부정사구 : 명사적용법)
    (원형부정사구) take (the horse) (away) from you
              동사 (연결마디) 2개 : 동사 + (명사) + (부사 : 관용 동사구)
              수식어구[부사성분] : from you
도망병들은 말을 뺏으려 할 거요

...and even though it isn't (much of an animal)...
    수식어구[부사성분] : even though
    동사 (연결마디) 1개 : 동사 + (명사구)
    동사변화 : be동사 am/are/is + 부사 not ; be동사 부정문
저 말도 좋은 말은 못 되지만

...I did have (a lot of trouble) (stealing it).
    동사 (연결마디) 2개 : 동사 + (명사구) + (-ing구 : 형용사적 용법)
    동사변화 : 조동사 do/does/did + 일반동사 have ; 강조
    (-ing구) stealing (it)
           동사 (연결마디) 1개 : 동사 + (대명사)
훔치느라 힘들었소

I'm going (home)
    동사 (연결마디) 1개 : 동사 + (부사)
    동사변화 : be동사 am/are/is + 현재분사 going ; 현재진행
집에 가겠어요

if I have (to walk every step of the way).
    접속사 : if (if조건절)
    동사 (연결마디) 1개 : 동사 + (to부정사구 : 명사적용법)
    (to부정사구) to walk (every step) (of the way)
              동사 (연결마디) 2개 : 동사 + (명사구) + (형용사성분 : 전치사구)
걸어서라도

I'll kill (you)
    동사변화 : 조동사 will(의지, 습성, 요청) + 동사원형 kill
당신을 죽이겠어

if you try (to stop me).
    접속사 : if (if조건절)
    동사 (연결마디) 1개 : 동사 + (to부정사구 : 명사적용법)
    (to부정사구) to stop (me)
날 막으면

I will, I will!
꼭 그러고 말 거야...

YouTube  해설 동영상

I will!
꼭

All right, darling, all right. Now you shall go (home).
   접속사 : Now
   동사 (연결마디) 1개 : 동사 + (부사)
   동사변화 : 조동사 shall(단순미래, 의지 등) + 동사원형 go
알았소, 스칼렛, 집에 갈 수 있을 거요

I guess (anybody who did what you've done today can take care of Sherman).
   동사 (연결마디) 1개 : 동사 + (명사절)
   (명사절) anybody who did (what you've done today can take care of Sherman)
      동사 (연결마디) 1개 : 동사 + (명사절)
      (명사절) what you've done today can take (care) (of Sherman)
         [동사 앞 주어] what you've done today
            접속사 : what
            동사변화 : have/has + 과거분사 done ; 일반동사 현재완료
            수식어구[부사성분] : today
         동사 (연결마디) 2개 : 동사 + (명사) + (형용사성분 : 전치사구)
         동사변화 : 조동사 can(능력, 추측, 허가) + 동사원형 take
오늘 당신이 한 일을 보면 셔먼도 해치우겠어

Here, now. Stop (crying).
   동사 (연결마디) 1개 : 동사 + (동명사)
울지 말아요

Now blow (your nose) (like a good little girl).
   접속사 : Now
   동사 (연결마디) 2개 : 동사 + (명사구) + (형용사성분 : 전치사구)
착한 아이답게 코를 풀어요

There.
자

YouTube  해설 동영상

Prissy! What are you doing?
  의문사 What + be동사 의문문
  be동사 의문문(주어, 동사 위치변경) : You are doing ... → Are you doing...?
프리시, 뭐하고 있니?

I'm packing, Miss Scarlett.
  동사 (연결마디) 없음 : 동사 단독
  동사변화 : be동사 am/are/is + 현재분사 packing ; 현재진행
짐 챙겨요

Stop (it)
  동사 (연결마디) 1개 : 동사 + (대명사)
그만두고

and come get (the baby).
  동사 (연결마디) 1개 : 동사 + (명사)
  동사변화 : (help / go / come 등) + 동사원형 get
아기나 데려와

Yes, ma'am.
알았어요

Melly!
멜라니!

Mrs. Wilkes, we're taking (you) (to Tara).
  동사 (연결마디) 2개 : 동사 + (대명사) + (형용사성분 : 전치사구)
  동사변화 : be동사 am/are/is + 현재분사 taking ; 현재진행
우리가 부인을 타라로 데려갈 겁니다

YouTube  해설 동영상

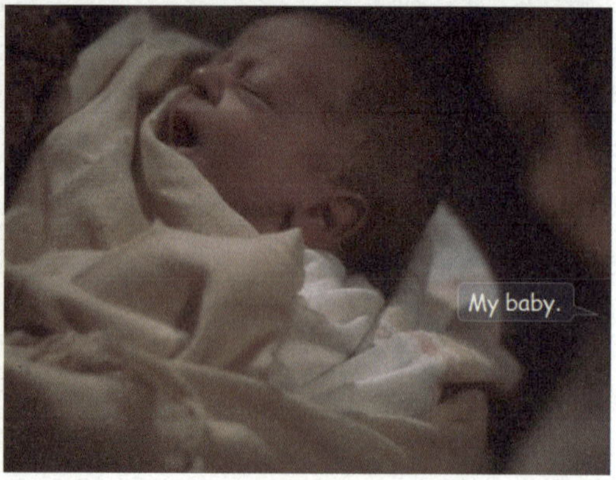

Tara....
타라...

It's (the only way), Melly.
　　동사 (연결마디) 1개 : 동사 + (명사구)
그 길 뿐이에요.

No.
안 돼요...

Sherman will burn (the house) (over our heads)
　　동사 (연결마디) 2개 : 동사 + (명사) + (형용사성분 : 전치사구)
　　동사변화 : 조동사 will(의지, 습성, 요청) + 동사원형 burn
셔먼이 집을 태워버릴 거예요

if we stay.
　　접속사 : if (if조건절)
　　동사 (연결마디) 없음 : 동사 단독
남아 있으면

It's (all right), Melly.
　　동사 (연결마디) 1개 : 동사 + (형용사구)
걱정할 것 없어요

My baby.
우리 아가...

YouTube  해설 동영상

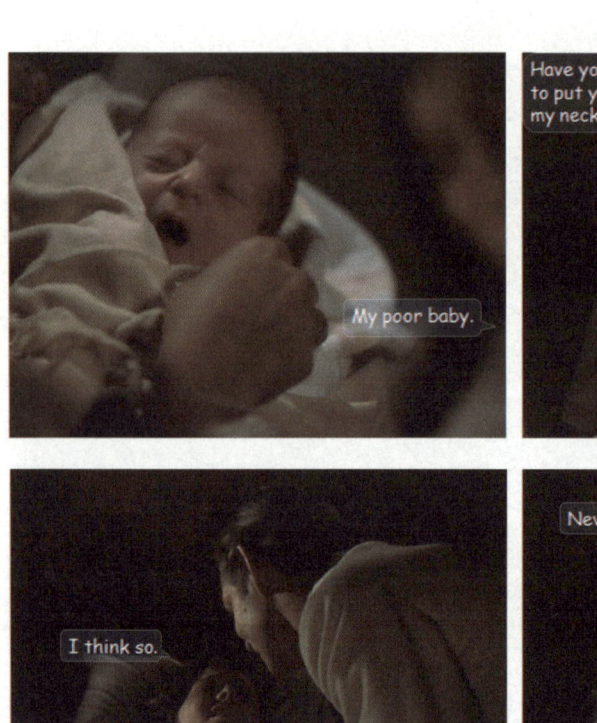

My poor baby.
내 가엾은 아기...

Have you (the strength) (to put your arms around my neck)?
    조동사 의문문(주어, 조동사 위치변경) : You <u>have</u> → <u>Have</u> you
    동사 (연결마디) 2개 : <u>동사</u> + (명사) + (to부정사구 : 형용사적 용법)
    (to부정사구) to <u>put</u> (your arms) (around my neck)
               동사 (연결마디) 2개 : <u>동사</u> + (명사구) + (형용사성분 : 전치사구)
내 목을 잡을 수 있겠어요?

I think (so).
    동사 (연결마디) 1개 : <u>동사</u> + (대명사)
네...

Never mind.
힘을 내요

Oh, Ashley, Charles....
애슐리... 찰스...

What is it?
    의문사 What + be동사 의문문
    be동사 의문문(주어, 동사 위치변경) : It <u>is</u>... → <u>Is</u> it...?
뭐지

What does she want?
    의문사 What + 일반동사 의문문
    일반동사 의문문(조동사 Do/Does 사용) : She <u>want</u> → <u>Does</u> she <u>want</u>
무슨 뜻이지?

YouTube  해설 동영상

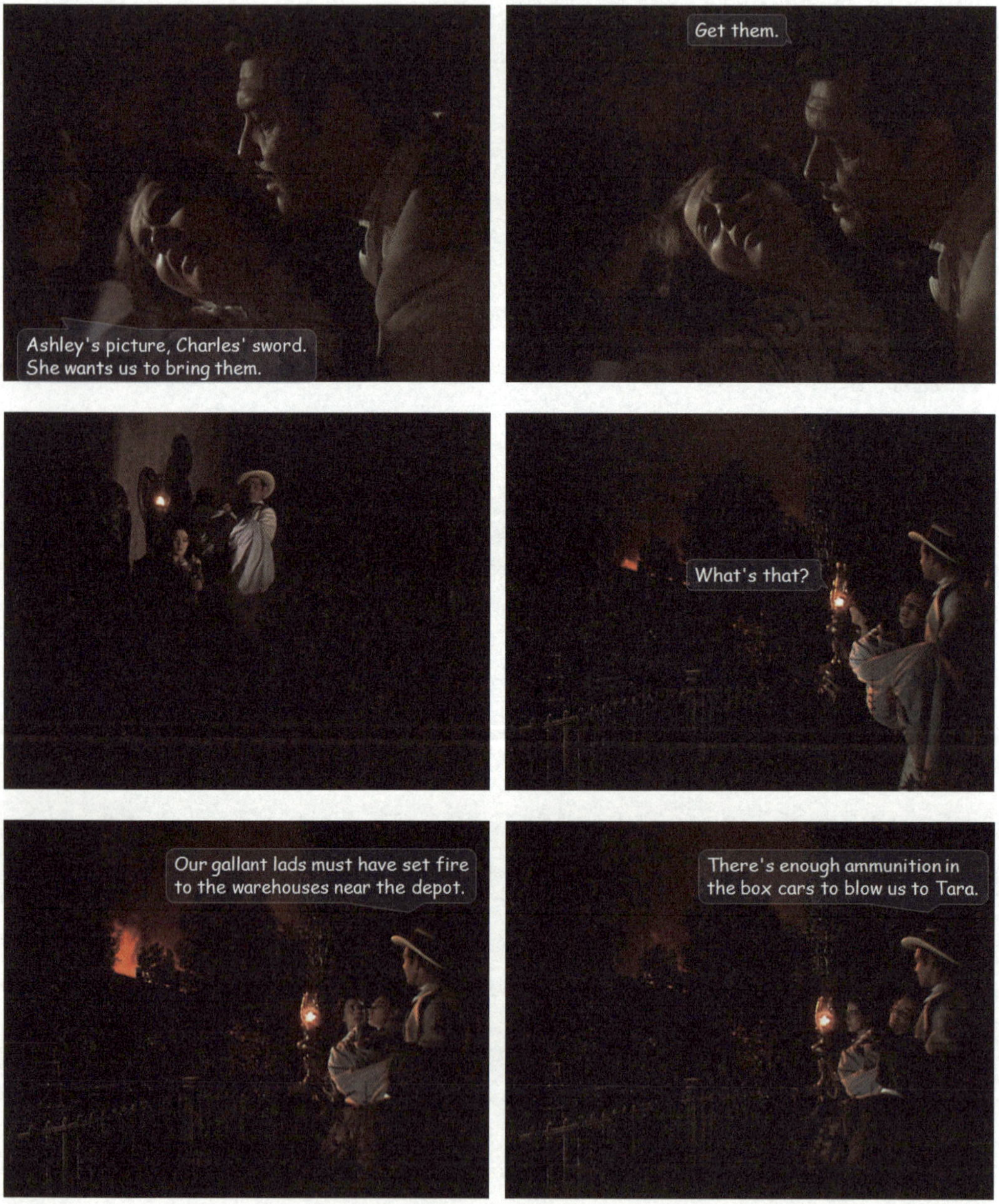

Ashley's picture, Charles' sword. She wants (us) (to bring them).
　　동사 (연결마디) 2개 : 동사 + (대명사) + (to부정사구 : 형용사적 용법)
　　동사변화 : want 3인칭단수현재 wants
　　(to부정사구) to bring (them)
　　　　　　　동사 (연결마디) 1개 : 동사 + (대명사)
애슐리의 사진과 찰스의 칼을 가져가자고요

Get (them).
　　동사 (연결마디) 1개 : 동사 + (대명사)
어서 챙겨요

What's that?
　　의문사 What + be동사 의문문
　　be동사 의문문(주어, 동사 위치변경) : That is... → Is that...?
저게 뭐죠?

Our gallant lads must have set (fire) (to the warehouses near the depot)
　　동사 (연결마디) 2개 : 동사 + (명사) + (형용사성분 : 전치사구)
　　동사변화 : 조동사 must(의무, 강한 추측) + have + 과거분사 set ; 현재완료
아군들이 역 근처 창고에 불을 지른 거요

There's (enough ammunition) in the box cars (to blow us to Tara).
　　동사 (연결마디) 2개 : 동사 + (명사구) + (to부정사구 : 형용사적 용법)
　　수식어구[부사성분] : in the box car
　　(to부정사구) to blow (us) (to Tara)
　　　　　　　동사 (연결마디) 2개 : 동사 + (대명사) + (형용사성분 : 전치사구)
우릴 타라로 날려 보낼 만큼의 화약이 있었지

YouTube  해설 동영상

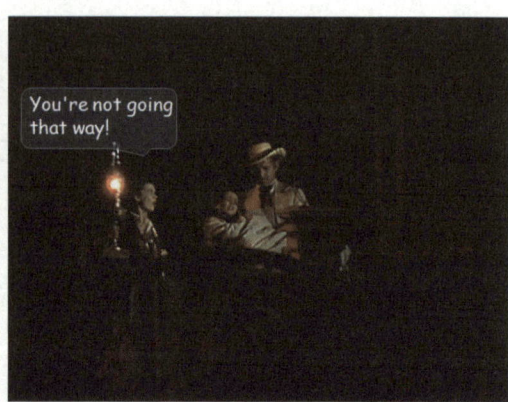

We'll have (to hurry to get across the tracks).
    동사 (연결마디) 1개 : 동사 + (to부정사구 : 명사적용법)
    동사변화 : 조동사 will(의지, 습성, 요청) + 동사원형 have
    (to부정사구) to hurry (to get across the tracks)
            동사 (연결마디) 1개 : 동사 + (to부정사구 : 명사적용법)
            (to부정사구) to get (across the tracks)
                      동사 (연결마디) 1개 : 동사 + (명사성분 : 전치사구)
샛길로 가려면 서둘러야 해요

You're not going (that way)!
    동사 (연결마디) 1개 : 동사 + (명사구)
    동사변화 : am/are/is + 부사 not + 현재분사 going ; 현재진행부정
그 길로 안 갈 거예요

We have to.
가야하오

The McDonough Road's (the only one) (the Yankees haven't cut yet).
    동사 (연결마디) 2개 : 동사 + (명사구) + (형용사절)
    (형용사절) the Yankee haven't cut (yet)
            동사 (연결마디) 1개 : 동사 + (부사)
            동사변화 : have/has + 부사 not + 과거분사 cut ; 현재완료부정
양키에게 차단 안 당한 길은 맥도나우 도로뿐이오

Oh, wait.
잠깐만요

I forgot (to lock the front door).
    동사 (연결마디) 1개 : 동사 + (to부정사구 : 명사적용법)
    동사변화 : forget 과거형 forgot ; 과거지사
    (to부정사구) to lock (the front door)
            동사 (연결마디) 1개 : 동사 + (명사구)
문을 안 잠갔어요

What are you laughing (at)?
    의문사 What + be동사 의문문
    be동사 의문문(주어, 동사 위치변경) : You are laughing ... → Are you laughing...?
    동사 (연결마디) 1개 : 동사 + (명사성분 : 전치사구)
왜 웃어요?

YouTube  해설 동영상

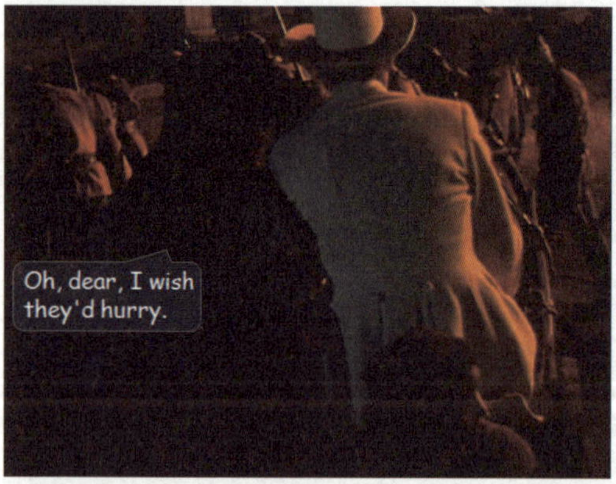

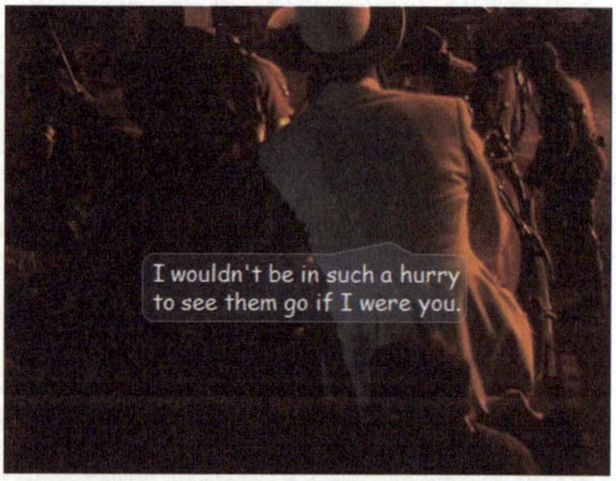

At you, locking (the Yankees) (out).
   동사 (연결마디) 2개 : 동사 + (명사) + (부사 : 관용 동사구)
   동사변화 : lock 현재분사 locking ; 진행형
어이구, 양키 못 들어오게 하시겠다

...

Oh, dear, I wish (they'd hurry).
   동사 (연결마디) 1개 : 동사 + (명사절)
   (명사절) they'd hurry
        동사변화 : 조동사 should(~해야 한다, ~할 것이다) + 동사원형 hurry
빨리 좀 갈 것이지

I wouldn't be (in such a hurry) (to see them go)
   동사 (연결마디) 2개 : 동사 + (형용사성분 : 전치사구) + (to부정사구 : 부사적용법)
   동사변화 : 조동사 would(과거시점미래, 습관, 의지) + not + be ; 예정(부정)
   (to부정사구) to see (them) (go)
        동사 (연결마디) 2개 : 동사 + (대명사) + (원형부정사구 : 형용사적용법)
        (원형부정사구) go
저들을 재촉하지 않겠소

if I were (you), my dear.
   접속사 : if (가정법if절),
   if ~ were (가정법과거)
내가 당신이라면

With them goes (the last semblance) (of law and order).
   동사 (연결마디) 2개 : 동사 + (명사구) + (형용사성분 : 전치사구)
   동사변화 : go 3인칭단수현재 goes
저들과 함께 법과 질서도 사라지는 거요

The scavengers aren't wasting (any time).
   동사 (연결마디) 1개 : 동사 + (명사구)
   동사변화 : am/are/is + 부사 not + 현재분사 wasting ; 현재진행부정
말을 노리는 자들이 나타나겠군

YouTube  해설 동영상

We've got (to get out of here), fast.
    동사 (연결마디) 1개 : 동사 + (to부정사구 : 명사적용법)
    동사변화 : have/has + 과거분사 got ; 일반동사 현재완료
    (to부정사구) to get (out) (of here)
            동사 (연결마디) 2개 : 동사 + (부사 : 관용 동사구) + (명사성분 : 전치사구)
            수식어구[부사성분] : fast
어서 빠져 나갑시다

There's (a horse)!
    동사 (연결마디) 1개 : 동사 + (명사)
저기 말이 있다!

Down the alley, cut (them) (off).
    동사 (연결마디) 2개 : 동사 + (대명사) + (부사 : 관용 동사구)
저깄다, 쫓아가!

...

Give (me) (that horse).
    동사 (연결마디) 2개 : 동사 + (대명사) + (명사구)
말 내놔

Miss Scarlett!
스칼렛 아씨!

YouTube  해설 동영상

They haven't left (much) (for the Yankees to take), have they?
   동사 (연결마디) 2개 : 동사 + (형용사) + (부사성분 : 전치사구)
   동사변화 : have/has + 부사 not + 과거분사 left ; 현재완료부정
   (전치사구) for + 명사 the Yankees + (to부정사구 : 형용사적 용법)
              (to부정사구) to take
   have they? : 부가의문문
양키가 가져갈 탄약은 없겠군

We'll have (to make a dash for it)
   동사 (연결마디) 1개 : 동사 + (to부정사구 : 명사적용법)
   동사변화 : 조동사 will(의지, 습성, 요청) + 동사원형 have
   (to부정사구) to make (a dash) (for it)
              동사 (연결마디) 2개 : 동사 + (명사) + (형용사성분 : 전치사구)
빨리 빠져 나갑시다

before the fire reaches (that ammunition).
   접속사 : before
   동사 (연결마디) 1개 : 동사 + (명사구)
   동사변화 : reach 3인칭단수현재 reaches
불길이 탄약에 닿기 전에

Come (on)!
가자!

Throw (me) (your shawl).
   동사 (연결마디) 2개 : 동사 + (대명사) + (명사구)
당신 숄을 줘요

Sorry, but you'll like (it) (better)
   동사 (연결마디) 2개 : 동사 + (대명사) + (형용사)
   동사변화 : 조동사 will(의지, 습성, 요청) + 동사원형 like
미안하지만 그게 낫겠다

if you don't see (anything).
   접속사 : if (if조건절)
   동사 (연결마디) 1개 : 동사 + (명사)
   동사변화 : 조동사 do(does) + 부사 not + 동사원형 see ; 일반동사 부정문
아무것도 보지 못하는 게

YouTube  해설 동영상

Take (a good look), my dear.
 동사 (연결마디) 1개 : 동사 + (명사구)
잘 봐두시오

It's (a historic moment).
 동사 (연결마디) 1개 : 동사 + (명사구)
역사적인 순간이니

You can tell (your grandchildren) (how you watched the old South disappear one night).
 동사 (연결마디) 2개 : 동사 + (명사구) + (how-절)
 동사변화 : 조동사 can(능력, 추측, 허가) + 동사원형 tell
 (how-절) how you watched (the old South disappear one night)
   접속사 : how
   동사 (연결마디) 1개 : 동사 + (명사절)
   동사변화 : watch 과거형 watched ; 과거지사
   (명사절) the old South disappear (one night)
     동사 (연결마디) 1개 : 동사 + (부사구)
남부가 사라지는 이 얘길 손자들에게 해주시오

They were going (to lick the Yankees in a month).
 동사 (연결마디) 1개 : 동사 + (to부정사구 : 명사적용법)
 동사변화 : be동사과거 was/were + 현재분사 going ; 과거진행
 (to부정시구) to lick (the Yankees) (in a month)
   동사 (연결마디) 2개 : 동사 + (명사) + (형용사성분 : 전치사구)
한 달 후엔 양키에게 아첨하게 될 거요.

The poor gallant fools!
용감한 바보들!

YouTube  해설 동영상

They make (me) (sick), all of them!
　동사 (연결마디) 2개 : 동사 + (대명사) + (형용사)
속이 뒤집혀요

Getting (us) all into this (with their swaggering and boasting).
　동사 (연결마디) 2개 : 동사 + (대명사) + (형용사성분 : 전치사구)
　동사변화 : get 현재분사 getting ; 진행형
　수식어구[부사성분] : all into this
큰소리치고 잘난 척들 하더니만!

That's (the way) (I felt once about their swaggering and boasting).
　동사 (연결마디) 2개 : 동사 + (명사) + (형용사절)
　(형용사절) I felt once (about their swaggering and boasting)
　　　　동사 (연결마디) 1개 : 동사 + (형용사성분 : 전치사구)
　　　　동사변화 : feel 과거형 felt ; 과거지사
큰소리칠 때 내가 딱 알아봤지

Rhett, I'm so (glad) (you aren't with the Army).
　동사 (연결마디) 2개 : 동사 + (형용사) + (부사절)
　수식어구[부사성분] : so
　(부사절) you aren't (with the Army)
　　　　동사 (연결마디) 1개 : 동사 + (명사성분 : 전치사구)
　　　　동사변화 : be동사 am/are/is + 부사 not ; be동사 부정문
당신은 군대에 안 가서 다행이에요

You can be (proud, now, proud) (that you've been smarter than all of them).
　동사 (연결마디) 2개 : 동사 + (형용사) + (that-절)
　동사변화 : 조동사 can(능력, 추측, 허가) + be ; 예정
　(that-절) that you've been (smarter) (than all of them)
　　　　동사 (연결마디) 2개 : 동사 + (형용사) + (부사구)
　　　　동사변화 : have/has + 과거분사 been ; be동사 현재완료
당신이 현명했던 거니 떳떳하게 생각해요

I'm not so (proud).
　동사 (연결마디) 1개 : 동사 + (형용사)
　동사변화 : be동사 am/are/is + 부사 not ; be동사 부정문
　수식어구[부사성분] : so
난 그렇지가 않소

YouTube  해설 동영상

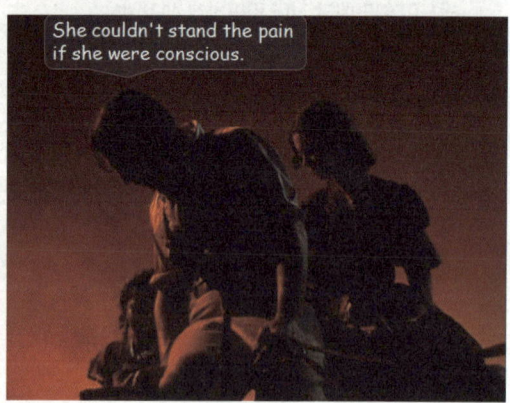

Why did you stop?
　의문사 Why + 일반동사 과거의문문
　일반동사 과거의문문(조동사 Do/Does과거 Did 사용) : You stop → Did you stop
왜 멈추는 거죠?

This is (the turn) (to Tara).
　동사 (연결마디) 2개 : 동사 + (명사) + (형용사성분 : 전치사구)
타라로 가는 길이오

Let (the horse) (breathe a bit).
　동사 (연결마디) 2개 : 동사 + (명사) + (원형부정사구 : 형용사적용법)
　(원형부정사구) breathe (a bit)
　　　　　　　　동사 (연결마디) 1개 : 동사 + (형용사)
말도 좀 쉬게 합시다

Mrs. Wilkes.
윌크스 부인!

Miss Melly has fainted (way back), Cap'n Butler.
　동사 (연결마디) 1개 : 동사 + (형용사구)
　동사변화 : have/has + 과거분사 fainted ; 일반동사 현재완료
좀 전에 기절했어요

Well, she's probably (better) (off).
　동사 (연결마디) 2개 : 동사 + (형용사) + (부사)
　수식어구[부사성분] : probably
차라리 그게 나을 거야

She couldn't stand (the pain)
　동사 (연결마디) 1개 : 동사 + (명사)
　동사변화 : 조동사 could(능력, 추측, 허가) + not + 동사원형 stand ; 부정문
더 고통스러울 테니

if she were (conscious).
　접속사 : if (if조건절)
　동사 (연결마디) 1개 : 동사 + (형용사)
　동사변화 : be동사 are 과거형 were ; 과거지사
깨어 있으면

YouTube  해설 동영상

Scarlett, are you still determined (to do this crazy thing)?
   be동사 의문문(주어, 동사 위치변경) : You are determined ... → Are you determined...?
   동사 (연결마디) 1개 : 동사 + (to부정사구 : 명사적용법)
   동사변화 : be동사 am/are/is + 과거분사 determined ; 수동태
   (to부정사구) to do (this crazy thing)
            동사 (연결마디) 1개 : 동사 + (명사구)
스칼렛, 이 미친 짓을 계속 할 거요?

Yes. I know (we can get through), Rhett.
   동사 (연결마디) 1개 : 동사 + (명사절)
   (명사절) we can get (through)
        동사 (연결마디) 1개 : 동사 + (부사 : 관용 동사구)
        동사변화 : 조동사 can(능력, 추측, 허가) + 동사원형 get
우린 틀림없이 해낼 거예요

I'm (sure) (we can).
   동사 (연결마디) 2개 : 동사 + (형용사) + (부사절)
   (부사절) we can
꼭 해낼 거예요

Not we, my dear, you.
우리가 아니고 당신이오

I'm leaving (you) here.
   동사 (연결마디) 1개 : 동사 + (대명사)
   동사변화 : be동사 am/are/is + 현재분사 leaving ; 현재진행
   수식어구[부사성분] : here
난 떠나겠소

You're (what)? Rhett,
   동사 (연결마디) 1개 : 동사 + (대명사)
뭐요?

where are you going?
   의문사 Where + be동사 의문문
   be동사 의문문(주어, 동사 위치변경) : You are going ... → Are you going...?
어딜 간 다는 거죠?

I'm going, my dear, (to join the Army).
   동사 (연결마디) 1개 : 동사 + (to부정사구 : 명사적용법)
   동사변화 : be동사 am/are/is + 현재분사 going ; 현재진행
   (to부정사구) to join (the Army)
            동사 (연결마디) 1개 : 동사 + (명사)
군대에 지원하겠소

YouTube  해설 동영상

You're joking!
　　동사변화 : be동사 am/are/is + 현재분사 joking ; 현재진행
농담 이죠
I could kill (you) (for scaring me so)!
　　동사 (연결마디) 2개 : 동사 + (대명사) + (형용사성분 : 전치사구)
　　동사변화 : 조동사 could(능력, 추측, 허가) + 동사원형 kill
　　(전치사구) for + (-ing구 : 명사적용법)
　　　　　　(-ing구) scaring (me) so
　　　　　　　　　동사 (연결마디) 1개 : 동사 + (대명사)
자꾸 겁주면 죽여 버릴 테야
I'm very (serious), Scarlett.
　　동사 (연결마디) 1개 : 동사 + (형용사)
　　수식어구[부사성분] : very
농담이 아니오
I'm going (to join up with our brave lads in gray).
　　동사 (연결마디) 1개 : 동사 + (to부정사구 : 명사적용법)
　　동사변화 : be동사 am/are/is + 현재분사 going ; 현재진행
　　(to부정사구) to join (up) (with our brave lads in gray)
　　　　　　　동사 (연결마디) 2개 : 동사 + (부사 : 관용 동사구) + (명사성분 : 전치사구)
　　　　　　　(전치사구) with + 명사구 our brave lads + (형용사성분 : 전치사구)
회색제복의 용감한 병사들과 함께 하겠소
But they're running (away)!
　　동사 (연결마디) 1개 : 동사 + (부사 : 관용 동사구)
　　동사변화 : be동사 am/are/is + 현재분사 running , 현재진행
그들은 다 도망치고 있는 걸요
No. They'll turn and make (a last stand),
　　동사 (연결마디) 1개 : 동사 + (명사구)
　　동사변화 : 조동사 will(의지, 습성, 요청) + 동사원형 turn and make
최후의 일전이 있을거요
if I know (anything) (about them).
　　접속사 : if (if조건절)
　　동사 (연결마디) 2개 : 동사 + (명사) + (형용사성분 : 전치사구)
내가 짐작컨데
When they do,
　　접속사 : when
　　동사 (연결마디) 없음 : 동사 단독
그 땐
I'll be (with them).
　　동사 (연결마디) 1개 : 동사 + (명사성분 : 전치사구)
　　동사변화 : 조동사 will(의지, 습성, 요청) + be ; 예정
내가 있어야지.
A little late, but "Better late--"
좀 늦었지만 지금이라도...

YouTube  해설 동영상

Rhett, you must be joking!
  동사변화 : 조동사 must(의무, 강한 추측) + be + 현재분사 joking ; 진행예정
장난치지 말아요

Selfish (to the end), aren't you?
  형용사 selfish + (부사성분 : 전치사구)
  aren't you? : 부가의문문
당신 생각만 하는군

Thinking only (of your own precious hide), (with never a thought for the noble cause).
  동사 (연결마디) 2개 : 동사 + (명사성분 : 전치사구) + (형용사성분 : 전치사구)
  수식어구[부사성분] : only
  (전치사구) with + 명사 a thought + (형용사성분 : 전치사구)
  수식어구[부사성분] : never
남부에 대한 걱정은 없이 본인 생각만 하는군

Rhett, how could you do (this) (to me)...
  의문사 how + 조동사 의문문
  조동사 의문문(주어, 조동사 위치변경) : You could do → Could you do
  동사 (연결마디) 2개 : 동사 + (대명사) + (형용사성분 : 전치사구)
내게 어떻게 이럴 수 있죠?

...and why should you go now,
  의문사 Why + 조동사 의문문
  조동사 의문문(주어, 조동사 위치변경) : You should go → Should you go
  수식어구[부사성분] : now
왜 지금 떠나나요?

after it's all (over)
  접속사 : after
  동사 (연결마디) 1개 : 동사 + (형용사)
  수식어구[부사성분] : all
전적으로

and I need (you)?
  접속사 : and
  동사 (연결마디) 1개 : 동사 + (대명사)
당신을 필요로 하는데

Why? Why?
왜? 왜?

YouTube  해설 동영상

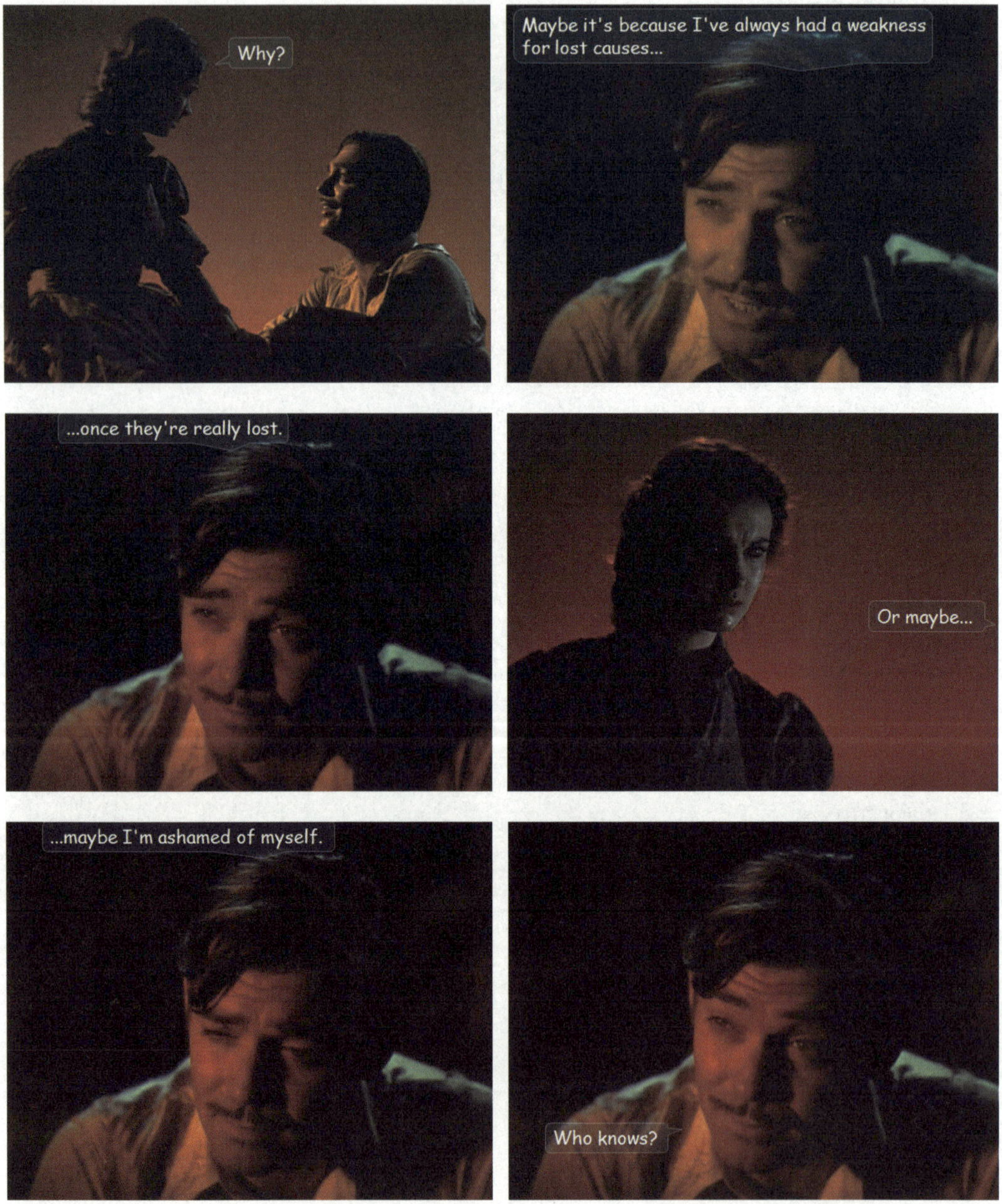

Why?
왜냐구요

Maybe it's (because I've always had a weakness for lost causes...)
    동사 (연결마디) 1개 : 동사 + (명사성분 : 전치사구)
    (전치사구) because + (명사절)
            (명사절) I've always had (a weakness) (for lost causes)...
                동사변화 : have/has + 과거분사 had ; 일반동사 현재완료
                수식어구[부사성분] : always
명분을 잃는다는 것에 대한 두려움 때문일 거요

...once they're really lost.
    수식어구[부사성분] : once
    동사 (연결마디) 없음 : 동사 단독
    동사변화 : be동사 am/are/is + 과거분사 lost ; 수동태
    수식어구[부사성분] : really
정말로 잃는다는

Or maybe...
아니면

...maybe I'm (ashamed) (of myself).
    동사 (연결마디) 2개 : 동사 + (형용사) + (부사성분 : 전치사구)
내 자신이 떳떳하지 못하기 때문 일지도,

Who knows?
    동사변화 : know 3인칭단수현재 knows
누가 알겠소?

YouTube  해설 동영상

You should die (of shame) (to leave me here alone and helpless)!
　　동사 (연결마디) 2개 : 동사 + (명사성분 : 전치사구) + (to부정사구 : 형용사적 용법)
　　동사변화 : 조동사 should(~해야 한다, ~할 것이다) + 동사원형 die
　　(to부정사구) to leave (me) here (alone and helpless)
　　　　　　　동사 (연결마디) 2개 : 동사 + (대명사) + (형용사구)
　　　　　　　수식어구[부사성분] : here
연약한 날 두고 가는 게 부끄러운 거죠

You helpless?
연약하다고?

Heaven helps (the Yankees)
　　동사 (연결마디) 1개 : 동사 + (명사)
　　동사변화 : help 3인칭단수현재 helps
신이 양키를 도와야

if they capture (you)!
　　접속사 : if (if조건절)
　　동사 (연결마디) 1개 : 동사 + (대명사)
저들이 당신을 잡으려면

Now, climb (down) here.
　　동사 (연결마디) 1개 : 동사 + (부사 : 관용 동사구)
　　수식어구[부사성분] : here
자! 내려오시오.

I want (to say goodbye).
　　동사 (연결마디) 1개 : 동사 + (to부정사구 : 명사적용법)
　　(to부정사구) to say (goodbye)
　　　　　　　동사 (연결마디) 1개 : 동사 + (명사)
작별인사를 해야지

No!
싫어요

Climb (down).
　　동사 (연결마디) 1개 : 동사 + (부사 : 관용 동사구)
내려와요

YouTube  해설 동영상

Oh, Rhett, please don't go.
　동사변화 : 조동사 Do + 부사 not + 동사원형 go ; ~하지마라(명령문)
레트, 제발 가지 말아요

You can't leave (me), please.
　동사 (연결마디) 1개 : 동사 + (대명사)
　동사변화 : 조동사 can(능력, 추측, 허가) + 부사 not + 동사원형 leave ; 부정문
날 두고 가면

I'll never forgive (you)!
　동사 (연결마디) 1개 : 동사 + (대명사)
　동사변화 : 조동사 will(의지, 습성, 요청) + 동사원형 forgive
　수식어구[부사성분] : never
절대 용서 안 할 거예요

I'm not asking (you) (to forgive me).
　동사 (연결마디) 2개 : 동사 + (대명사) + (to부정사구 : 형용사적 용법)
　동사변화 : am/are/is + 부사 not + 현재분사 asking ; 현재진행부정
　(to부정사구) to forgive (me)
　　　　　　동사 (연결마디) 1개 : 동사 + (대명사)
용서는 바라지 않소.

I'll never understand or forgive (myself).
　동사 (연결마디) 1개 : 동사 + (재귀대명사)
　동사변화 : 조동사 will(의지, 습성, 요청) + 동사원형 understand or forgive
나 자신도 용서 안 하니까

And if a bullet gets (me),
　접속사 : if (if조건절)
　동사 (연결마디) 1개 : 동사 + (대명사)
만일 내가 총에

so help (me),
　동사 (연결마디) 1개 : 동사 + (대명사)
맞으면

I'll laugh (at myself) (for being an idiot).
　동사 (연결마디) 2개 : 동사 + (명사성분 : 전치사구) + (형용사성분 : 전치사구)
　동사변화 : 조동사 will(의지, 습성, 요청) + 동사원형 laugh
　(전치사구) for + (-ing구 : 명사적용법)
　　　　　　(-ing구) being (an idiot)
난 바보인 내 자신을 비웃겠지

But there's (one thing) (I do know)...
　동사 (연결마디) 2개 : 동사 + (명사구) + (형용사절)
　(형용사절) I do know
　　　　　　동사변화 : 조동사 do/does/did + 일반동사 know ; 강조
하지만 한가지 분명한 건

...and that is (that I love you), Scarlett.
　동사 (연결마디) 1개 : 동사 + (명사절)
　(명사절) that I love (you)
당신을 사랑한다는 거요

YouTube  해설 동영상

In spite of (you and me and the whole silly world going to pieces around us)...
   (전치사구) in spite of + (명사절)
        (명사절) you and me and the whole silly world going (to pieces) (around us)...
                동사 (연결마디) 2개 : 동사 + (명사성분 : 전치사구) + (형용사성분 : 전치사구)
                동사변화 : go 현재분사 going ; 진행형
당신, 나, 주위의 우스운 세상이 산산조각 난다 해도

...I love (you)...
   동사 (연결마디) 1개 : 동사 + (대명사)
사랑하오

...because we're (alike).
   접속사 : because
   동사 (연결마디) 1개 : 동사 + (형용사)
우리가 비슷하기 때문이오

Bad lots, both of us.
둘이서 지독히도

Selfish and shrewd...
이기적이고 심술궂지만

...but able (to look things in the eyes)
   접속사 : but
   형용사 able + (to부정사구 : 부사적용법)
   (to부정사구) to look (things) (in the eyes)
            동사 (연결마디) 2개 : 동사 + (명사) + (형용사성분 : 전치사구)
사물을 바로 볼 수 있고

and call (them) (by their right names).
   접속사 : and
   동사 (연결마디) 2개 : 동사 + (대명사) + (형용사성분 : 전치사구)
제대로 말을 하지

Don't hold (me) (like that)!
   동사 (연결마디) 2개 : 동사 + (대명사) + (형용사구)
   동사변화 : 조동사 Do + 부사 not + 동사원형 hold ; ~하지마라(명령문)
섣부른 짓 말아요

YouTube  해설 동영상

Scarlett, <u>look</u> **(at me).**
   동사 (연결마디) 1개 : <u>동사</u> + (명사성분 : 전치사구)
스칼렛, 날 보시오

I <u>love</u> **(you) (more than I've ever loved any woman).**
   동사 (연결마디) 2개 : <u>동사</u> + (대명사) + (부사구)
   (부사구) 접속사구 more than + (명사절)
        (명사절) I<u>'ve</u> ever <u>loved</u> (any woman)
           동사 (연결마디) 1개 : <u>동사</u> + (명사구)
           동사변화 : have/has + 과거분사 loved ; 일반동사 현재완료
           수식어구[부사성분] : ever
세상 그 어느 여자보다 당신을 사랑하오

And I<u>'ve waited</u> **(longer) (for you)**
   동사 (연결마디) 2개 : <u>동사</u> + (형용사) + (부사성분 : 전치사구)
   동사변화 : have/has + 과거분사 waited ; 일반동사 현재완료
당신을 오랫동안 기다렸소

than I<u>'ve</u> ever <u>waited</u> **(for any woman).**
   접속사 : than
   동사 (연결마디) 1개 : <u>동사</u> + (명사성분 : 전치사구)
   동사변화 : have/has + 과거분사 waited ; 일반동사 현재완료
   수식어구[부사성분] : ever
기다렸던 그 어느 여자보다

<u>Let</u> **(me) (alone)!**
   동사 (연결마디) 2개 : <u>동사</u> + (대명사) + (형용사)
이거 놔요

Here<u>'s</u> **(a soldier of the South) (who loves you), Scarlett...**
   동사 (연결마디) 2개 : <u>동사</u> + (명사구) + (형용사성분 : who-절)
   (who-절) who <u>loves</u> (you)
        동사 (연결마디) 1개 : <u>동사</u> + (대명사)
        동사변화 : love 3인칭단수현재 loves
난 당신을 사랑하는 남부의 군인이오

...<u>wants</u> **(to feel your arms around him)...**
   동사 (연결마디) 1개 : <u>동사</u> + (to부정사구 : 명사적용법)
   동사변화 : want 3인칭단수현재 wants
   (to부정사구) to <u>feel</u> (your arms) (around him)
        동사 (연결마디) 2개 : <u>동사</u> + (명사구) + (형용사성분 : 전치사구)
나를 안은 당신을 느끼고

YouTube  해설 동영상

...wants to carry the memory of your kisses into battle with him.

Never mind about loving me.

You're a woman sending a soldier to his death with a beautiful memory.

Scarlett, kiss me.

Kiss me, once.

...wants (to carry the memory of your kisses into battle with him).
   동사 (연결마디) 1개 : 동사 + (to부정사구 : 명사적용법)
   동사변화 : want 3인칭단수현재 wants
   (to부정사구) to carry (the memory of your kisses) (into battle with him)
                  동사 (연결마디) 2개 : 동사 + (명사성분 : 전치사구) + (형용사성분 : 전치사구)
전쟁터로 키스의 기억을 간직해 가길 바라오

Never mind (about loving me).
   동사 (연결마디) 1개 : 동사 + (명사성분 : 전치사구)
   (전치사구) about + (-ing구 : 명사적용법)
            (-ing구) loving (me)
                  동사 (연결마디) 1개 : 동사 + (대명사)
사랑이 아니라 해도 좋으니

You're (a woman) (sending a soldier to his death with a beautiful memory).
   동사 (연결마디) 2개 : 동사 + (명사) + (-ing구 : 형용사적 용법)
   (-ing구) sending (a soldier to his death) (with a beautiful memory)
                  동사 (연결마디) 2개 : 동사 + (명사구) + (형용사성분 : 전치사구)
사지로 떠나가는 용사에게 아름다운 추억을 주시오

Scarlett, kiss (me).
   동사 (연결마디) 1개 : 동사 + (대명사)
스칼렛, 키스해 주시오

Kiss (me), once.
   동사 (연결마디) 1개 : 동사 + (대명사)
키스해 주시오 어서...

[Kiss]

YouTube  해설 동영상

[Kiss]

You low-down, cowardly, nasty thing, you!
이 비열한 겁쟁이!

They were (right)!
   동사 (연결마디) 1개 : 동사 + (형용사)
   동사변화 : be동사 are 과거형 were ; 과거지사
그들이 옳았어

Everybody was (right)!
   동사 (연결마디) 1개 : 동사 + (형용사)
   동사변화 : be동사 am/is 과거형 was ; 과거지사
사람들이 맞았네

You aren't (a gentleman)!
   동사 (연결마디) 1개 : 동사 + (명사)
   동사변화 : be동사 am/are/is + 부사 not ; be동사 부정문
당신은 신사도 아냐

A minor point (at such a moment).
   명사구 A minor point + (형용사성분 : 전치사구)
이 순간에 남의 결점을

Here.
이거

If anyone lays (a hand) (on that nag),
   접속사 : if (if조건절)
   동사 (연결마디) 2개 : 동사 + (명사) + (형용사성분 : 전치사구)
   동사변화 : lay 3인칭단수현재 lays
누가 말을 건드리면

shoot (him).
   동사 (연결마디) 1개 : 동사 + (대명사)
쏘시오.

YouTube  해설 동영상

But don't make (a mistake)
    동사 (연결마디) 1개 : 동사 + (명사)
    동사변화 : 조동사 do(does) + 부사 not + 동사원형 make ; 일반동사 부정문
실수하지 말고
and shoot (the nag).
    동사 (연결마디) 1개 : 동사 + (명사)
말을 쏘는
Oh, go on.
가!
I want (you) (to go).
    동사 (연결마디) 2개 : 동사 + (대명사) + (to부정사구 : 형용사적 용법)
    (to부정사구) to go
어서 꺼져,
I hope (a cannon ball lands slap on you).
    동사 (연결마디) 1개 : 동사 + (명사절)
    (명사절) a cannon ball lands (slap on you)
        동사 (연결마디) 1개 : 동사 + (명사구)
대포에 맞아
I hope (you're blown into a million pieces)!
    동사 (연결마디) 1개 : 동사 + (명사절)
    (명사절) you're blown (into a million pieces)
        동사 (연결마디) 1개 : 동사 + (형용사성분 : 전치사구)
        동사변화 : be동사 am/are/is + 과거분사 blown ; 수동태
산산조각이나 나라지
Never mind (the rest).
    수식어구[부사성분] : Never
    동사 (연결마디) 1개 : 동사 + (명사)
더 하시오.
I follow (your general idea).
    동사 (연결마디) 1개 : 동사 + (명사구)
당신 뜻대로 하지
And when I'm (dead on the altar) (of my country)...
    접속사 : when
    동사 (연결마디) 2개 : 동사 + (명사구) + (형용사성분 : 전치사구)
내가 나라를 위해 죽으면
...I hope (your conscience hurts you).
    동사 (연결마디) 1개 : 동사 + (명사절)
    (명사절) your conscience hurts (you)
        동사 (연결마디) 1개 : 동사 + (대명사)
        동사변화 : hurt 3인칭단수현재 hurts
양심의 가책이나 느껴주오

YouTube  해설 동영상

Goodbye, Scarlett.
잘 있어요, 스칼렛

Come (on), you!
가자,

We're going (home).
   동사 (연결마디) 1개 : 동사 + (명사)
   동사변화 : be동사 am/are/is + 현재분사 going ; 현재진행
집으로!

[비오는 밤, 다리 밑에서 북군을 피하는 스칼렛]

Oh, my poor baby.
가엾은 아가

Don't worry, Melly.
   동사변화 : 조동사 Do + 부사 not + 동사원형 worry ; ~하지마라(명령문)
걱정 마요, 멜라니

Mother'll take (care of him)
   동사 (연결마디) 1개 : 동사 + (명사구)
   동사변화 : 조동사 will(의지, 습성, 요청) + 동사원형 take
어머니가 돌봐 주실 거예요

when we get (home).
   접속사 : when
   동사 (연결마디) 1개 : 동사 + (명사)
집에 가면

YouTube  해설 동영상

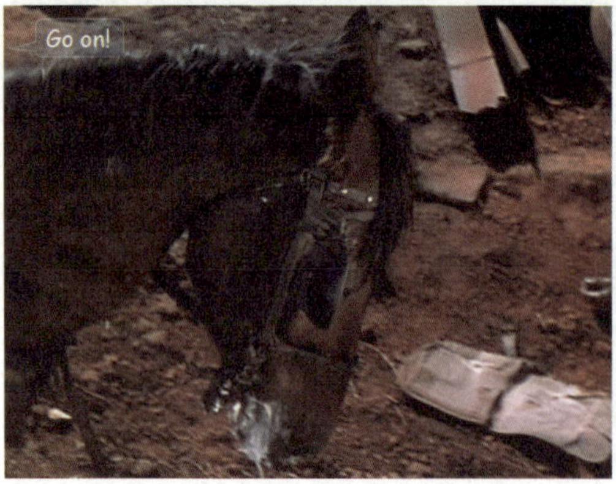

Miss Scarlett, I'm powerful (hungry).
    동사 (연결마디) 1개 : 동사 + (형용사)
    수식어구[부사성분] : powerful
너무나 배고파요

We've got (to have something to eat).
    동사 (연결마디) 1개 : 동사 + (to부정사구 : 명사적용법)
    동사변화 : have/has + 과거분사 got ; 일반동사 현재완료
    (to부정사구) to have (something) (to eat)
            동사 (연결마디) 2개 : 동사 + (명사) + (to부정사구 : 형용사적 용법)
            (to부정사구) to eat
산모도 뭘 먹여야 해요

Oh, hush up!
닥쳐!

We're nearly (at Twelve Oaks).
    동사 (연결마디) 1개 : 동사 + (명사성분 : 전치사구)
    수식어구[부사성분] : nearly
열두 참나무 집에 다 와가니

We'll stop (there).
    동사 (연결마디) 1개 : 동사 + (부사)
    동사변화 : 조동사 will(의지, 습성, 요성) + 동사원형 stop
쉬었다 가자,

Go on!
가자!

[존 윌크스 1864]

YouTube  해설 동영상

Ashley, I'm (glad) (you're not here to see this).
  동사 (연결마디) 2개 : 동사 + (형용사) + (부사절)
 (부사절) you're not (here) (to see this)
        동사 (연결마디) 2개 : 동사 + (부사) + (to부정사구 : 부사적용법)
        동사변화 : be동사 am/are/is + 부사 not ; be동사 부정문
      (to부정사구) to see (this)
            동사 (연결마디) 1개 : 동사 + (대명사)
애슐리, 이 꼴을 안 보시니 다행이에요

The Yankees!
양키들이...

The dirty Yankees!
더러운 양키들이!

[방황하는 소 발견!]

Prissy, come tie (up) (this cow)!
  동사 (연결마디) 2개 : 동사 + (부사 : 관용 동사구) + (명사구)
  동사변화 : (help / go / come 등) + 동사원형 tie
프리시, 이 소를 묶어라

We don't need now (cow), Miss Scarlett.
  동사 (연결마디) 1개 : 동사 + (명사)
  동사변화 : 조동사 do(does) + 부사 not + 동사원형 need ; 일반동사 부정문
  수식어구[부사성분] : now
지금은 소가 필요 없잖아요

YouTube  해설 동영상

We'll be (home) soon,
　　동사 (연결마디) 1개 : 동사 + (명사)
　　동사변화 : 조동사 will(의지, 습성, 요청) + be ; 예정
　　수식어구[부사성분] : soon
집에 다 와가고

and I'm (scared) (of cows).
　　동사 (연결마디) 2개 : 동사 + (형용사) + (부사성분 : 전치사구)
전 소가 무서워요

Tear (up) (your petticoat)
　　동사 (연결마디) 2개 : 동사 + (부사 : 관용 동사구) + (명사구)
치마를 찢어서

and tie (her) (on to the back of the wagon).
　　동사 (연결마디) 2개 : 동사 + (대명사) + (형용사성분 : 전치사구)
마차 뒤에 묶어

We need (milk) (for the baby),
　　동사 (연결마디) 2개 : 동사 + (명사) + (형용사성분 : 전치사구)
아기 젖이 필요한데

and we don't know (what we'll find at home).
　　동사 (연결마디) 1개 : 동사 + (what-절)
　　동사변화 : 조동사 do(does) + 부사 not + 동사원형 know ; 일반동사 부정문
　　(what-절) what we'll find (at home)
　　　　　　접속사 : what
　　　　　　동사 (연결마디) 1개 : 동사 + (명사성분 : 전치사구)
　　　　　　동사변화 : 조동사 will(의지, 습성, 요청) + 동사원형 find
집에 없을지 모르니까

Melly! Melly, we're (home)!
　　동사 (연결마디) 1개 : 동사 + (명사)
멜라니, 집이에요

We're (at Tara)!
　　동사 (연결마디) 1개 : 동사 + (명사성분 : 전치사구)
타라예요,

Hurry! Move, you brute!
어서 가자!

YouTube  해설 동영상

Miss Scarlett, he's (dead)!
    동사 (연결마디) 1개 : 동사 + (형용사)
스칼렛 아씨, 말이 죽었어요

I can't see (the house)!
    동사 (연결마디) 1개 : 동사 + (명사)
    동사변화 : 조동사 can(능력, 추측, 허가) + 부사 not + 동사원형 see ; 부정문
집이 안 보여

Is it (there)?
    be동사 의문문(주어, 동사 위치변경) : It is... → Is it...?
어떻게 된 거지?

I can't see (the house)!
    동사 (연결마디) 1개 : 동사 + (명사)
    동사변화 : 조동사 can(능력, 추측, 허가) + 부사 not + 동사원형 see ; 부정문
집이 안 보여

Have they burned (it)?
    현재완료 의문문(have동사 위치변경) : they have burned... → Have they burned...?
    동사변화 : have/has + 과거분사 burned ; 일반동사 현재완료
양키들이 태웠나?

Oh, it's (all right).
    동사 (연결마디) 1개 : 동사 + (형용사구)
아! 있구나!

It's (all right)!
있구나!

They haven't burned (it)!
    동사 (연결마디) 1개 : 동사 + (대명사)
    동사변화 : have/has + 부사 not + 과거분사 burned ; 현재완료부정
불타지 않았어

It's still (there)!
    동사 (연결마디) 1개 : 동사 + (부사)
    수식어구[부사성분] : still
그대로 있어!

Mother! Mother! Pa!
어머니, 아버지!

YouTube  해설 동영상

Mother! Mother! Pa!
어머니, 아버지!

Mother, let (me) (in).
   동사 (연결마디) 2개 : 동사 + (대명사) + (부사)
문 열어주세요.

It's (me), Scarlett!
   동사 (연결마디) 1개 : 동사 + (대명사)
스칼렛이에요

Pa!
아버지…

Oh, Pa!
아버지…

I'm (home)! I'm (home)!
   동사 (연결마디) 1개 : 동사 + (명사)
제가 왔어요

Katie. Katie Scarlett.
케이티 스칼렛!

YouTube  해설 동영상

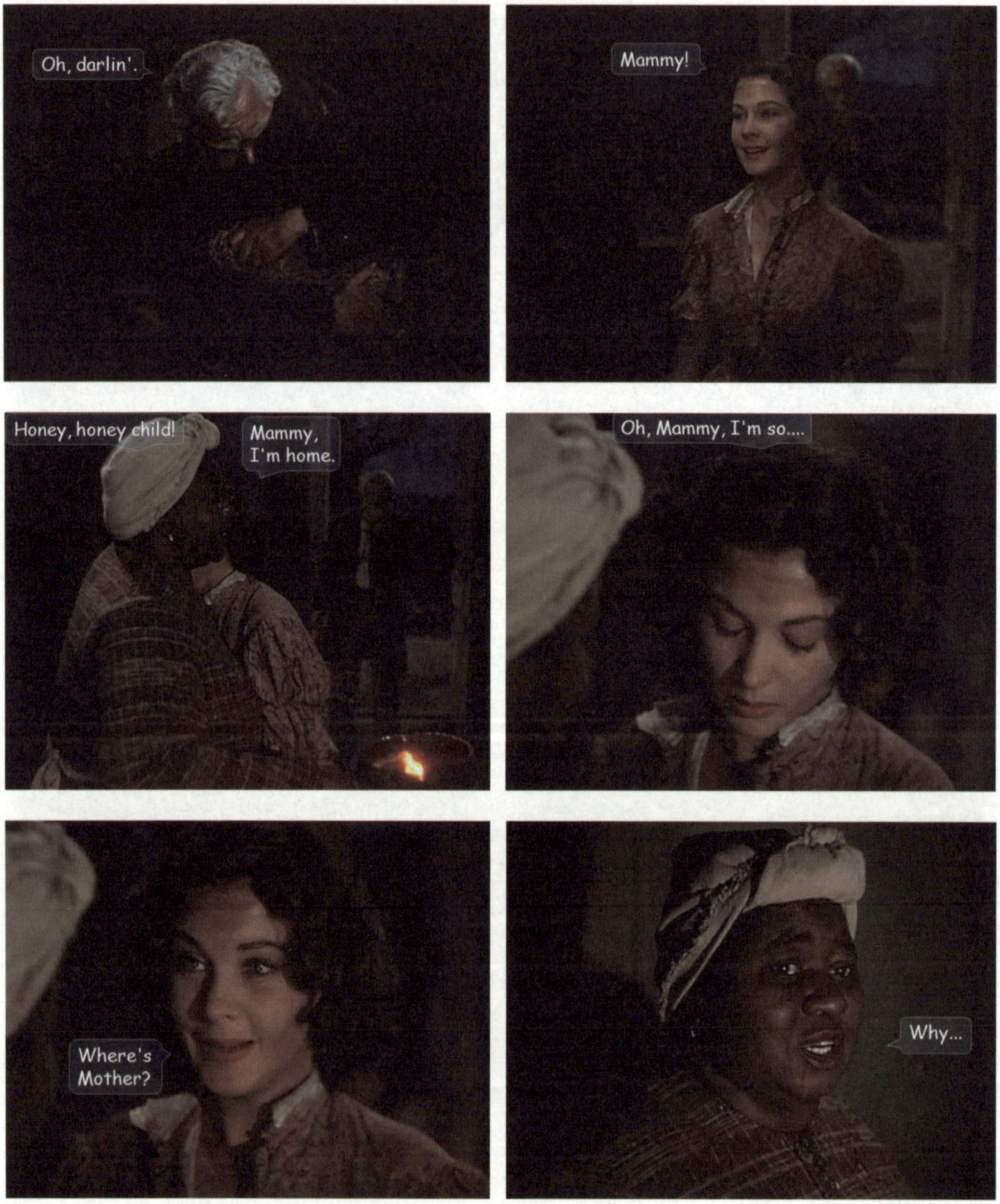

Oh, darling.
오! 내새끼

Mammy!
유모!

Mammy, I'm (home). -Honey, honey child!
  동사 (연결마디) 1개 : 동사 + (명사)
유모, 내가 왔어. -내 사랑

Oh, Mammy, I'm so....
유모…난

Where's Mother?
  의문사 Where + be동사 의문문
  be동사 의문문(주어, 동사 위치변경) : Mother is... → Is mother?
어머니는 어디 계시지?

Why...
그게..

YouTube  해설 동영상

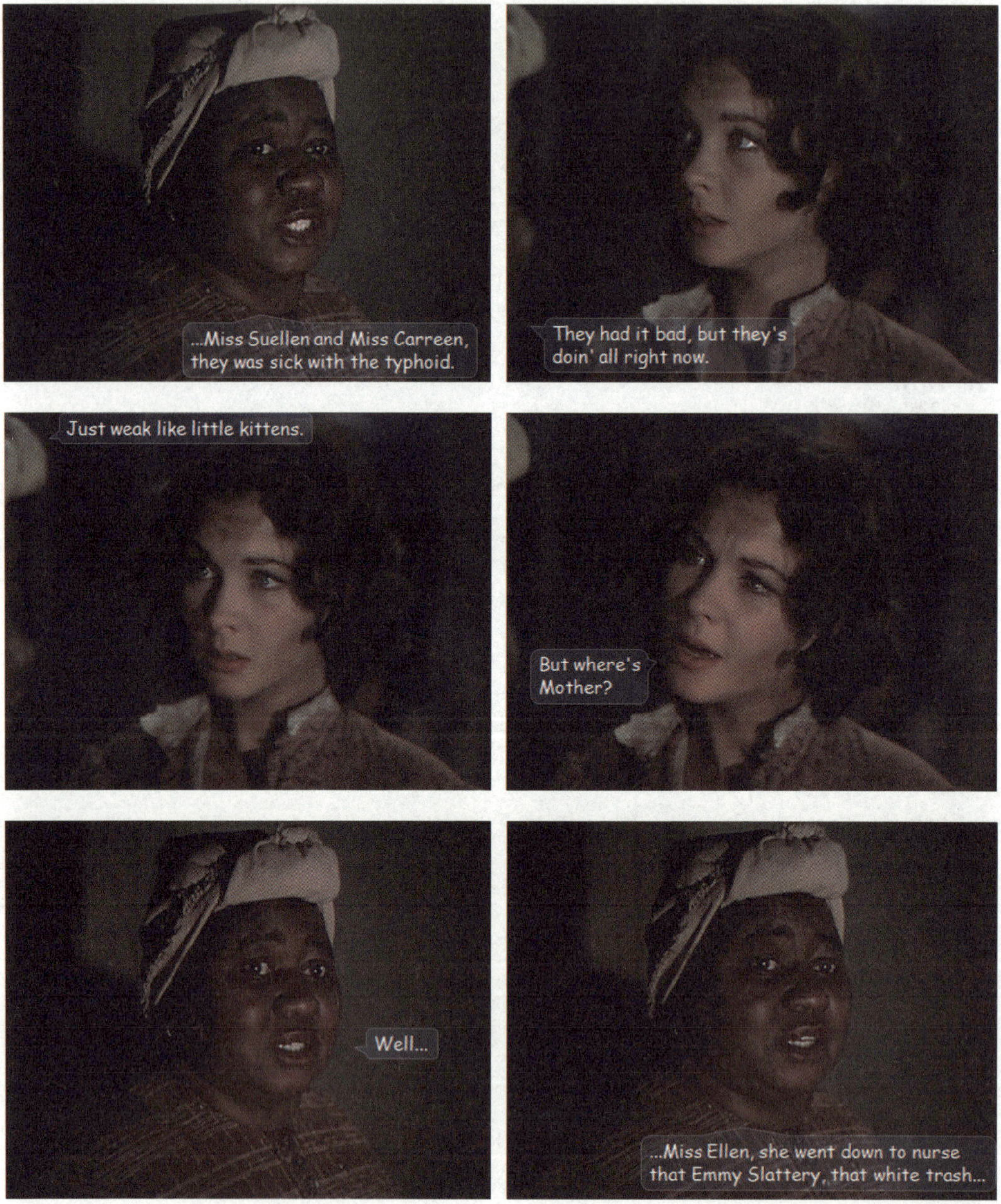

...Miss Suellen and Miss Carreen, they were (sick with the typhoid).
    동사 (연결마디) 1개 : 동사 + (형용사구)
    동사변화 : be동사 are 과거형 were ; 과거지사
수엘렌과 커린 아가씨는 장티푸스에 걸렸어요

They had (it) (bad),
    동사 (연결마디) 2개 : 동사 + (대명사) + (형용사)
    동사변화 : have 과거형 had ; 과거지사
많이 아팠지만

but they're doing (all right) now.
    접속사 : but
    동사 (연결마디) 1개 : 동사 + (형용사구)
    동사변화 : be동사 am/are/is + 현재분사 doing ; 현재진행
    수식어구[부사성분] : now
이제는 괜찮아요

Just weak (like little kittens).
    수식어구[부사성분] : just
    형용사 weak + (부사성분 : 전치사구)
좀 허약해졌지만요

But where's Mother?
    접속사 : but
    의문사 Where + be동사 의문문
    be동사 의문문(주어, 동사 위치변경) : Mother is... → Is mother?
어머니는?

Well...
저..

...Miss Ellen, she went (down) (to nurse that Emmy Slattery, that white trash)...
    동사 (연결마디) 2개 : 동사 + (부사 : 관용 동사구) + (to부정사구 : 명사적용법)
    동사변화 : go 과거형 went ; 과거지사
    (to부정사구) to nurse (that Emmy Slattery, that white trash)
            동사 (연결마디) 1개 : 동사 + (명사구)
마님은 그 백인 쓰레기 슬래터리를 간호하다 쓰러지시고

YouTube  해설 동영상

...and she took (down) (with it), too.
  접속사 : and
  동사 (연결마디) 2개 : 동사 + (부사 : 관용 동사구) + (명사성분 : 전치사구)
  동사변화 : take 과거형 took ; 과거지사
  수식어구[부사성분] : too
병에 전염 됐어요

And last night she...., Mother!
어젯밤에..., 어머니!

Mother.
어머니!

[.......]

Miss Scarlett, honey.
스칼렛 아씨...

If there's (anything)
  접속사 : if (if조건절)
  동사 (연결마디) 1개 : 동사 + (명사)
무슨 일이 있으면...

I can do, Miss Scarlett....
  동사 (연결마디) 없음 : 동사 단독
  동사변화 : 조동사 can(능력, 추측, 허가) + 동사원형 do
시키세요

YouTube  해설 동영상

What did you do (with Miss Melly)?
의문사 What + 일반동사 과거의문문
일반동사 과거의문문(조동사 Do/Does과거 Did 사용) : You did → Did you do
동사 (연결마디) 1개 : 동사 + (명사성분 : 전치사구)
멜라니는 어떻게 했어?

Don't you worry (your pretty head) (about Miss Melly), child.
일반동사 부정의문문(조동사 Do + not사용) : You worry → Don't you worry
동사 (연결마디) 2개 : 동사 + (명사구) + (형용사성분 : 전치사구)
멜라니 아씨는 걱정 마세요.

I have slapped (her) in bed already, (along with the baby).
동사 (연결마디) 2개 : 동사 + (대명사) + (형용사성분 : 전치사구)
동사변화 : have/has + 과거분사 slapped ; 일반동사 현재완료
수식어구[부사성분] : in bed already
아기와 같이 침대에 눕혔어요

You better put (that cow I brought) (into the barn), Pork.
동사 (연결마디) 2개 : 동사 + (명사구) + (형용사성분 : 전치사구)
(명사구) 명사구 that cow + (형용사절)
    (형용사절) I brought
내가 몰고 온 암소는 헛간에 넣어, 포크

There ain't (no barn) no more, Miss Scarlett.
동사 (연결마디) 1개 : 동사 + (명사구)
동사변화 : be동사 am/are/is + 부사 not ; be동사 부정문
수식어구[부사성분] : no more
헛간은 이제 없습니다

The Yankees have burned (it) (for firewood).
동사 (연결마디) 2개 : 동사 + (대명사) + (형용사성분 : 전치사구)
동사변화 : have/has + 과거분사 burned ; 일반동사 현재완료
양키들이 땔감으로 썼어요

YouTube  해설 동영상

They used (the house) (for their headquarters).
　동사 (연결마디) 2개 : 동사 + (명사) + (형용사성분 : 전치사구)
　동사변화 : use 과거형 used ; 과거지사
이 집을 본부로 썼거든요

They camped all (around the place).
　동사 (연결마디) 1개 : 동사 + (형용사성분 : 전치사구)
　동사변화 : camp 과거형 camped ; 과거지사
　수식어구[부사성분] : all
사방에 캠프를 치고요

Yankees in Tara!
양키가 타라에?

Yes, ma'am, and they stole (most everything) (they didn't burn).
　동사 (연결마디) 2개 : 동사 + (명사구) + (형용사절)
　동사변화 : steal 과거형 stole ; 과거지사
　(형용사절) they didn't burn
　　　　　동사 (연결마디) 없음 : 동사 단독
　　　　　동사변화 : 조동사과거 did + 부사 not + 동사원형 burn ; 과거부정
태우지 않은 건 다 훔쳐갔어요

All the clothes and all the rugs and even Miss Ellen's rosaries.
옷이며 양탄자, 마님의 염주까지도요

I'm starving, Pork.
　동사 (연결마디) 없음 : 동사 단독
　동사변화 : be동사 am/are/is + 현재분사 starving ; 현재진행
배고파,

Get (me) (something to eat).
　동사 (연결마디) 2개 : 동사 + (대명사) + (명사구)
　(명사구) 명사 something + (to부정사구 : 형용사적 용법)
　　　　(to부정사구) to eat
먹을거나 줘

YouTube  해설 동영상

There ain't (nothing) (to eat), honey.
　　동사 (연결마디) 2개 : 동사 + (명사) + (to부정사구 : 형용사적 용법)
　　동사변화 : be동사 am/are/is + 부사 not ; be동사 부정문
　　(to부정사구) to eat
먹을 것도 없어요.

They took (it) all.
　　동사 (연결마디) 1개 : 동사 + (대명사)
　　동사변화 : take 과거형 took ; 과거지사
　　수식어구[부사성분] : all
모두 가져 갔어요

All the chickens, everything?
닭들까지 모두 다?

They took (them) the first thing.
　　동사 (연결마디) 1개 : 동사 + (대명사)
　　동사변화 : take 과거형 took ; 과거지사
　　수식어구[부사성분] : the first thing
모두 잡아먹고,

And what (they didn't eat)
　　명사 What + (형용사절)
　　(형용사절) they didn't eat
　　　　동사변화 : 조동사과거 did + 부사 not + 동사원형 eat ; 과거부정
남은 건

they carried (off) (across their saddles).
　　동사 (연결마디) 2개 : 동사 + (부사 : 관용 동사구) + (명사성분 : 전치사구)
　　동사변화 : carry 과거형 carried ; 과거지사
안장에 매달아 갖고 갔죠

Don't tell (me) any more (about what they did)!
　　동사 (연결마디) 2개 : 동사 + (대명사) + (명사성분 : 전치사구)
　　동사변화 : 조동사 Do + 부사 not + 동사원형 tell ; ~하지마라(명령문)
　　수식어구[부사성분] : any more
　　(전치사구) about + 명사 what + (형용사절)
　　　　(형용사절) they did
양키 얘기는 그만해!

What's this, Pa?
　　의문사 What + be동사 의문문
　　be동사 의문문(주어, 동사 위치변경) : This is... → Is this...?
뭐예요?

YouTube  해설 동영상

Whiskey?
위스키예요?

Yes, daughter.
그렇다, 스칼렛

Here, Katie Scarlett, that's (enough)!
    동사 (연결마디) 1개 : 동사 + (형용사)
스칼렛, 그만 마셔라

You're not knowing (spirits),
    동사 (연결마디) 1개 : 동사 + (명사)
    동사변화 : am/are/is + 부사 not + 현재분사 knowing ; 현재진행부정
인사불성 돼.

you'll make (yourself) (tipsy).
    동사 (연결마디) 2개 : 동사 + (재귀대명사) + (형용사)
    동사변화 : 조동사 will(의지, 습성, 요청) + 동사원형 make
완전히 가버린다고

I hope (it makes me drunk).
    동사 (연결마디) 1개 : 동사 + (명사절)
    (명사절) it makes (me) (drunk)
        동사 (연결마디) 2개 : 동사 + (대명사) + (형용사)
        동사변화 : make 3인칭단수현재 makes
취하고 싶어요

I'd like (to be drunk).
    동사 (연결마디) 1개 : 동사 + (to부정사구 : 명사적용법)
    동사변화 : 조동사 would(과거시점미래, 습관, 의지) + 동사원형 like
    (to부정사구) to be (drunk)
        동사 (연결마디) 1개 : 동사 + (형용사)
차라리 그게 낫겠어요

YouTube  해설 동영상

Oh, Pa.
아버지...

What are those papers?
   의문사 What + be동사 의문문
   be동사 의문문(주어, 동사 위치변경) : Those papers are... → Are those papers...?
이 문서는 뭐예요?

Bonds.
채권이다

They're all (we've saved).
   동사 (연결마디) 1개 : 동사 + (명사절)
   수식어구[부사성분] : all
   (명사절) we've saved
        동사 (연결마디) 없음 : 동사 단독
        동사변화 : have/has + 과거분사 saved ; 일반동사 현재완료
우리한테 남은 건

All we have left.
   수식어구[부사성분] : all
   동사 (연결마디) 없음 : 동사 단독
   동사변화 : have/has + 과거분사 left ; 일반동사 현재완료
이것 뿐이야

Bonds.
채권

YouTube  해설 동영상

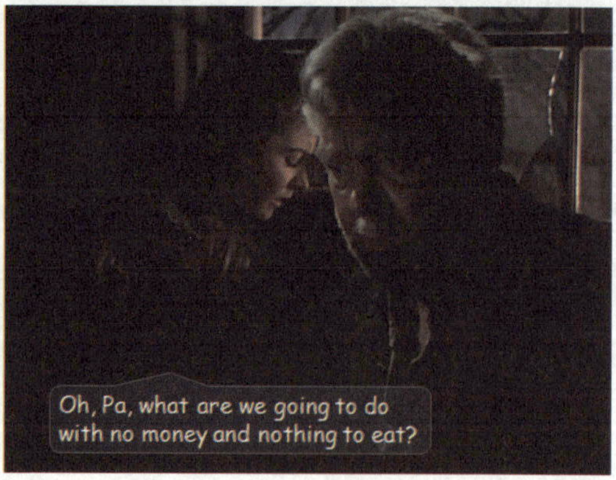

What kind of bonds, Pa?	Why, Confederate bonds, of course, daughter.
Confederate bonds?	What good are they to anybody?
I'll not have you talking like that, Katie Scarlett.	Oh, Pa, what are we going to do with no money and nothing to eat?

What kind of bonds, Pa?
무슨 채권이죠?

Why, Confederate bonds, of course, daughter.
물론 남부동맹 채권이지

Confederate bonds?
남부동맹 채권?

What good are they (to anybody)?
    의문사구 What good + be동사 의문문
    be동사 의문문(주어, 동사 위치변경) : they are... → Are they...?
    동사 (연결마디) 1개 : 동사 + (명사성분 : 전치사구)
그런 게 다 무슨 소용이에요?

I'll not have (you) (talking like that), Katie Scarlett.
    동사 (연결마디) 2개 : 동사 + (대명사) + (-ing구 : 형용사적 용법)
    동사변화 : 조동사 will(의지, 습성, 요청) + 부사 not + 동사원형 have ; 부정
    (-ing구) talking (like that)
        동사 (연결마디) 1개 : 동사 + (명사성분 : 전치사구)
그런 말은 용납할 수 없구나

Oh, Pa, what are we going (to do with no money and nothing to eat)?
    의문사 What + be동사 의문문
    be동사 의문문(주어, 동사 위치변경) : we are going ... → Are we going...?
    동사 (연결마디) 1개 : 동사 + (to부정사구 : 명사적용법)
    동사변화 : be동사 am/are/is + 현재분사 going ; 현재진행
    (to부정사구) to do (with no money and nothing to eat)
        동사 (연결마디) 1개 : 동사 + (명사성분 : 전치사구)
돈도 먹을 것도 없으니 어떻게 해요?

YouTube  해설 동영상

We must ask (your mother).
   동사 (연결마디) 1개 : 동사 + (명사구)
   동사변화 : 조동사 must(의무, 강한 추측) + 동사원형 ask
네 엄마에게 물어 보렴

That's (it)!
   동사 (연결마디) 1개 : 동사 + (대명사)
그러면 돼

We must ask (Mrs. O'Hara).
   동사 (연결마디) 1개 : 동사 + (명사구)
   동사변화 : 조동사 must(의무, 강한 추측) + 동사원형 ask
엄마한테 물어보면 된다

Ask (Mother)? -Yes.
   동사 (연결마디) 1개 : 동사 + (명사)
어머니한테요? 그래

Mrs. O'Hara will know (what's to be done).
   동사 (연결마디) 1개 : 동사 + (명사절)
   동사변화 : 조동사 will(의지, 습성, 요청) + 동사원형 know
   (명사절) what's (to be done)
           동사 (연결마디) 1개 : 동사 + (to부정사구 : 명사적용법)
           (to부정사구) to be done
                   동사변화 : be + 과거분사 done ; 수동태(예정)
네 엄마는 어찌해야 하는지 알 거다

Now don't be bothering (me).
   동사 (연결마디) 1개 : 동사 + (대명사)
   동사변화 : 조동사 Do + 부사 not + 동사원형 be ; ~하지마라(명령문)
   동사변화 : be + 현재분사 bothering ; 진행예정
날 귀찮게 마라

YouTube  해설 동영상

Go (out) (for a ride).
  동사 (연결마디) 2개 : 동사 + (부사 : 관용 동사구) + (명사성분 : 전치사구)
말이나 타야지,

I'm (busy).
  동사 (연결마디) 1개 : 동사 + (형용사)
난 바쁘다

Oh, Pa...
아버지,

...don't worry (about anything).
  동사 (연결마디) 1개 : 동사 + (명사성분 : 전치사구)
  동사변화 : 조동사 Do + 부사 not + 동사원형 worry ; ~하지마라(명령문)
걱정 마세요

Katie Scarlett's (home).
  동사 (연결마디) 1개 : 동사 + (부사)
케이티 스칼렛이 있으니

You needn't worry.
  동사 (연결마디) 없음 : 동사 단독
  동사변화 : 조동사 need(필요) + 부사 not + 동사원형 worry
아무 걱정 마세요

YouTube  해설 동영상

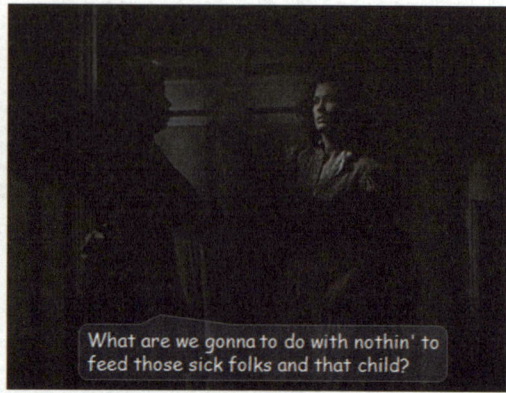

Miss Scarlett.
스칼렛 아씨

What are we going (to do with nothing to feed those sick folks and that child)?
  의문사 What + be동사 의문문
  be동사 의문문(주어, 동사 위치변경) : we are going ... → Are we going...?
  동사 (연결마디) 1개 : 동사 + (to부정사구 : 명사적용법)
  (to부정사구) to do (with nothing to feed those sick folks and that child)
         동사 (연결마디) 1개 : 동사 + (명사성분 : 전치사구)
           (전치사구) with + 명사 nothing + (to부정사구 : 형용사적 용법)
               (to부정사구) to feed (those sick folks and that child)
                  동사 (연결마디) 1개 : 동사 + (명사구)
환자와 아기 먹일 게 없으니 어쩌죠?

I don't know, Mammy.
  동사변화 : 조동사 do(does) + 부사 not + 동사원형 know ; 일반동사 부정문
나도 몰라, 유모

I don't know.
  동사변화 : 조동사 do(does) + 부사 not + 동사원형 know ; 일반동사 부정문
하나도 모르겠어

We don't get (nothing)
  동사 (연결마디) 1개 : 동사 + (명사)
  동사변화 : 조동사 do(does) + 부사 not + 동사원형 get ; 일반동사 부정문
아무것도 없어요

but radishes in the garden.
밭에 무 말고는

Miss Scarlett, Miss Suellen and Miss Carreen...
스칼렛 아씨, 수엘렌과 커린 아가씨가

YouTube  해설 동영상

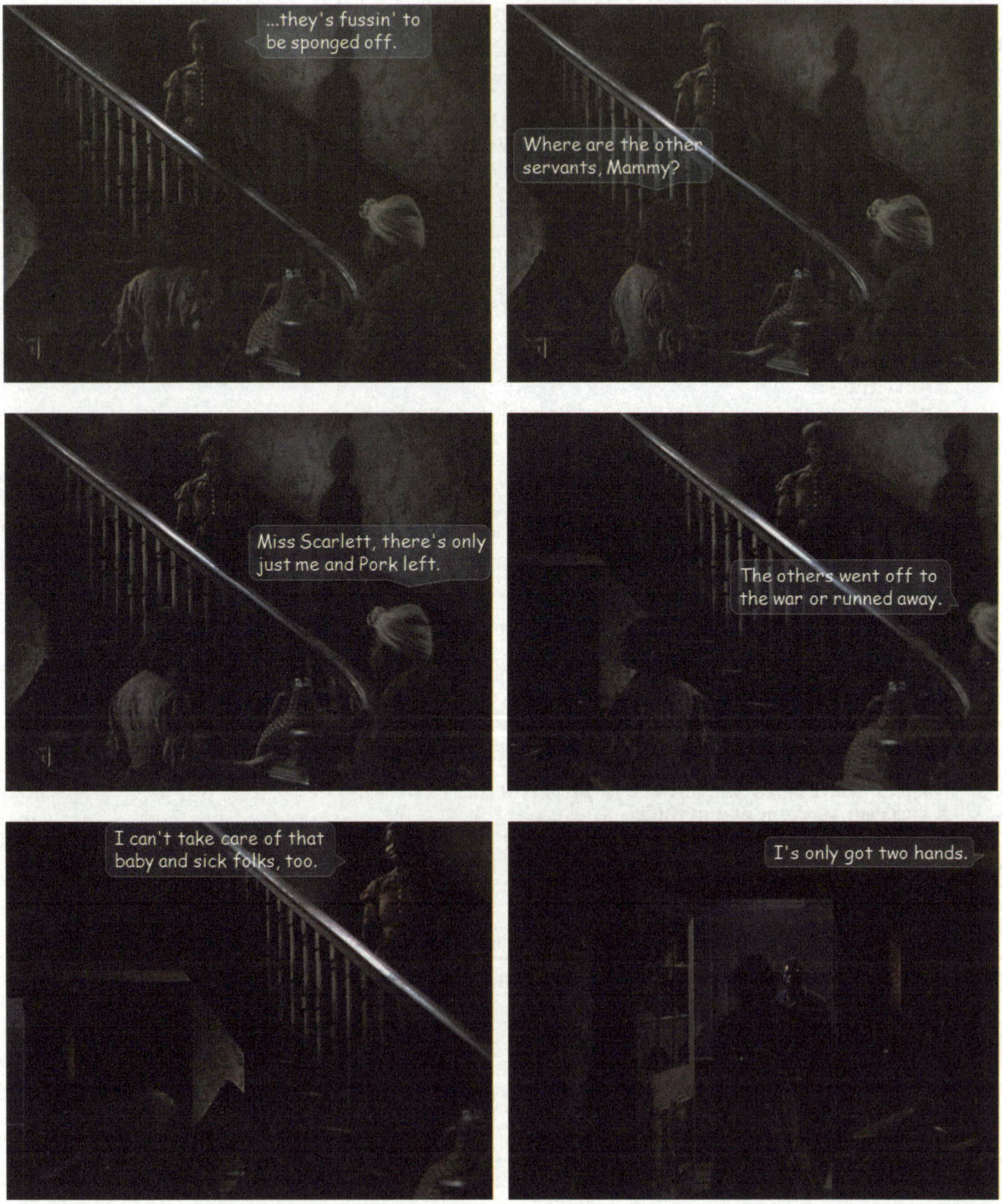

...they're fussing (to be sponged off).
    동사 (연결마디) 1개 : 동사 + (to부정사구 : 명사적용법)
    동사변화 : be동사 am/are/is + 현재분사 fussing ; 현재진행
    (to부정사구) to be sponged (off)
            동사 (연결마디) 1개 : 동사 + (부사 : 관용 동사구)
            동사변화 : be + 과거분사 sponged ; 수동태(예정)
몸을 닦아 달래요

Where are the other servants, Mammy?
    의문사 Where + be동사 의문문
    be동사 의문문(주어, 동사 위치변경) : the other servants are... → Are the other servants...?
다른 하인들은 어디 있어?

Miss Scarlett, there're only just (me and Pork left).
    동사 (연결마디) 1개 : 동사 + (명사절)
    수식어구[부사성분] : only, just
    (명사절) me and Pork left
저와 포크뿐이에요

The others went (off) (to the war)
    동사 (연결마디) 2개 : 동사 + (부사 : 관용 동사구) + (명사성분 : 전치사구)
    동사변화 : go 과거형 went ; 과거지사
전쟁에 나갔거나

or ran (away).
    동사 (연결마디) 1개 : 동사 + (부사 : 관용 동사구)
도망쳤죠

I can't take (care of that baby and sick folks), too.
    동사 (연결마디) 1개 : 동사 + (명사구)
    동사변화 : 조동사 can(능력, 추측, 허가) + 부사 not + 동사원형 take ; 부정문
    수식어구[부사성분] : too
저 혼자 아기랑 환자들을 돌볼 순 없어요

I've only got (two hands).
    동사 (연결마디) 1개 : 동사 + (명사구)
    동사변화 : have/has + 과거분사 got ; 일반동사 현재완료
    수식어구[부사성분] : only
손이 둘 뿐이거든요

YouTube  해설 동영상

Who's going (to milk that cow), Miss Scarlett?
   동사 (연결마디) 1개 : 동사 + (to부정사구 : 명사적용법)
   동사변화 : be동사 am/are/is + 현재분사 going ; 현재진행
   (to부정사구) to milk (that cow)
             동사 (연결마디) 1개 : 동사 + (명사구)
소젖은 누가 짜죠, 아씨?

We're (houseworkers).
   동사 (연결마디) 1개 : 동사 + (명사)
저흰 집사 라서요

As God is (my witness)....
   접속사 : as
   동사 (연결마디) 1개 : 동사 + (명사구)
하느님이 증인이야

As God is (my witness)....
   접속사 : as
   동사 (연결마디) 1개 : 동사 + (명사구)
하느님이 증인이야

they're not going (to lick me).
   동사 (연결마디) 1개 : 동사 + (to부정사구 : 명사적용법)
   동사변화 : am/are/is + 부사 not + 현재분사 going ; 현재진행부정
   (to부정사구) to lick (me)
   동사 (연결마디) 1개 : 동사 + (대명사)
난 결코 지지 않는다

YouTube  해설 동영상

I'm going (to live through this),
    동사 (연결마디) 1개 : 동사 + (to부정사구 : 명사적용법)
    동사변화 : be동사 am/are/is + 현재분사 going ; 현재진행
    (to부정사구) to live (through this)
            동사 (연결마디) 1개 : 동사 + (형용사성분 : 전치사구)
이걸 이겨내고

and when it's all (over),
    접속사 : when
    동사 (연결마디) 1개 : 동사 + (형용사)
    수식어구[부사성분] : all
모든 걸 극복해서

I'll never be (hungry) again.
    동사 (연결마디) 1개 : 동사 + (형용사)
    동사변화 : 조동사 will(의지, 습성, 요청) + be ; 예정
    수식어구[부사성분] : never, again
다신 배고프지 않을 거야

No, nor any of my folks.
나도, 내 식구들도!

If I have (to lie, steal, cheat or kill).
    접속사 : if (if조긴절)
    동사 (연결마디) 1개 : 동사 + (to부정사구 : 명사적용법)
    (to부정사구) to lie, steal, cheat or kill
거짓말, 도둑질, 사기, 살인을 해서라도

As God is (my witness)....
    접속사 : as
    동사 (연결마디) 1개 : 동사 + (명사구)
맹세컨데

I'll never be (hungry) again.
    동사 (연결마디) 1개 : 동사 + (형용사)
    동사변화 : 조동사 will(의지, 습성, 요청) + be ; 예정
    수식어구[부사성분] : never, again
다신 굶주리지 않을 거야